ESPELHO D'ÁGUA E VISIBILIDADE

A prática dos direitos humanos em um contexto de desordem

*O olho no espelho. Reflexo.
Se olho no espelho. Reflito.
Encanta-me a diferença!*[1]

---
[1] De Mim. Pérola Negra.

PENSILVANIA SILVA NEVES
Graduada em Direito/Unifacs. Mestre em direito, estado e constituição/Unb.
Prêmio Calmon de Passos de Direitos Humanos/OAB-BA/2001.

ESPELHO D'ÁGUA E VISIBILIDADE
A prática dos direitos humanos em um contexto de desordem

Dados Internacionais de Catalogação na Publicação (CIP)
(Câmara Brasileira do Livro, SP, Brasil)

Neves, Pensilvania Silva
    Espelho d'água e visilibilidade : a prática dos direitos humanos em um contexto de desordem / Pensilvania Silva Neves. — São Paulo : LTr, 2009.

Bibliografia.
ISBN 978-85-361-1007-3

1. Direito 2. Direitos humanos I. Título.

07-6240   CDU-342.7

Índices para catálogo sistemático:

1. Direitos humanos : Direito público 342.7

Produção Gráfica e Editoração Eletrônica: **LINOTEC**
Capa: **FABIO GIGLIO**
Impressão: **HR GRÁFICA E EDITORA**

© **Todos os direitos reservados**

EDITORA LTDA.
Rua Apa, 165 — CEP 01201-904 — Fone (11) 3826-2788 — Fax (11) 3826-9180
São Paulo, SP — Brasil — www.ltr.com.br

LTr 3499.4   Maio, 2009

Complexidades
(Das Pessoas Juntas)

Andei refletindo. Misterioso o pensamento, que nos faz voar, mesmo quando estamos parados. Ou será que não estamos? Voando, seguimos para além das letrinhas, aerodinâmicas como as estrelinhas que minha amiga Sino jogou por cima de mim em certa ocasião de final de ano. Disse que era porque eu não parava de piscar!

Em outro momento me vejo a dizer que a dissertação contorna a vida, deixando-se *ser sendo* um projeto de vida, empurrando-nos do reflexo para a visibilidade. E haja água!

Conversávamos com a professora *Loussia* em um domingo e ela dizia: *sua entrevista foi também séria!* Por que, afinal, a seriedade não é, propriamente, uma característica exclusivamente minha. Ela se pulveriza em outros palcos onde a multiplicadora preferida também estrela. E olhando lá, os direitos humanos pareciam tão-somente constitucionais...

Risos e tensões. Com Lupi questionávamos *por que mesmo?* Doces sextas-feiras que reforçam a necessidade de estarmos junto *com* as pessoas. Se há poesia, foi no mínimo construída a quatro mãos, com a lupa de *Luisa de Marillac* (leia-se *Marilaxis*).

Salvador dali que vejo, toco e sinto dos pontos onde estou. *Se já está pronta, o que está faltando, que torcemos por você.* O sopro da intuição que desfilou no carnaval.

Da visibilidade levei um tombo. E não caí, segurando na mão de Pérolas Negras. Daquela que me mostrou; da pérola que, Doce, percorreu comigo o caminho da outridade.

Mas, se tropecei, dançando, recebi merecidos Karinhos. Rezei o terço, na relva, com uma Leoa. Revisei com Outra. Esse mundo é de feras, mesmo!

E a Bella se expõe, de dentro para fora, um auê impossível de não se sentir. Espírito materno a embalar gente grande mesmo!

De cá do cerrado se ouve, Uai! Apressadamente, a *Nega convivência*.

E por que recebo ordens?! Traquejos de Superpoderosa! O CEPAR que o diga!

Dessa pastinha serelepe... onde o Mocinho se diverte!

Para além da pesquisa. É o lugar de onde não podemos voltar porque já não somos mais os mesmos, mas somos mais. Mais sensíveis. Mais a vida. Mais complexos.

Vento, ventania, me leve para as bordas do céu
Pois vou puxar as barbas de Deus
Vento ventania, me leve para onde nasce a chuva
Pra lá de onde o vento faz a curva

Me deixe cavalgar nos seus desatinos
Nas revoadas, redemoinhos
Vento, Ventania, me leve sem destino
Quero juntar-me a você
E carregar os balões pro mar
Quero enrolar as pipas nos fios
Mandar meus beijos pelo ar
Vento, Ventania,

Me leve pra qualquer lugar
Me leve para qualquer canto do mundo
Quero mover as pás dos moinhos
E abrandar o calor do sol

Vento, Ventania, agora que estou solta na vida[estou livre, vale a pena!] me leve pra qualquer lugar, me leve, mas não me faça voltar...[2]

Que não *batam* em minha cabeça dizendo: como ela é inteligente, como ela é inteligente...

Construímos espaços, pedagogicamente constituídos na aprendizagem *com* o(a) outro(a). E olha os direitos humanos aí, gente! Espaços inconclusos: por outros espaços, por outros sentimentos, por outras pessoas, por outras experiências, por outros saraus inesperados. Ruas coloridas...

Pela concretização dessas experiências: que saltem à formalidade da escrita, que sintam a potencialidade das realizações.

Que sejam a complexidade das pessoas juntas.

Dentro de nós há uma coisa que não tem nome, essa coisa é o que somos.[3]

O que há dentro de nós e que nos constitui são as pessoas que atravessam a nossa sensibilidade e que ponderam o nosso crescimento. A essas pessoas gostaria de apresentar os meus agradecimentos.

---

(2) Biquíni Cavadão. *Vento ventania*. Paula Lima [estou livre, vale a pena!]
(3) SARAMAGO, José. *Ensaio sobre a cegueira*. P. 262.

A Deus pelo equilíbrio e paciência. Pela calmaria depois das altas ondas. Pela fuga das infinitas terras do vou deixar para lá! Pela presença de minha família (irmãs, irmão e sobrinhos). Pelo meu apadrinhamento.

Se eu quiser falar com Deus
Tenho que me aventurar
Tenho que subir aos céus
Sem cordas pra segurar
Tenho que dizer adeus
Dar as costas, caminhar
Decidida, pela estrada
Que ao findar vai dar em nada
Nada, nada, nada, nada
Nada, nada, nada, nada
Nada, nada, nada, nada
Do que eu pensava encontrar...[4]

A mainha e sua doce correria. Pelo colo e afagos. Por ter escrito junto comigo, por ter crescido junto com Ela.

A painho pela sutileza do seu carinho, pela seriedade de suas emoções.

(Pai e Mãe, ouro de mina...)[5]

Ao professor *José Geraldo* pela delicadeza e gentileza da orientação. Por ter me feito ouvir, por sua voz, a dissertação. Meu apreço!

Aos amados companheiros. A Belíssima pelo ano de Plano.

Do clima do mestrado, desde logo, à professora *Loussia Félix* que sem condão faz realizar.

Às pessoas da faculdade de direito da UnB (Lia, Lelê, João, Júnior... todas mesmo!)

Às amigas (os) que encontrei no mestrado (O Preto que é fofo, Serginho mascavo, do riso Fabi, Nana naná, Jan, Os meninos).

À Analuz pela presença do *eu*.

Pela pronta disposição e elegância, à professora *Alejandra Pascual*.

À emocionante sensibilidade do professor *Carlos Alberto Reis de Paula*.

No começo, ao professor *Ronaldo Poletti*.

Ao professor *Adroaldo Leão* pela *aparição* dos direitos humanos.

Aos poetas e poetisas (à sua musicalidade textual), sentindo, cantarolando...

À Luz, porque sou Ébano.

---

(5) Gilberto Gil. Se eu que quiser falar com *deus*.
(6) Djavan. *Sina*.

VEREDAS

POUCAS PALAVRAS 16

I. Entrelaços 19
Que velhas cascatas em poças refletem! A reflexão que entorna os fragmentos da efetividade. Jogo a corda daí...

Capítulo 1 — Socorro, não estou sentindo nada 25
Seguindo o novelo, retrato o labirinto da palavra direitos humanos. Simbólicas apropriações no rumo da ocidentalização, do lugar de onde se perde o prumo.

Capítulo 2 — Ninguém, nenhuma pessoa 44
Rente ao meio fio. Entre individualismo e universalidade retarda-se a partida histórica. Constroem-se verticalidades destituídas de nenhum lugar. Do embrulho desenrolo horizontalidades solidárias.

Capítulo 3 — Esconde-esconde: mal fala, mal ouve, mal vê 73
Conflito-me <u>com</u> a diferença. É o espaço da outridade. Aquela (e) outra (o) também pode ser multicultural. Camisa de força é coisa para louco! Na rua, a desordem.

Capítulo 4 — Cegueira muda: Esse filme eu não vi. Esse filme eu já vi 99
A <u>natural</u> invisibilidade brota em cegueiras múltiplas. Todas sociais. Na visibilidade inconclusa do diálogo transparecem efetividades. Transpira exclusão, especifica-se igualdade. Só dá confusão. Na apuração, perde-se em <u>sendo ser</u>.

Capítulo 5 — Nessa lonjura, a rua é uma maravilha ... Ninguém vai para o poço 122
Na queda de braço sustentam a corda os direitos humanos <u>com</u> educação. Desfaço os depósitos do minucioso silêncio de um diálogo sem conflito. Problematizadora, <u>ser sendo,</u> revela-se, narrativamente, a visibilidade.

II. Conto com canto 147
Chegada e partida...

III. Encontros 161
Trocando idéias...

MANTO
(mãos e textos)

Cubro-me em véus de palavras, cascatas de letras que rondam o ar, caem levemente em fios coloridos de vozes, de mantos, de mãos, de textos...[*]

"Se quiser, ela pode ser escritora. Tem a matéria-prima e o talento para essa vocação. Ainda que o seu trabalho seja jurídico, ele se expressa no diálogo com outros modos de conhecer.

Trata-se de um trabalho de teoria geral do direito. Esse diálogo entre a linguagem precisa do jurídico e a expressão aberta do discurso literário é o que permite a mediação entre a razão e a sensibilidade.

Se a literatura não é um delírio, mas a apropriação do real por meio de um outro discurso, a linguagem do direito não é um limite, mas um esforço para estressar-se como vocação para a liberdade.

Essa é a riqueza do trabalho de Pensilvânia, combinar esses dois modos de expressão: ser jurista, mas de modo sensível; ser escritora, mas com compromisso emancipatório".

José Geraldo de Sousa Jr.
Mestre do diálogo
Professor/pesquisador do direito achado na rua/UnB
Doutor em direito, estado e constituição/UnB
Reitor da UnB — Universidade de Brasília

(*) Por mim. Pérola Negra.

MÃOS

Palavras soltas

A Pensilvânia pede-me algumas palavras. Não de apresentação, muito menos como prefácio. A tanto, inclusive, não me atreveria.

Prefiro dizer que são palavras soltas, de encantamento. Ao ler, e reler a sua dissertação "Espelho D'Água e Visibilidade", para integrar a banca de mestrado na UnB, e ao novamente lê-la agora, só me invade um sentimento: o encantamento.

As idéias que transmite têm vida. Mexem conosco. E as palavras também são vivas. Criam uma teia que nos envolve e, ao nos envolver, nos libertam. O jogo da forma e do fundo. Tudo com muita liberdade e espírito libertário.

Assim, é um prazer continuado a leitura de um texto em que a autora se reflete e se projeta. Um texto de diferenças harmônicas. Em que reflexo e reflexão ganham dimensão universal.

Não se há de fazer meditações paralelas a um texto tão desafiador. Não se pode, todavia, deixar de celebrar que, no âmbito de efetividade dos direitos humanos, focaliza-se a possibilidade de aprender com eles, e não a partir deles.

Direitos humanos que vêm sendo usados como reprodutores da ordem que domina, ao passo que o seu núcleo gerador é a liberdade.

Quando se volta os olhos para a modernidade, percebe-se que a crise diz com o desequilíbrio entre os pilares da regulação e da emancipação. Tudo a integrar um contexto de desordem, que tem uma visão positiva, como o conflito, a permitir o desenvolvimento de uma nova concepção do direito e dos direitos humanos. A que consagra uma teoria do conflito como uma forma de produzir, com o outro, a diferença, ou seja, inscrever a diferença como produção do novo, como nos ensina Paulo Freire. Não o conflito visto juridicamente como sinônimo de litígio, de controvérsia.

Aí reside a riqueza da diferença. Como defende Boaventura de Souza Santos, defender a igualdade sempre que a diferença gerar inferioridade e defender a diferença sempre que a igualdade implicar descaracterização.

A descoberta do outro. O outro como caminho do próprio eu.

Sobre isto, e mais isto e aquilo, Pensilvânia passeia com sua pena leve. Quanto mais passeia, nos seduz. Tudo para visualizar nos direitos humanos a possibilidade de efetividade com aprendizagem.

Mergulhemos neste caminho.

Carlos Alberto Reis de Paula
Professor Adjunto da UnB
Ministro do Tribunal Superior do Trabalho

Para cada braço uma força

                                          De força não geme uma nota

                    A lata só cerca, não leva

A água na estrada morta

                                              E a força nunca seca

Pra água que é tão pouca[6]

---

(6) DA MATA, Vanessa. *A força que nunca seca*.

Poucas Palavras

A formalização dos direitos humanos não é garantia para a sua efetivação. Ao contrário, observa-se a tutelar exclusão social no âmbito do estado democrático de direito. A compreensão da extensão e do alcance da temática que envolve a efetividade de direitos ultrapassa os limites de uma concepção normativa e antidialógica para fincar suas expectativas na aprendizagem, ou seja, considerando a possibilidade pedagógica dos direitos humanos e do direito. Movendo-se de um discurso verticalizado para a existência compartilhada.

Desde essa perspectiva, a não concretização desses direitos constitui uma desordem resistida em estratégias que reforçam a homogeneidade das relações e a invisibilidade do outro, marginalizando a diferença.

Os elementos que sustentam essa discussão contextualizam-se na crítica à modernidade. Antidialogicidade, invisibilidade, dominação e imposição inserem-se no contexto do desequilíbrio entre os pilares da regulação e da emancipação atrelados ao questionamento do individualismo e da universalidade.

Dentro de uma perspectiva pedagógica, os direitos humanos ocupam os espaços vazios das lutas e demandas sociais realizando o direito de produzir, criar e recriar o direito, redimensionando o jurídico para os espaços de alargamento da cidadania.

A questão da visibilidade do outro, que desde logo se manifesta na consideração do diálogo no processo de efetivação de direitos, permite questionar os limites da verticalidade das relações e sustenta o caráter narrativo das horizontalidades.

A construção dessa perspectiva dialógica que remete ao caminho da outridade, ao destaque do outro e da diferença faz-se na combinação entre os direitos humanos e a educação. É dentro, portanto, da expectativa dos direitos humanos *com* educação que se narra a atuação política de inserção no mundo, no *lugar* onde se concretizam as nossas relações, local a partir do qual é possível não apenas ler o mundo, mas, sobretudo e também, escriturá-lo no tempo e no espaço, desconstruindo condicionamentos e ultrapassando determinismos.

Trato, portanto, de uma outra dimensão jurídica dos direitos humanos — não normativa —, da sua perspectiva simbólica considerando as possibilidades pedagógicas que possam ser construídas *com* eles.

Palavras-chaves: Direitos Humanos. Direito. Efetividade. Diferença. Outridade. Visibilidade.

Se canto sou ave, se choro sou homem
Se planto me basto, valho mais que dois
Quando a água corre, a vida multiplica
O que ninguém explica é o que vem depois...[7]

---

(7) Ney Matogrosso, texto extraído do *site* <www.neymatogrosso.com.br>.

I
ENTRELAÇOS

Estou à procura de um livro para ler. É um livro todo especial. Eu o imagino como a um rosto sem traços. Não lhe sei o nome nem o autor. Quem sabe, às vezes penso que estou à procura de um livro que eu mesma escreveria. Não sei. Mas faço tantas fantasias a respeito desse livro desconhecido e já tão profundamente amado. Uma fantasia é assim: eu o estaria lendo e de súbito, a uma frase lida, com lágrimas nos olhos diria em êxtase de dor e de enfim libertação: "Mas é que eu não sabia que se pode tudo, meu Deus!"[8]

Os direitos humanos vêm servindo de esteio para a circulação de panfletos que convocam para a autonomia e a emancipação. Liberdade, igualdade, fraternidade e solidariedade, freqüentemente, socorrem-se das suas prescrições, mantendo-se, entretanto, os mesmos sintomas. Mais que um diagnóstico, a mera formalização de direitos retrata, com todas as nuances, os percalços relativos à problemática da efetividade dos direitos humanos. A ciranda do *sendo ser* vem dando a tônica da sua trajetória, cujo resultado crescente é a dimensão social do autofágico processo de desumanização.

À proposta, a qual me alinho, de visualizar nos direitos humanos a possibilidade de efetividade *com* aprendizagem precede uma panorâmica do seu desenrolar histórico até esse ponto, que combinamos, da sua pedagogia.

O percurso para a efetividade dos direitos humanos tem como medida sinalizar a saída do labirinto sem novelo que a modernidade desenhou em face do desequilíbrio que patrocinou entre os pilares da regulação e da emancipação.

O significado dessa assimetria ultrapassa o direito, caminhando do jurídico para o jurídico, explicitando-se na temática da visibilidade do outro(a), no caráter dialógico da efetividade de direitos.

Do reflexo ao outro(a), a análise não se desprega da concretização dos direitos para a da formação das subjetividades. Senão focaliza a ação narrativa do homem em complexidade, na qual se compromissa com os processos de emancipação e autonomia.

Entre laços, a emancipação e a autonomia são mediadas pela composição dos direitos humanos *com* a educação. Enquanto possibilidades, o ser humano descola-se da neutralidade.

---

(8) LISPECTOR, Clarice. O livro do desconhecido. In *Aprendendo a viver*. Rio de Janeiro: Rocco, 2004, p. 72.

Entre fluxo e contigüidades, entre determinismo e condicionamentos, entre a hegemonia e as contra-hegemonias, entre a racionalidade e as irracionalidades, cria-se e recria-se o *lugar* da produção e efetivação de direitos.

O *lugar* da efervescência de direitos é o local, a partir do qual se pode falar em universalidades parciais, em universalidade empírica. Desde esse lugar, que não é estático, mas se conduz no tempo e se dinamiza no espaço, realiza-se a narração dialética de inserção no mundo, rompendo-se com a ausência, com o silêncio, com a passividade.

O devir do *lugar* contextualiza as demandas dos direitos humanos, por isso reconhecidos tais direitos como o *vazio* das lutas sociais. Por conta disso, questiona-se o processo de ocidentalização engendrado no âmbito da modernidade, reconhecendo-lhe o caráter de *localismo globalizado*.

A perspectiva da efetividade dos direitos humanos *com* educação não se constitui em uma mera junção de termos, mas, ao contrário, indica uma atitude que pretende romper com a univocidade da homogeneização patrocinada pela racionalidade instrumental moderna. Indica, assim, o resgate do homem da alcova da abstração para a qual foi empurrado pelo sistemático processo de invisibilidade que resultou na marginalização da diferença e do diferente, isto é, estabeleceu um curioso diálogo no qual a verticalidade ecoa. Ou seja, aquele em que se ouve uma única voz ainda impositiva.

Considero a educação como ato político, isto é, como uma ação narrativa que problematiza a existência humana inserindo-a no mundo. Essa existência, por correlacional, é intersubjetiva, transversal e cheia de sentidos. Por isso, são estreitos os limites de efetivação disponibilizados no âmbito de uma relação verticalizada, na qual, enfocado um jogo de soma zero, perde-se no tabuleiro a dimensão qualitativa da emancipação e da autonomia.

O desnudamento do caráter pedagógico da efetividade de direitos resgata essa concretização para o âmbito da aprendizagem, caminho que percorre a outridade. A outridade não é um caminho do universal porque nele desfila a diferença.

A problematização da diferença reforça o caráter dialógico dos direitos humanos, bem como faz compreender a ênfase presente na consideração da autonomia e da emancipação, isto é, da efetividade de direitos, como aprendizagem no *ser sendo* no mundo.

Enfatizo que uma tal perspectiva dialógica dos direitos humanos se contemporiza com a complexidade, ou seja, considerando-se a presença do outro(a) se reunindo *entorno* da visibilidade.

Isto porque autonomia e emancipação não se estancam em si mesmas. Antes, são processos cuja dimensão social é manifesta. Não o é se há confusão entre visibilidade e igualdade, se a diferença for confundida *com* e resumida *na* especificação de direitos, se o jurídico restar limitado no direito.

Assim, ao tratar da questão da efetividade dos direitos humanos, procedo também a um resgate do humanismo jurídico, focando a atenção no potencial narrativo da pessoa de sentidos contextual, na presença concreta do outro(a) atuando comigo, na heterogeneidade das relações, na complexidade social. Saindo da verticalidade, a pessoa de sentidos horizontaliza-se. A perspectiva do humanismo jurídico, assim, se *com*forma na relação com o outro(a), com o diferente: com aquela(e) que ouve, que fala, que vê, que prova, que toca e que sente.

A efetividade dos direitos humanos em uma perspectiva pedagógica passeia, assim, do infinitivo ao gerúndio, do espelho d'água à visibilidade.

O MUNDO[9]

O mundo é pequeno pra caramba,
Tem alemão, italiano e italiana
O mundo filé milanesa,
Tem coreano, japonês, japonesa
O mundo é uma salada russa,
Tem nego da Pérsia, tem nego da Prússia
O mundo é uma esfiha de carne,
Tem nego da Zâmbia, tem nego do Zaire
O mundo é azul lá de cima,
O mundo é vermelho da China
O mundo tá muito gripado,
O açúcar é doce, o sal é salgado
O mundo caquinho de vidro,
Tá cego do olho, tá surdo do ouvido
O mundo tá muito doente,
O homem que mata, o homem que mente

Porque você me trata mal, se eu te trato bem?
Porque você me faz o mal, se eu só te faço o bem?
Todos somos filhos de Deus, só não falamos a mesma língua
Todos somos filhos de Deus, só não falamos a mesma língua

---

(9) ABUJAMRA, André. *O Mundo.*

Capítulo 1
SOCORRO, NÃO ESTOU SENTINDO NADA...

Socorro, não estou sentindo nada,
Nem medo, nem calor, nem fogo,
Não vai dar pra chorar, nem pra rir.
Socorro, alguma alma, mesmo que penada
Me empreste suas penas
Já não sinto amor nem dor,
Já não sinto nada
Socorro, alguma rua que me dê sentido,
Em qualquer cruzamento, acostamento,
Socorro, alguém me dê um coração
Que esse já não bate nem apanha
Socorro, eu já não sinto nada,
Socorro, eu não estou sentindo nada
Por favor, qualquer emoção,
Qualquer coisa,
Qualquer coisa que se sinta,
Tem tantos sentimentos, deve ter algum que sirva...(*)

As reflexões que traço acerca da efetividade dos direitos humanos, dentro de um enfoque que lhe reconhece uma dimensão pedagógica, envolvem a temática da visibilidade do outro e perpassam a discussão sobre a autonomia e a emancipação.[10]

Essa perspectiva, que conjuga os direitos humanos *com* a educação, questiona o processo de desumanização engendrado pela racionalidade instrumental moderna, no qual a subjetividade destituída[11] é alimentada e reforçada pelo sistemático processo de adjudicação verticalizada.

À distância de um mero artifício de redundância, a adjudicação verticalizada remete à lógica que estrutura as categorias direito subjetivo e sujeito de direito, isto

---

(*) Arnaldo Antunes e Alice Ruiz. *Socorro*.

(10) Autonomia e emancipação não são termos utilizados como sinônimos, mas remetem, ambos, à conscientização da nossa presença narrativa no mundo. Informam-se no *ser sendo*, isto é, dentro de uma subjetividade *com*partilhada, de uma possibilidade histórica que diferencia, nos termos analisados por Paulo Freire em *Pedagogia do Oprimido*, determinismo e condicionamento. Contemporizando Cornelius Castoriadis (*A instituição imaginária da sociedade*) e Boaventura de Sousa Santos (*Pela mão de Alice: o social e o político na pós-modernidade*), a autonomia apresenta-se na esfera individual — sem que nesse caso se perca a sua dimensão social — enquanto a emancipação responde às demandas sociais, dentro de uma perspectiva que abarca as lutas sociais. Contra-hegemonicamente, a emancipação engloba o cosmopolitismo e o patrimônio comum da humanidade. Emancipação e autonomia são processos do *lugar* e nesse momento insiro, introduzindo, a discussão que Milton Santos faz em *Por uma outra globalização* a respeito das horizontalidades e das verticalidades. Esse assunto retomo, mais cuidadosamente, no capítulo 2.

(11) O indivíduo fora de si e do seu lugar no contexto (determinismo); o indivíduo fora do outro decretando-lhe a *invisibilidade*.

é, à lógica que reduz o *lugar* da autonomia e da emancipação à ambígua atuação do Estado enquanto *protetor* de direitos e *gestor* da liberdade. Confunde-se, nesse instante, a efetividade de direitos com a sua imposição antidialógica.[12]

Um caráter pedagógico *com* os direitos humanos, no que tange à sua efetividade e à efetividade do direito, sente-se no compassar de sua trajetória histórica evidenciando-se no desequilíbrio entre os pilares da regulação e da emancipação. Entendo, então, que o monólogo que castra a narração do *ser sendo* historiciza-se em um percurso que focaliza, privilegia, reforça e dá azo à regulação; uma regulação verticalizada.

Assim, a apropriação do discurso dos direitos humanos justifica-se nessa rede concatenada pela regulação, comprometendo-se o potencial emancipatório desses direitos, apartando a correlação que identifico entre a efetividade de direitos e a pedagogia.[13]

Refiro-me à ambigüidade de um discurso reiteradas vezes aclamado como apeio de iniqüidades, mas, ao mesmo tempo, pelo seu conteúdo ordenador e impositivo, patrocinador de ausências e silêncios; um discurso que elabora uma insensibilidade muda, perceptível na ponta dos dedos, um sentir *nada* desabrochado à pele.

Essa ambigüidade diz respeito, especificamente, à manipulação desse discurso e não do reconhecimento fático de que na trajetória dos direitos humanos remarca a regulação em detrimento da emancipação.

Menos que uma digressão aos fundamentos filosóficos dos direitos humanos, questão que pode ser retomada em algum ponto da antiguidade; ou de uma retomada da retórica no direito, porquanto não se trata, especificamente, da análise do discurso jurídico; trata-se de conduzir a análise na bamba corda de revezes onde a apropriação distorcida[14] da luta dos direitos humanos se sobrepõe às pretensões de *ser sendo* no mundo.

> "Os direitos humanos não se confundem com as declarações que pretendem contê-los, com as idéias filosóficas que se propõem fundamentá-los, com os valores a que eles se referem ou mesmo com as instituições nas quais se busca representá-los. Os direitos humanos são as lutas sociais concretas da experiência de humanização (...) na trajetória emancipatória do homem[15]."

No âmbito dessa avaliação, aporta o caráter de *localismo globalizado* dos direitos humanos, um percurso a-histórico porque descontextualizado, afastado de uma

---

(12) Discuto melhor a questão no capítulo 2, onde protagonizam o individualismo e a universalidade.

(13) Conforme pretendo demonstrar, o pedagógico que identifico nos direitos humanos remete-se à possibilidade de tomar consciência do mundo e essa consciência se realiza em um campo de visibilidade. Isso porque a trajetória histórica dos direitos humanos deslumbra um mero reflexo, um espelho d'água.

(14) A distorção a que faço referência não se resume apenas à ambigüidade do discurso, mas também, àquela situação que Castoriadis — em obra já referida — informa e que contempla a dimensão social da autonomia individual que, no caso, diz respeito à heteronomia, ou seja, a ausência do *eu* em face da impositiva presença do outro (superego). Nesse caso, não se trata de visibilidade do outro senão mero reflexo. Assim, também se coloca Paulo Freire quando alude à ação — não narrativa — do oprimido que reproduz a face do opressor supondo que nessa operação alcança a autonomia e a emancipação.

(15) SOUSA Jr., José Geraldo de. *Sociologia jurídica: condições sociais e possibilidades jurídicas*. Porto Alegre: Sergio Antonio Fabris, 2002, p. 83.

aprendizagem que decorre do reconhecimento, a esses direitos, de um caráter pedagógico, isto é, de uma dimensão que se traduz pela qualificada inserção dos agentes na narração que constroem em complexidade; ou, histórico e contextualizado, reconhecendo-os como a imposição de uma determinada concepção planetária.

Uma combinação entre *Milton Santos* e *Boaventura de Sousa Santos*[16] é possível, a partir do *lugar* dos direitos humanos. Remeto-me, nesse ponto, ao sentido único da instrumentalidade moderna, no qual a natureza de *localismo globalizado* de tais direitos se manifesta reforçando a adjudicação verticalizada, a qual me referi acima. Enquanto paradigma local que se globaliza, a modernidade informa os direitos humanos de um sentido unívoco, visível na ocidentalização de valores, na pulverização do espaço-tempo, da historicidade, enfim.

A racionalidade única não tem outro efeito se não o de brecar a possibilidade de coexistência narrativo-política da diferença, ou seja, da visibilidade do outro. A tradução do mundo enquanto dado, sob a capa do mítico e do místico, pode também ser conectada com a tarefa que a modernidade se alçou, a separação entre política e ética, a potencialidade de refletir acerca do mundo. *A dominação e a colonização do mundo são, portanto, as últimas palavras da modernidade, e por isso temos de nos perguntar qual é o preço a pagar para sermos modernos e entrarmos no mundo global.*[17]

A expectativa dessa tendência à invisibilidade do outro, ao descontexto, à destruição se verifica, no âmbito do direito internacional, com a criação da ONU — Organização das Nações Unidas —, com a elaboração de documentos multilaterais de proteção, com a formação de sistemas regionais de proteção. No âmbito interno, a educação para os direitos humanos tem sido um eficiente instrumento para a reprodução de valores exógenos, não refletidos; uma atuação passiva, porquanto bancária.[18]

É importante notar que focalizo no âmbito da efetividade dos direitos humanos a possibilidade de aprender *com* eles e, não rasteiramente, *a partir* deles. Mais uma vez, retorno nesse ponto à dicotomia que se estabeleceu entre regulação e emancipação porque nesse sentido, embora se possa falar em eficácia social, ou seja, efetividade a partir da norma, no restrito ambiente do formalismo que nos remete à dogmática jurídica, perde-se o que trato de evidenciar com a aprendizagem. Ou seja, a qualitativa narração no processo de conscientização do estar no mundo *ser sendo*, que se diga, construindo em complexidade o *lugar* no qual me contextualizo.

O desequilíbrio entre a regulação e a emancipação, em detrimento desta última, reflete a racionalidade técnica moderna não apenas em seus limites, mas também historiciza a forma como elabora o seu conceito de emancipação[19], no qual os

---

(16) Cf. *Por uma outra globalização: do pensamento único à consciência universal* e *Por uma concepção multicultural dos direitos humanos* respectivamente.
(17) MILOVIC, Miroslav. *Comunidade da diferença*. Rio de Janeiro: Relume Dumará; Rio Grande do Sul: Unijuí, 2004, p. 20.
(18) Os termos *bancária* e *problematizadora* para a caracterização da educação em uma perspectiva passiva ou narrativa foram trabalhados por Paulo Freire na obra *Pedagogia do Oprimido*. A eles retorno com mais vagar no andamento dessa reflexão. Se quiser prosseguir nessa correlação, a perspectiva depositária (bancária) tem como fulcro a regulação naqueles limites estreitos do monismo jurídico, enquanto dentro de um escopo problematizador busca-se restabelecer, continua e processualmente, o equilíbrio entre regulação e emancipação.
(19) Normativo e tutelar.

direitos humanos se inserem. Para o escopo pretendido, remeto, mais uma vez, à relação que se estabelece entre a educação e os direitos humanos. Desprendidos de uma atuação política, ambos — educação e direitos humanos — formalizados, mais se prestam à ordenação que à inserção consciente no mundo. É nesse cenário que a dominação sobrepõe-se à emancipação, ou que se confunde a emancipação com a dominação; a igualdade com a diferença.

Essa assimetria entre os pilares relaciona-se, para *Boaventura de Sousa Santos*, com o protagonismo reducionista do capitalismo.

> "A partir do momento em que o paradigma da modernidade converge e se reduz ao desenvolvimento capitalista, as sociedades modernas passaram a viver da contradição entre os princípios de emancipação, que continuaram a apontar para a igualdade e a integração social e os princípios da regulação, que passaram a gerir os processos de desigualdade e de exclusão produzidos pelo próprio desenvolvimento capitalista.[20]"

A regulação precede a emancipação[21] nesse contexto, não apenas pelo monopólio do jurídico, produzido e sustentado pelo Estado por meio da técnica jurídica, mas também por enfatizar a categoria igualdade como o contraponto da diferença. O resultado histórico dessa prática se traduz no sistemático processo de exclusão e invisibilidade do outro, na antidiologicidade da prática jurídica, no seu desenvolvimento de cima para baixo.

Nesse sentido, o racismo e o sexismo[22] são formas de hierarquizações híbridas, por conter elementos da desigualdade e da exclusão, geradas no âmbito da certeza técnico-empírica da modernidade: *o sistema da exclusão assenta no essencialismo da diferença, seja ele a cientifização da normalidade e, portanto, do interdito, ou o determinismo biológico da desigualdade racial ou sexual.*[23]

A partir desse quadro, questiono as possibilidades emancipatórias da regulação moderna tendo em tela, momentaneamente, o princípio da igualdade[24] contido nas máximas *todos nascem livres e iguais* e *todos são iguais perante a lei,* ou seja, o limite da imbricação entre a metafísica do jusnaturalismo e a formalidade e o formalismo do

---

(20) SANTOS, Boaventura de Sousa. "A construção multicultural da igualdade e da diferença". *Revista CES*. Oficina. N. 135. Coimbra. Janeiro de 1999, p. 1.

(21) A tríade produzida no desenrolar do processo histórico da revolução francesa — liberdade, igualdade e fraternidade (cidadania) — lastreia o conteúdo da emancipação. É preciso que se compreenda, entretanto, que ainda que considere esses valores como condutores da prática emancipatória, devo preenchê-los com os valores do *lugar* a partir do qual me contextualizo para sair do reflexo e alçar, narrativamente, a visibilidade. É nesse sentido, que insisto no fato de que os direitos humanos são espaços abertos para as lutas sociais, ou seja, que os direitos humanos estão em relação direta com a *rua*.

(22) SANTOS, Boaventura de Sousa. "A construção multicultural da igualdade e da diferença", p. 3. Mimeo.

(23) *Idem*, p. 4. Qualquer ideologia que implique na inferioridade do outro, conforme o dito a respeito da indolência do índio e os estudos acerca da *natural* marginalidade do negro que Nina Rodrigues exemplifica.

(24) A igualdade é coadjuvante na discussão acerca da visibilidade do outro dentro de um processo de aprendizagem patrocinado pelos direitos humanos.

positivismo jurídico. Nessa seara, utilizo o conceito de variável focal sobre o qual se debruça *Amartya Sen*[25] combinando-o com os limites da gestão moderna da emancipação formal.

> "A regulação social da modernidade capitalista se, por um lado, é constituída por processos que geram desigualdade e exclusão, por outro, estabelece mecanismos que permitem controlar ou manter dentro de certos limites esses processos. (...) Esses mecanismos visam a uma gestão controlada do sistema de desigualdade e de exclusão, e, nessa medida, apontam para a emancipação possível dentro do capitalismo [o processo de especificação que confunde a diferença com a igualdade, justamente, para manter a invisibilidade do outro]. No campo social, tiveram sempre que se defrontar com os movimentos anticapitalistas (...) Todos estes movimentos tenderam a centrar-se numa forma privilegiada de desigualdade ou de exclusão, deixando as outras actuar livremente. Esta concentração assentou quase sempre na idéia de que, entre as diferentes formas de desigualdade e de exclusão, haveria uma, principal, e, de tal modo que o ataque dirigido a ela acabaria por se repercutir nas demais. Por exemplo, o marxismo concentrou-se na desigualdade classista e teve pouco a dizer sobre a exclusão foucaultiana, o racismo ou sexismo.[26]"

Cabe à racionalidade moderna se ater a essa configuração, gerir o equilíbrio dessa assimetria, manter a coesão social criando artifícios que sofisticam a *inclusiva* exclusão. Essa expectativa torna premente a remissão à palavra dos direitos humanos, à problemática da sua efetividade (sua dimensão político-pedagógica), ao seu significado e ao papel simbólico que representam no contexto da ocidentalização do mundo, dentro do âmbito das revoluções liberais e da ilustração.

Tendo por parâmetro as revoluções burguesas, recupera-se o panorama histórico dos direitos humanos dentro dos movimentos ocorridos no século XVII na Inglaterra e no século XVIII nos Estados Unidos e na França.

Com relação ao constitucionalismo inglês lista-se uma série de documentos,[27] com destaque para a Magna Carta de 1215. A cláusula 39 desse documento faz referência ao devido processo legal, princípio incorporado em várias constituições, inclusive na constituição federal vigente de 1988[28]. Entretanto, a Magna Carta melhor se caracteriza como um demonstrativo das relações entre a nobreza e o rei, centralizadas na atuação de cada grupo no parlamento do que, propriamente, uma sugestão para uma nova configuração da sociedade desvinculada das peias de uma organização social baseada em imóveis estamentos.

---

(25) SEN, Amartya Kumar. *A desigualdade reexaminada*. Rio de Janeiro: Record, 2001. O autor informa que a igualdade é referencial, tomada a partir de um determinado parâmetro.
(26) SANTOS, Boaventura de Sousa. "A construção multicultural da igualdade e da diferença", p. 5. Mimeo.
(27) Trata-se da Petição de direitos e do *Bill of Rights*.
(28) Diz respeito ao art. 5º, inciso LIV.

Em 1776, o movimento revolucionário que ocorreu nos Estados Unidos teve por foco um processo de independência da metrópole, um rompimento da dinâmica do pacto colonial, o que poderia enquadrá-la em uma perspectiva anticolonialista guardadas as devidas proporções com os movimentos que lhe são posteriores e aqueles de caráter antiimperialista do século passado. O que diferencia o constitucionalismo inglês do norte-americano é, justamente, a *idéia* de constituição escrita.

É inegável, entretanto, a influência que a independência dos Estados Unidos exerceu sobre o movimento ocorrido na França, em 1789, e que, de fato, configura os pressupostos que determinaram a passagem para a modernidade e a formação de uma sociedade individualista com suas implicações.

A revolução francesa é, então, marco histórico que divisa o final da idade média estamental e a estruturação da idade moderna. Desenvolve-se o ritmo da racionalidade técnico-empirista que caracteriza o paradigma da modernidade, o protagonismo da regulação e os limites da emancipação sustentados pelo Estado, o estrelismo do indivíduo e da universalidade e a ode ao antidialógico.

O trânsito dos direitos humanos, nesse aporte, é uma complexidade que se estende desde um panorama de emancipação social com matiz jusnaturalista, enquanto limites ao poder estatal para a liberdade dos indivíduos[29] — no âmbito da superação do feudalismo e da formação da sociedade burguesa —, passando por uma dimensão reguladora em face do quadro de desenvolvimento da produção industrial — Estado social e direito sociais —, alargando as fronteiras da liberdade e da igualdade, ou seja, do indivíduo e da classe, para alcançar interesses difusos relativos ao desenvolvimento sustentável, e culminando com uma perspectiva dialógica de efetivação e produção de direitos a partir de seu caráter pedagógico — na visibilidade do outro —, em uma direção que *Boaventura de Sousa Santos* denominaria contra-hegemônica.[30]

Dentro desse roteiro histórico apresenta-se a idéia construída e disseminada da universalidade dos direitos humanos, na verdade, uma sistemática exportação de uma

---

(29) A questão aparente com relação à liberdade na gênese do discurso moderno dos direitos humanos no âmbito do liberalismo diz respeito à contemporização da soberania — submetida à vontade geral — com a liberdade dos indivíduos, ou seja, a imposição de limites ao poder estatal em face dos direitos naturais inatos ao homem nessa condição e a liberdade dos indivíduos de elaborarem, autonomamente, as suas próprias leis. Obviamente, essa participação é qualificada não se confundindo povo com cidadão que é aquele que participa das decisões políticas. Conforme se verá, longe de garantir acesso *livre* ao espaço público (espaço das decisões políticas, já que à sociedade civil reservaram-se as relações econômicas; apesar disso, era a favor dela que a liberdade se exercitava), este requer uma certa qualificação homogênea na condição de cidadão. No espaço privado se manifestam as diferenças. A vontade geral, na verdade, é a vontade de poucos. E o espaço público é instrumento para a manutenção da sociedade civil (exercício da liberdade no espaço privado e sua garantia no espaço público).

(30) Trata-se de evidenciar a clássica caracterização dos direitos humanos em geração, sendo que a primeira geração diz respeito aos direitos de liberdade, a segunda geração aos direitos de igualdade e a terceira geração aos direitos de fraternidade. Reforço a relação entre os direitos humanos e a educação, reconhecendo-lhes um caráter pedagógico, no sentido de despir tais direitos do viés regulador que subsiste e que, por isso, contradiz o seu potencial emancipatório nesses termos colocado. No capítulo 2 terei a oportunidade de enfatizar que o questionamento não se dá em face da regulação em si, mas do caráter monista que a caracteriza, ainda que se possa falar em crise do Estado. Essa configuração tornar-se-á mais clara com a análise dos pilares da modernidade nos termos em que o faz Boaventura de Sousa Santos.

visão ocidental de mundo sustentada na dinâmica do jusnaturalismo, isto é, na *intuição* da existência de direitos inatos ao homem por conta dessa condição, na qual a máxima retórica de que *todos nascem livres e iguais* é componente integrante.

Ao longo do encadeamento espaço-temporal, portanto, vem se tornando cada vez mais periclitante contemporizar a exclusão social sem que ao menos se identifique o alcance dessa liberdade e dessa igualdade *de todos,* isto é, sem que se perceba que os valores são relacionais e caminham *ser sendo* em face de um específico contexto, a partir de um *lugar.*

O direito natural sustentou o ideário da formação das categorias direito subjetivo — liberdade, vida, propriedade, direitos subjetivos considerados naturais — e sujeito de direito. Essas categorias — que presumo comprometer a horizontalidade do diálogo[31], a aprendizagem — reforçaram a estatização do jurídico (monismo jurídico), a adjudicação verticalizada, a neutralidade e a cientificização na dogmática jurídica, o homem abstrato[32], a invisibilidade e a exclusão da diferença, do diferente, do outro. Demonstram, assim, os limites do individualismo e da universalidade.

"Pode-se dizer que o Direito, no paradigma da modernidade, constituiu-se, à base de uma noção fundamental, o sujeito de direito, a partir da qual a pessoa humana que lhe serve de referência antropológica se individualiza na estrutura abstrata da relação jurídica.

No sentido filosófico, o sujeito aí indicado reflete, na sua impregnação iluminista, uma visão de mundo dominada pela racionalidade e auto-transparência do "pensar em si mesmo" que deseja "ser sujeito", segundo *Kant*. Nesta sua origem histórico-filosófica, o conceito coincide com a noção aristotélica de substância ou, como em Descartes, onde começa a tradição moderna do sujeito como "início", em si mesmo do indivíduo — o legislador de si próprio no sentido kantiano.

A que nos conduz a abstração desta noção, basta avaliar o itinerário histórico da pessoa humana, que a representa e tentar identificar o sujeito, na alienação da pessoa em relação ao escravo (conforme a natureza das coisas, segundo Aristóteles), no índio (pessoa, por definição teológica, conforme a bula de Paulo III), ou nos "comunistas", *tout court* (na esteira de muitos cemitérios formados pelo extermínio).[33]"

---

(31) Horizontalidade e verticalidade constituem a pendência para a regulação em detrimento da emancipação. A horizontalidade dialógica resgata, no pilar da regulação, a comunidade e, no pilar da emancipação, a arte, a poesia, o sentimento; ou seja, a perspectiva de participação narrativa no contexto do *lugar* onde estou inserida(o).

(32) O processo de desumanização que contorna a modernidade também permite uma outra alusão: o recurso à abstração despe o homem de suas diferenças e o iguala, mecanismo bem adequado ao rompimento com os estamentos medievais. Nesse sentido, a abstração é um recurso emancipatório. Ao mesmo tempo, pode servir para atingir o indivíduo, justamente, em sua diferença. Isto é, abstraio porque reconheço a diferença, que é fática e, por conta disso, excluo, marginalizo. A abstração sustenta, nesses termos, o descontexto, a ausência.

(33) SOUSA Jr., José Geraldo de. *Sociologia jurídica: condições sociais e possibilidades teóricas,* p. 60/61.

É preciso, pois, preencher a liberdade e a igualdade de *todos* de um conteúdo, um conteúdo diversificado no badalar dos sinos e na sucessão de imagens. Tratar os direitos humanos como *coisa nossa* e não como um sofisticado reforço na imposição de valores. Despregar-se de um formalismo bancário é uma atitude de conscientização em face do mundo. É um caminho que passeia no potencial pedagógico que esses direitos deixam transparecer como componentes ativos das demandas sociais, enquanto caminhante da *rua*.

Focando a atenção no decorrer do século passado, evidencia-se o fato de que, a despeito da universalidade de direitos[34] — ou mesmo por essa razão —, os direitos humanos serviram de lastro para campanhas genocidas, assistiram o desenlace de dois embates bélicos de extensão mundial, justificaram o desenvolvimento de fundamentalismos religiosos e culturais, sustentaram um sistemático processo de aculturação que teve como conseqüências a introspecção da diferença e a negação do outro.

O século XX deixou uma trágica marca: nunca, como no século passado, se verificou tanto progresso na ciência e tecnologia, acompanhado paradoxalmente de tanta destruição e crueldade. Apesar de todos os avanços registrados na proteção internacional dos direitos humanos, persistiram violações graves e maciças destes últimos.[35]

Modelando a organização política em um regime fundado em democracia e participação, o século XX, na verdade, reforçou e pôs em pauta a retórica dos direitos humanos e da liberdade política. Entretanto, a potencialidade do discurso não se compatibiliza com uma materialidade excludente.[36]

Os primeiros quatro anos do *novo* século XXI apresentaram velhos problemas de incompatibilidade entre a construção de direitos e a imposição deles.[37] É importante destacar esse ponto porque a efetividade de direitos em uma perspectiva de aprendizagem problematiza os limites entre a autonomia, a emancipação e a heteronomia.

Essa problematização se faz no sentido da reflexão acerca da imposição e da dominação lastreadas por uma mentalidade bancária, cujo ideário sustenta-se no descolamento da pessoa do seu processo de formação, ou seja, no processo de desumanização que se desenrola no tempo e no espaço.

Reforçando a invisibilidade em uns pontos, decretando-a em outros, os direitos humanos vêm sendo usados como reprodutores da ordem, de uma ordem que homogeneíza, domina, impõe e exclui. Isso lhe denota um caráter contraditório, já que o seu núcleo gerador é a liberdade.

---

(34) A Conferência de Viena de 1993 caracteriza a universalidade dos direitos humanos. Além de universais, são direitos indivisíveis, interdependentes e inter-relacionados. Conforme o item 5 do referido documento.

(35) TRINDADE, Antonio Augusto Cançado. "Dilemas e desafios da proteção internacional dos direitos humanos". *In* SOUSA JR., José Geraldo *et alii*. (Org.). *Educando para os direitos humanos. Pautas pedagógicas para a cidadania na universidade*. Porto Alegre: Síntese, 2004.

(36) GENTILI, Pablo e ALENCAR, Chico. *Educar na esperança em tempos de desencanto*. 4ª ed. Petrópolis: Vozes, 2003, p. 9.

(37) Uma vez que compreendo a efetividade de direitos como um processo de aprendizagem do *ser sendo* no mundo, o termo imposição, referido à temática da efetividade de direitos, remete-me aos limites de uma adjudicação verticalizada, portanto, com prejuízo para a autonomia e a emancipação.

Justifico nesse ponto a observação de que a modernidade é, originariamente, contraditória porquanto mina, desde o começo, o seu potencial de transformação. Nesse sentido, *Boaventura de Sousa Santos*[38] informa que o projeto da modernidade não foi concluído.

> "A emancipação deixou de ser o outro da regulação para se tornar no duplo da regulação. (...) A política dos direitos humanos, que foi simultaneamente uma política reguladora e uma política emancipadora, está armadilhada nessa dupla crise, ao mesmo tempo que é sinal do desejo e a ultrapassar.[39]"

Reafirmando o caráter histórico da efetividade dos direitos humanos, *Norberto Bobbio*[40] anui que a questão política sobressai-se em relação à filosófica, porquanto o problema fundamental que se apresenta diz respeito à proteção desses direitos e não à sua justificação.

A *proteção* não pode resultar, de certo, somente da positivação desses direitos, seja em âmbito local, regional ou internacional[41] A questão da efetividade de direitos exige a consideração de uma perspectiva que ultrapasse o direito, mas que a ele retorne em uma conexão pedagógica que privilegie o diálogo em detrimento do monólogo. Uma construção que se movimente do jurídico ao jurídico, isto é, que se estenda para além do normativismo, da mera formalização de direitos.

Refletindo acerca da perspectiva sociológico-jurídica da efetividade de direitos, *Maria José Fariñas Dulce*[42] informa que,

> "El problema de la realización práctica o de la efectiva aplicación de los derechos humanos es, todavía en la actualidad, uno de los retos más acuciantes y una de las promesas incumplidas del proyecto de la modernidad, cuya solución implica la reducción del abismo existente entre las grandes Declaraciones de derechos y la realidad cotidiana de la mayoría de los seres humanos del planeta. Por lo tanto,

---

(38) SANTOS, Boaventura de Sousa. *A crítica da razão indolente. Contra o desperdício da experiência*. São Paulo: Cortez, 2001. Conforme se verá, o autor informa que a crise de criatividade da modernidade se dá em face do desequilíbrio entre os pilares da regulação e da emancipação, aquele em detrimento deste.

(39) *Idem*, "Por uma concepção multicultural dos direitos humanos". *Revista Crítica de ciências sociais*. N. 48, julho de 1997. Coimbra: faculdade de economia e centro de estudos sociais, p. 12.

(40) BOBBIO, Norberto. *A era dos direitos*. São Paulo: Campus, 1992, p. 24. No caso, discutia-se se há um fundamento absoluto para os direitos humanos. Mais uma vez, a condição histórico-construída desses direitos indica que o seu fundamento vincula-se às lutas sociais que são produzidas em uma sociedade complexa.

(41) O reconhecimento de um modelo pedagógico-jurídico com relação aos direitos humanos e ao direito mais se justifica quando se tem por certo de que a mera formalização de direitos não conduz à sua concretização dada a ênfase na verticalidade das relações jurídicas, acrescido ao fato de que o jurídico extrapola o ordenamento jurídico. A questão da positivação de direitos mostra suas limitações tanto quando se trata de efetivá-los na esfera local — tendo como referencial o ordenamento jurídico pátrio — resultando em construções, como a *reserva do possível*, ou por uma persistente e anômala interpretação dogmática diante da complexidade social manifesta; quanto, já em esfera regional ou internacional, diz respeito às dificuldades de recepção de tratados — mecanismo da ratificação — e sua efetivação, mesmo em face de uma Constituição materialmente aberta, conforme o art. 5º, § 2º da Constituição Federal de 1988 dispõe.

(42) DULCE, Maria José Fariñas. *Los derechos humanos: desde la perspectiva sociológico-jurídica a la "la actitud postmoderna"*. Madrid: Dykinson, 1997, p. 1-2.

desde la perspectiva sociológico-jurídica, la llamada más alarmante en el mundo actual se centra en la necesidad de hacer más pragmáticos y más eficaces todos los derechos humanos conseguidos a lo largo de los años, lo cual significa que dejen de ser una especie de "lujo politizado" de los ciudadanos occidentales, y que se hagan extensivos también a los pueblos más débiles y desprotegidos del planeta. [Certamente, o modelo pedagógico-jurídico não se desvincula do aspecto social]."

Em movimento, os direitos humanos compõem uma dimensão pedagógico-jurídica que se manifesta nos espaços não preenchidos das lutas sociais, páginas desencadernadas da existência que barulham ao vento, porque o mundo dá voltas em bem mais que 80 dias[43]. São elementos que constituem a presença narrativa no mundo, potencializando a sua complexa transformação.

Flor do Lácio,
Sambódromo
Lusa América
Latinha em pó
O que quer?
O que pode, essa língua?[44]

Os direitos humanos lastreiam, assim, a produção de direitos, na *rua*, estendendo-se para além do *script* dos espaços públicos tradicionais[45]. Medeiam a transição entre o narcisismo e a explícita inconclusão. Contextualizam, assim, a exclusão.

O percurso histórico dos direitos humanos é também demonstrativo da passagem de uma reflexão uni-disciplinar — porquanto normativa, que restringe o jurídico à norma —, calcada em uma artificial especialidade do direito, para aquela que focaliza a transversalidade, já que o fenômeno jurídico é multidimensional perpassado, no tempo e no espaço, pelo contexto onde se insere.

A constatação da historicidade dos direitos humanos, porque vinculados às mudanças sociais e às lutas libertárias, que contemporizam o condicionamento e o determinismo históricos, não compromete a matiz jusnaturalista na sua gênese, dentro do desenvolvimento do liberalismo.[46]

---

(43) Uma alusão ao filme baseado na obra de Julio Verne, *A volta ao mundo em 80 dias*, dirigido por Michel Anderson, Kevin McClory e Sidney Smith lançado em 1956.
(44) VELOSO, Caetano. *Língua*.
(45) Mais uma vez faço remissão à verticalidade das relações e do formalismo que a permeia.
(46) Indicar o jusnaturalismo como fundamento da gênese dos direitos humanos na era moderna, por paradoxal que pareça, não compromete o seu caráter histórico, ao contrário. A ficção do estado de natureza elaborada pelo racionalismo humano, com fulcro no jusnaturalismo e no sentido de impor limites à atuação estatal, colocou o indivíduo no centro das decisões políticas em detrimento da sociedade, já que a consideração da existência de direitos naturais inatos ao homem por essa condição torna-o precedente a qualquer associação. A passagem do estado de natureza para a sociedade e a definição dos direitos naturais foi teorizada de diferentes formas. Para Kant é a liberdade o direito que todo homem tem de obedecer apenas às leis por ele formuladas na condição de legislador; Hobbes centraliza essa transição na absoluta gerência do Estado, o *Leviatã*, é a máxima teorização do absolutismo monárquico de inspiração divina; para Locke, identificado como o grande incentivador do individualismo moderno, o direito natural por excelência é a propriedade. Essa elaboração teve como suporte a arbitrariedade típica do absolutismo monárquico e das amarras de uma sociedade estamental justificada em uma metafísica de cunho divino e resultou em uma importante transformação social. A motivação, portanto, é histórica, como resposta às lutas sociais.

O jusnaturalismo preconiza a existência de direitos pré-sociedade, inatos ao homem, imprescritíveis e inalienáveis, cujo núcleo essencial é a liberdade. Mesmo a questão da igualdade, conforme se verá, não pode ser analisada desvinculada do direito natural à liberdade.

Importante ressaltar nesse contexto a vinculação dos direitos humanos com a formação de uma nova forma de sociedade política de base contratualista, o Estado moderno.[47] Informam também uma nova relação política, distante da idéia predominante e aristotélica de *animal político* — o homem como um ser social por natureza — subvertendo, ao mesmo tempo, o caráter organicista da sociedade, que privilegia o todo em relação às partes, a sociedade em relação ao indivíduo, colocando o indivíduo no centro das decisões políticas no sentido das partes para o todo.

"Precisamente partindo de *Locke*, pode-se compreender como a doutrina dos direitos naturais pressupõe uma concepção individualista da sociedade e, portanto, do Estado, continuamente combatida pela bem mais sólida e antiga concepção organicista, segunda a qual a sociedade é um todo, e o todo está acima das partes.[48]"

Enquanto limite ao poder estatal, os direitos humanos, na dimensão clássica liberal, colocam em foco o governado e não mais o governante como se manifestava tradicionalmente. Servem, assim, de base à formação do Estado de direito dando vazão ao surgimento das categorias direitos subjetivos públicos e sujeito de direito, conforme já aludi.

Estrutura-se, desse modo, uma concepção individualista da sociedade com desdobramentos importantes para a efetividade dos direitos humanos e que serão identificados no decorrer dessa análise.

O paradoxo, que se encaixa nos extremos da discussão acerca da crise entre emancipação e regulação, diz respeito à tradução, na qual o Estado nacional apresenta-se como guarda dos direitos humanos, com implicações que remetem àquela perspectiva de efetividade verticalizada; e o mesmo espaço do Estado nacional para

---

(47) O Estado moderno se estrutura na perspectiva do Estado de direito que é gênero do qual o Estado liberal, o Estado social, o Estado constitucional e o Estado democrático de direito são espécies. O Estado liberal é o Estado mínimo, cujo foco de proteção é a liberdade do indivíduo. Entretanto, essa perspectiva é ilusória, já que não se tratava apenas de delimitar a ação do Estado em um não fazer, mas também uma positividade, uma vez que tinha [o Estado] que administrar a atuação do indivíduo — em liberdade — na relação com o outro. O mesmo pode ser dito com relação aos direitos sociais que ao contrário de abstenção exigiriam uma ação do Estado, já que há hipóteses em que a atitude deste é negativa. Já o Estado social, inserido no contexto da intervenção do Estado nas relações econômicas, até então tipicamente privadas, é questionado em razão não da sua atuação para minimizar os efeitos do capital sobre as relações sociais, mas, sobretudo, por não se identificar nele uma ação positiva nesse sentido, senão enquanto conformador da liberdade original. Questiona-se, nesse sentido, se há uma real possibilidade de preencher de materialidade a igualdade liberal. O Estado democrático, por sua vez, padece de uma séria crise de legitimidade, a qual põe em xeque a representatividade.

(48) BOBBIO, Norberto. Ob. cit., p. 59. Essa reviravolta na política clássica tem reflexos na dicotomia direitos e deveres com o surgimento da categoria *direitos subjetivos*. O indivíduo passa, então, precedentemente, a ter direitos que lhe são inatos pela sua condição humana.

o controle da realização desses direitos. Um curioso artifício que tem por escopo a garantia da liberdade com fulcro na igualdade formal, ou seja, preservar a lógica dos direitos subjetivos e do sujeito de direito.

Esse panorama se manifesta no que refere, à capacidade emancipatória dos direitos humanos. Nessa perspectiva depositária descabida a alusão à aprendizagem, senão à adjudicação, porquanto esse é o sentido da efetividade que não dimensiona o pedagógico.

Rompendo com a fundamentação metafísica do direito natural e exibindo uma tendência à neutralidade do direito sem, entretanto, inovar para a emancipação, o juspositivismo centra seu foco de análise na norma, na positivação de direitos considerando apenas aqueles que, formalmente, integram o ordenamento jurídico. O juspositivismo concentra, assim, uma concepção normativista do direito.

Segundo o constitucionalista *Pérez Luño*[49] no juspositivismo alia-se o desenvolvimento de técnicas para o seu reconhecimento e afirmação das idéias de liberdade e de dignidade da pessoa humana em um processo de constitucionalização de tais direitos. O juspositivismo representa a cientificização do direito, o desenvolvimento da dogmática jurídica.

À trajetória dos direitos humanos, conforme até aqui estamos vendo, também conforma o desenvolvimento do constitucionalismo. Esse processo insere-se no contexto das já referidas movimentações burguesas.

Segundo *José Jardim Rocha Júnior*,[50] a questão pode ser vista em três sentidos fundamentais, a saber: um histórico, um doutrinário e uma *atitude* em relação à constituição.

Na perspectiva histórica, o autor se remete aos movimentos revolucionários ocorridos nos Estados Unidos e na França, no século XVIII, *que reivindicavam a conformação do jurídico e do político com referência à idéia de contrato social como instrumento de institucionalização da comunidade e dos direitos naturais de todos os homens como elemento distintivo dessa comunidade*, embora se identifique o apriorismo do constitucionalismo inglês no século XVII.

São desse período clássicos documentos, como a Declaração de Independência, de 4 de julho de 1776, no âmbito do constitucionalismo norte-americano e a Declaração dos Direitos do Homem e do Cidadão de 1789, na França.[51]

---

(49) *Apud* SARLET, Ingo Wolfgang. *A eficácia dos direitos fundamentais*. Porto Alegre: Livraria do Advogado, 2001, p. 39. É corrente a consideração de que os direitos humanos constitucionalizados tornam-se direitos fundamentais no sentido de sua exigibilidade. Escaparia ao escopo pretendido a discussão acerca da nomenclatura dos direitos humanos, já que se considera a materialidade da Constituição de 1988.

(50) ROCHA Jr., José Jardim. *Os direitos humanos como problema do direito positivo: apontamentos para uma análise deferente às demandas republicanistas do constitucionalismo*. Dissertação de mestrado. Brasília, 2002, p. 39-56.

(51) Discute-se o valor jurídico de tais declarações, embora se reconheça o vínculo entre a previsão de direitos naturais e sua positivação, especialmente com relação ao art. 16 que determina como conteúdo mínimo de uma Constituição a garantia de direitos e a separação de poderes. A questão jurídica diz respeito, justamente, à inserção dessas declarações no corpo de uma Constituição. Para o caso francês a recepção se deu na Constituição de 1946. Na Inglaterra, a incorporação da convenção européia de direitos humanos em 2000 se deu na condição de *human rights act*.

Enquanto doutrina, o constitucionalismo tende a contemporizar os direitos naturais com a submissão à vontade geral.

"... [o constitucionalismo] surgiu e se desenvolveu tendo por referência, seja acolhendo seja negando, dois apelos fundamentais que mesmo no documento tomado como a suma da expressão normativa do projeto revolucionário, a *Declaração dos direitos do Homem e do Cidadão*, se apresentavam numa relação de tensão: o apelo pela proteção dos preexistentes direitos inalienáveis de todos os homens e o apelo pela submissão à vontade geral dos membros da comunidade política que autonomamente decidem como desejam viver.[52]"

Enquanto atitude, o constitucionalismo contextualiza-se no pós-segunda guerra, na adjetivação do Estado de direito enquanto *constitucional*. Nesse sentido, vige a idéia de respeito compartilhado pela Constituição, de uma força normativa nos termos postos por *Konrad Hesse*.[53]

De um conteúdo calcado na liberdade, o discurso dos direitos humanos passa a centrar-se na igualdade, dentro do quadro das transformações sociais protagonizadas pelo incremento da produção industrial. Trata-se do cenário que engendrou a formação do Estado Social.

Nesse âmbito, protagonizam os direitos sociais, conforme exemplificam as Constituições mexicana de 1917 e a de Weimar de 1919 dentro do quadrante da revolução russa[54], cuja estagnação nos termos em que se organizou reafirma-se no colapso do bloco comunista e na desintegração da União Soviética no final do século passado.

No Brasil, os reflexos de uma Constituição social coincidem com a era Vargas, na década de 30 do século XX, cuja materialização são a Constituição de 1934 e a CLT, Consolidação das Leis Trabalhistas[55].

A igualdade material reivindicada no âmbito da questão social decorrente da espoliação do indivíduo em face do processo de industrialização, e que deu azo à sedimentação dos direitos sociais e ao processo de especificação de sujeitos, vincula-se, de fato, às mudanças sociais[56] transpondo-se, dessa forma, a igualdade *da* e *na* liberdade para a igualdade material.

De qualquer forma, é inegável a influência que tais documentos exerceram sobre movimentos libertários. No específico caso do Brasil, posso listar, ao menos, dois que tiveram inspiração iluminista, a saber: a inconfidência mineira de 1789 e a conjuração baiana de 1798.

A declaração francesa é de 26 de agosto de 1789. Foi admitida em 1793 pela convenção nacional.

(52) ROCHA Jr., José Jardim. Ob. cit., p. 36-56.

(53) HESSE, Konrad. *A força normativa da constituição*. Trad. Gilmar Ferreira Mendes. Porto Alegre: Sergio Fabris, 1991.

(54) A revolução russa ocorreu em outubro de 1917. A Constituição mexicana data de 5 de fevereiro de 1917 e a de Weimar de 11 de agosto de 1919.

(55) Decreto-lei n. 5.452, de 1º de maio de 1943.

(56) A questão da jornada do trabalho, o salário mínimo, a regularização do trabalho de mulheres e crianças, por exemplo.

Vinculado à igualdade material, o processo de especificação do sujeito evidencia os estreitos limites das declarações de direitos. Assim, com base nelas, a sociedade de iguais americana nenhuma referência fazia aos escravos, reduzidos à condição de coisa. A revolução francesa considerava iguais e livres o homem branco, proprietário e europeu. No Brasil, a constituição imperial de 1824 de inspiração liberal adotou o voto censitário e nenhuma remissão fazia ao fim da escravidão.

Assim, a especificação do sujeito não apenas amplia o quadro de pessoas sob proteção, mas também qualifica essa proteção em face da diferença que existe entre mulheres e homens, crianças, adolescentes e idosos. Distante de confirmar ou reafirmar qualquer equivalência entre a igualdade e a diferença, embora essa tenha sido a sua pretensão, a especificação de sujeitos responde à questão *igualdade de quê?*, nos termos em que a esclarece *Amartya Kumar Sen*.[57]

O processo de especificação do sujeito trouxe como resultado a elaboração de uma série de documentos multilaterais no âmbito do direito internacional, como ilustram a declaração dos direitos da criança (1959), a declaração sobre a eliminação da discriminação à mulher (1967) e a convenção também com essa temática, da mulher, que ocorreu em 1979, a I conferência mundial de direitos humanos (*Teerã*, 1968), a declaração dos direitos do deficiente mental (1971), declaração de Estocolmo sobre o meio ambiente (1972), conferência mundial sobre a alimentação (1974), declaração sobre o direito ao desenvolvimento (1986), convenção sobre os direitos da criança (1989), II conferência internacional de direitos humanos (Viena, 1993), conferência mundial sobre o meio ambiente, a ECO 92 (1992), a conferência mundial contra o racismo, discriminação racial, xenofobia e a intolerância correlata (2001), Rio +10, cúpula de Joanesburgo (2002). No Brasil, o estatuto da criança e do adolescente, o estatuto do idoso e o estatuto da igualdade racial são exemplos que respondem a essa demanda.

Ao lado do processo de especificação, o indivíduo tornou-se sujeito de direito internacional, o que lhe garante o direito de pleitear, assim como os Estados, junto às cortes internacionais de proteção aos direitos humanos.

A igualdade formal, originária, tem um caráter processual [liberdade *do* e *no* espaço público[58]], no sentido de que todos são iguais no exercício da liberdade. Não se perde, portanto, o histórico de limitação do poder estatal, já que aqui o Estado é chamado para restabelecer a igualdade de gozo da liberdade; liberdade para a autonomia privada.

---

(57) SEN, Amartya Kumar. *Desigualdade reexaminada*. Trad. Ricardo Dononelli Mendes. Rio de Janeiro: Record, 2001. A questão da visibilidade do outro não se concretiza no âmbito da especificação do sujeito porque mantidas as condições da verticalidade do diálogo e a idéia de que, como em um movimento de placas tectônicas, a diferença *mergulha* na igualdade numa falsa relação de equivalência. A discussão da diferença, viabilizando a visibilidade do outro, onde identifico o vínculo entre a aprendizagem e a efetividade de direitos, remete à exclusão e as implicações no que se refere à temática da autonomia e emancipação. Nesse sentido, a equivalência com a igualdade, processo do qual a especificação do sujeito participa, reforça o *estar* à margem do *lugar* social.

(58) Genericamente, a limitação ao poder estatal faz surgir direito subjetivo tanto contra o estado quanto contra o indivíduo que no exercício da autonomia privada nele se excede.

Uma vez que a igualdade formal é a redundância da liberdade, a igualdade material pretendida como um novo discurso dos direitos humanos resulta das mutações do espaço social e das demandas geradas nesse processo afastando-se de um fundamento jusnaturalista.

"Los derechos deben ser comprendidos, en definitiva, como respuestas históricas a problemas de convivência, a concretos conflictos y luchas sociales o a diferentes carências o necesidades humanas, las cuales aparecen también como históricas, relativas, instrumentales, socialmente condicionadas y, a veces incluso, "falsamente" inducidas por el poder.[59]"

No escopo de um reforçado formalismo, o Estado, ainda que adjetivado social, longe de pretender efetivar esses novos direitos com uma atitude positiva, responde à manutenção do *status quo*. Nesse sentido, a eficácia social dos direitos humanos que se efetiva no âmbito do Estado — Estado social que, a despeito da qualificação, mantém-se atrelado à racionalidade instrumental — não salta à adjudicação, não alça o aprendizado *com* os direitos humanos que aqui pretendo realçar.

A igualdade material, portanto, não é herança do liberalismo, mas a forma de condução do Estado social — e precisamente quanto ao papel da dogmática jurídica nesse contexto — é que lhe é tributária, porquanto se resigna à questão da variável focal, bem como reitera a verticalidade.

Reivindicações libertárias, anticolonialistas e antiimperialistas também se sustentaram no discurso dos direitos humanos. A liberdade de se conduzir sob leis autonomamente elaboradas, bem como o direito de autodeterminação dos povos preencheram de conteúdo o discurso dos insurgentes. A universalidade do discurso materializou-se na vontade política por emancipação.

A possibilidade de subsistência de um sistema de valores em escala planetária somente torna-se palpável quando a universalidade se singulariza em compartilhamento, universalidade empiricamente construída, nos termos em que *Milton Santos* analisa a questão;[60] não em imposição ou em um sentido de dominação política. Mas quando se destaca o caráter pedagógico de tal sistema.

Os direitos humanos também serviram de sustentação para os novos movimentos sociais, um indicativo da complexidade social que extrapola a divisão em classes. Fora das organizações partidárias e sindicais, dos estreitos limites da concepção de classe, desenvolvem-se movimentos urbanos, como bem exemplifica o movimento dos sem-tetos e o movimento a favor da reforma agrária, como o MST — movimento dos sem-terra.

Adita-se a esse processo as correntes pacificistas, as feministas, as de preservação do meio ambiente, as estudantis, aquelas contra qualquer forma de discriminação

---

(59) DULCE, Maria José Fariñas. *Op. cit.*, p. 6.
(60) Cf. *Por uma outra globalização: do pensamento único à consciência universal.*

em diferentes níveis, bem como a proliferação de organizações não governamentais, movimentos voltados para o desenvolvimento da solidariedade, para a construção de uma nova cartografia mundial com enfoque em um panorama de justiça social.[61]

Os dois conflitos bélicos mundiais reconduziram a questão da universalidade de direitos e justificaram o discurso da internacionalização dos direitos humanos. Segundo *Bobbio*:[62]

> "A Declaração Universal contém em germe a síntese de um movimento dialético, que começa pela universalidade abstrata dos direitos naturais, transfigura-se na particularidade concreta dos direitos positivos, e termina na universalidade não mais abstrata, mas também ela concreta, dos direitos positivos universais."

Não é pacífico tal entendimento, ao contrário. Em uma perspectiva crítica, a declaração de 1948 é instrumento de dominação política e cultural, de ocidentalização do mundo ou, pelo menos, de uma tentativa nesse sentido.

A declaração também padece de uma juridicidade, embora seja inegável o seu valor simbólico, pelo menos dentro do contexto do ocidente. De qualquer forma, tratou-se de elaborar instrumentos coercitivos — os tratados — tal como ilustram o pacto de direitos econômicos, sociais e culturais e o pacto sobre os direitos civis e políticos, ambos da década de 60 do século passado[63].

Foram criados, também, meios burocráticos de monitoramento — ainda ineficientes —, como os relatórios e os comunicados. Junto à ONU, que se constitui como um sistema de proteção mundial, sistemas de proteção regional, como o sistema interamericano, o africano e o europeu se formalizaram.

Como arauto da declaração de 1948 apresenta-se a ONU, cuja legitimidade vem sendo duramente questionada em razão da recente guerra contra o Iraque capitaneada pelos Estados Unidos, uma coligação que envolveu a Inglaterra e a Espanha. A manipulação do discurso dos direitos humanos em razão de empreitadas de caráter imperialista ainda é corrente.

Em resposta à ocidentalização de valores, o multiculturalismo compõe um discurso de natureza contra-hegemônica. Dentro desse panorama há que se localizar o papel da globalização.

> "Y héte aqui, que esta nueva forma de homogeneización y de dominio universalista instrumentaliza a su favor el principio jurídico de la igualdad formal y el discurso de unos derechos liberales e individuales, de carácter universal,

---

(61) Dentro de uma expectativa contra hegemônica, Boaventura de Sousa Santos desenvolve as figuras do cosmopolitismo subalterno e do patrimônio comum da humanidade. Cf. *Por uma concepção multicultural dos direitos humanos*.

(62) BOBBIO, Norberto. Ob. cit., p. 30.

(63) Os dois tratados divulgados em 1966.

rechazando, además, cualquier otro tipo de "derechos" — como los que tienen un contenido social, redistributivo o igualitario —, que pudieran atentar contra la liberdad del mercado (...) dicha liberdad, llevada a sus últimas consecuencias, representan en la práctica la explotación despiada de los seres humanos y de la naturaleza. El proceso de "globalización, en este caso, no tiene un efecto neutral, sino que repercute negativamente sobre los niveles e protección de los denominados "derechos sociales" en general, y perjudica, en definitiva, a los estratos sociales más desprotegidos económica, social y culturalmente. Sin olvidar, además, que las medidas de redistribuición social de la riqueza se generan desde el interior de los Estados o de las comunidades políticas internas, y no globalmente, mediante ciegos mecanismos de economía financiera.[64]"

Nesse contexto, o multiculturalismo se constitui enquanto um processo que vem enfocando o desenvolvimento do *local* em detrimento do *universal* com fulcro nas reivindicações das singularidades culturais, da afirmação de identidades.

Ao tratar a questão multicultural, *Boaventura de Sousa Santos*[65] se diz perplexo com a apropriação dos direitos humanos, transformados na linguagem da política progressista, especialmente porque, após a segunda grande guerra, estiveram no contexto da guerra fria que ocidentalizou os direitos de liberdade e empurrou os direitos sociais para trás do muro de Berlim. Nessa linha retórica, os direitos humanos patrocinaram totalitarismos e justificaram, em nome do *perigo vermelho,* a proliferação de regimes militares em toda a América Latina servindo, ainda, aos interesses do mercado, conforme a crise do Estado deixa transparecer.

> "Em um cenário de duplos critérios na avaliação das violações dos direitos humanos, complacência para com ditadores amigos, defesa do sacrifício dos direitos humanos em nome dos objectivos do desenvolvimento — tudo isso tornou os direitos humanos suspeitos enquanto guião emancipatório.[66]"

O multiculturalismo integra o contexto de reinvenção dos direitos humanos em uma perspectiva emancipatória, identificando-se, assim, a política dos direitos humanos com uma política de caráter cultural.

Essa análise é sustentada na duplicidade contextual que se estabelece entre globalização e fragmentação político-cultural de identidades para que se possam processar as possibilidades das condições da dimensão emancipatória dos direitos humanos, já que tanto podem ser concebidos como globalização hegemônica, vinculados à universalidade, quanto como uma atitude contra-hegêmonica e, nesse caso, relaciona-se com o caráter pedagógico que se pretende discutir. Nesse sentido, trata-se de recompor o equilíbrio entre os pilares da regulação e da emancipação resgatando-se a presença narrativa do homem na complexidade social da qual participa.

---

(64) DULCE, Maria José Farinas. Ob. cit., p. 10. Grifos da autora.
(65) SANTOS, Boaventura de Sousa. *Poderá o direito ser emancipatório*, p. 10.
(66) *Idem. Ibidem.*

Para *Boaventura de Sousa Santos*⁽⁶⁷⁾, *o multiculturalismo (...) é pré-condição de uma relação equilibrada e mutuamente potenciadora entre competência global e a legitimidade local, que constituem os dois atributos de uma política contra-hegemônica de direitos humanos de nosso tempo* que remete à implementação de um outro internacionalismo que extrapola os limites de classe e finca estaca na cidadania.

A incursão à trajetória histórico-política dos direitos humanos reforça a idéia de que a efetividade relaciona-se, necessariamente, com a aprendizagem, com a consciência de *ser sendo* no mundo, com a consciência da visibilidade *na e da rua* em suas diversificadas nuances e matizes, com o potencial criativo no intercâmbio com o outro que se realiza nos pequenos detalhes do cotidiano da vivência concreta. Nesse ponto, introduzo o referente aos direitos humanos *com* educação, onde suporta o enfoque pedagógico que insisti desde o início destacar.

A verticalidade referente à efetividade de direitos, que sujeita ao imobilismo, também se reflete no contexto da educação. Na verdade, trata-se de reduzir a educação a um mero ato de conhecer, desconectando-se do seu caráter narrativo de ação política.

Traçando o inventário da educação no Brasil, *Pablo Gentili* e *Chico Alencar*,[68] assim descrevem a situação:

> "É decisivo, ao inventariarmos cinco séculos de educação no Brasil, atentarmos para os seus marcos fundantes, que persistem até hoje: saber controlado por poucos (latifúndio, grande propriedade), compartimentalização reducionista (monocultura), autoritarismo elitista (escravidão), machismo sexista (patriarcalismo) e cultura importada, de modelo eurocentrado ou americanizado (dependência externa)."

O quadro descrito, que se reproduziu na República, lançou os seus tentáculos de forma que ainda hoje há o confronto entre a concepção bancária e a problematizadora da educação, o que solapa o potencial efetivo e afetivo do aprender e do apreender.

> "A República crescia, portanto, com um defeito congênito: não era democrática, não ampliava espaços de partilha dos bens socialmente produzidos (inclusive os bens educacionais) nem de participação política. República *sui generis*: anti-republicana, controlada por grupos restritos que disputavam o poder e se compunham, não sem conflito. A unidade, entretanto, prevalecia quando se tratava de manter de fora a multidão de pré-cidadãos."

Dentro de uma expectativa dos direitos humanos *com* educação, quando busco enfocar o caráter narrativo da efetividade de direitos e da ação política da educação,

---

(67) Cf. *Por uma concepção multicultural dos direitos humanos*, p. 3.
(68) GENTILI, Pablo e ALENCAR, Chico. *Educar na esperança em tempos de desencanto*. 4ª ed. Petrópolis: Vozes, 2003, p. 53 e 56. Destaques dos autores.

uma relação de reciprocidade, o visgo dessa combinação reflete, primeiramente, um cenário de retração e invisibilidade para, em seguida, questionando-se a inércia de uma prática depositária que permeia as duas práticas, ultrapassá-las destacando a inserção da pessoa no palco da realização narrativa da sua própria história por meio do diálogo com o outro, da superação do reflexo para o descampado da visibilidade. Dessa forma, reforça-se o vínculo com uma ação para a humanização a partir de um olhar concreto para o outro, para a *rua,* para a consideração do local como o *lugar* privilegiado da produção e efetivação dos direitos humanos.

Em uma atitude pedagógico-jurídica, que supera a expectativa emancipatória da modernidade, evidencia-se o caráter histórico-construído da efetividade dos direitos humanos, evidencia-se um permanente movimento no sentido da concretização da vida. *O sentido da história tem de ser procurado na ação criativa, no poético, que perdemos com a ação instrumental e estratégica da modernidade.*[69]

Aflora a positividade dos direitos humanos *e* da educação na redução do fosso que distancia o direito e a existência.

No rastro do seu caminhar
No ar onde você passar
O seu perfume inebriante
A rua inteira a levitar
Me abraça e me faz calor
Segredos de liquidificador
Um ser humano é o meu amor
De músculos, de carne e osso, pele e cor[70]

---

(69) MILOVIC, Miroslav. *Comunidade da diferença,* p. 84.
(70) ANTUNES, Arnaldo; BROWN, Carlinhos e MONTE, Marisa. *Carnalismo.*

Capítulo 2
NINGUÉM, NENHUMA PESSOA

Ninguém
Nenhuma pessoa
Ninguém
Nenhuma pessoa
Sem cabelo e sem peruca
Sem dente e sem dentadura
Sem perna e sem muleta
Sem peito e sem chupeta
Sem nariz e sem platina
Sem dor e sem aspirina
Sem rugas e sem plástica
Com língua e com linguagem
Com pele e com tatuagem
Com pulmão e com fumaça
Com espelho e com cara... (*)

Discuto a questão da efetividade dos direitos humanos reconhecendo-lhes um caráter pedagógico. Trata-se de uma abordagem que identifica nesses direitos um potencial transformador, combinando-os, enquanto atos políticos, de inserção no mundo, *com* a educação.

Ao informar o caráter transformador dos direitos humanos, o que também se aplica à educação, não o faço em essência. As possibilidades emancipatórias de cada um e dos dois conjugados, conforme aqui procedo, dependem das lutas sociais, das demandas, da qualidade de inserção das pessoas que circulam o mundo, que traçam o seu histórico nas ruas.

A qualidade, menos que um termo vinculado a certificações de ISO, (à qualidade total neoliberal, qualquer que seja o ano), diz com o aprendizado, com a conscientização que nos coloca no mundo como pessoas plurissubjetivas, sensíveis, dialógicas, diferentes, visíveis.

Assim, um dos alertas no que se refere à discussão da efetividade dos direitos humanos *com* educação é, justamente, aquele relativo à exclusão social, vista essa em sua materialidade, isto é, no que tange à problemática da fome, do desemprego, da discriminação, da pobreza, do analfabetismo, da favelização, da violência; assim como em sua capacidade adjetiva e, nesse ponto, refiro-me, em especial, à questão da igualdade.

(*) ANTUNES, Arnaldo; TATIT, Paulo e SCANDURRA, Edgar. *Ninguém*. Com adaptações.

Trata-se, enfim, da alienação, da visibilidade e invisibilidade estruturalmente consideradas. O foco na autonomia e na emancipação, então, faz-se em face da complexidade social na qual o direito se contextualiza.

Buscar uma tal perspectiva — pedagógica — no direito através dos direitos humanos *com* educação indica um afastamento dos alicerces que sustentam a modernidade. Para utilizar uma linguagem já consagrada, insere-se no contexto de uma crise paradigmática, nos termos que se admite um conceito de paradigma.[71]

O paradigma ajusta-se ao modelo de racionalidade que funda a ciência moderna,[72] desenvolvido a partir da revolução científica que ocorreu no decorrer do século XVI com amplos desenvolvimentos nos séculos seguintes.

As demandas das ciências naturais foram adaptadas, não sem incongruências, às ciências sociais — conforme exemplifica o positivismo de *Auguste Comte* — em uma árida busca pela certeza e pela verdade descaracterizando o caráter cultural do direito.

> "A ciência, que trabalha com os pressupostos da lógica da não-contradição, não pode explicar a estrutura contraditória do mundo. Mais ainda: a palavra "eu", como a articulação da nossa autoconsciência, não pode aparecer, por exemplo, na física que está investigando só os objetos. Ao fazer isso, a ciência os esquece, esquece o *ser*, como Heidegger dirá depois. A ciência atém-se a esse mundo "positivo" e assim se torna ideologia, como a tradição marxista afirmará mais tarde. Identificando os limites do conhecimento com os limites do conhecimento objetivo, a ciência torna-se ideologia, afirma Habermas. Dessa maneira, a ciência torna-se cúmplice das tendências gerais do capitalismo. A ciência nunca é tão neutra como parece. O positivismo da ciência é a articulação das tendências sociais da reificação, que Marx denomina "fetichismo"."[73]

— *Posso dizer tudo?*
— *Pode.*
— *Você compreenderia?*
— *Compreenderia. Eu sei de muito pouco. Mas tenho a meu favor tudo o que não sei e — por ser um campo virgem está livre de preconceitos. Tudo o que não sei é a minha parte maior e melhor: é a minha largueza. É com ela que eu compreenderia tudo. Tudo o que não sei é que constitui a minha verdade.*[74]

---

(71) Conforme nos expõe *Thomas Kuhn*, de expectativas compartilhadas por uma determinada comunidade científica. Cf. KUHN, Thomas S. *A estrutura das revoluções científicas*. Trad. Beatriz Vianna Boeira e Nelson Boeira. 8ª ed. São Paulo: Perspectiva, 2003.
(72) Bem caracteriza o modelo, o rigor metodológico, a busca pela verdade, a certeza, o apreço e o distanciamento do objeto de pesquisa, a experimentação, as dicotomias, a objetivação da natureza, a desumanização.
(73) MILOVIC, Miroslav. *Comunidade da diferença*. Rio de Janeiro: Relume Dumará; Rio Grande do Sul: Unijuí, 2004, p. 88.
(74) LISPECTOR, Clarice. O diálogo do desconhecido. *In Aprendendo a viver*. Rio de Janeiro: Rocco, 2004, p. 74.

O crescimento da dogmática jurídica em detrimento da retórica jurídica insere nesse contexto, do qual também faz parte o movimento codificador. A penetração do direito no âmbito da racionalidade moderna trouxe consigo a estatização das relações, ou seja, a verticalidade e tutela na adjudicação de direitos e o Estado como elemento ordenador da sociedade.

A ocidentalização dessa racionalidade, exportando o descolamento do humano na consideração das práticas sociais pelo recurso à abstração — e nisso reside, não de forma simplificada, o procedimento a que denominamos desumanização —, segundo *Boaventura de Sousa Santos*, demarca a influência do capitalismo enquanto organização social, bem assim indica o decréscimo emancipatório em relação à regulação.

O desequilíbrio entre os pilares divisa a inabilidade da modernidade em se renovar, o que decreta a sua crise. Sua continuidade enquanto paradigma dominante deve-se à inércia histórica.[75] Segundo *Miroslav Milovic*,[76] liberar-se da metafísica consistiria em pensar sem paradigmas, em que articular a possibilidade da emancipação corresponderia à emancipação de paradigmas.

Nesse cenário, afirmar o pedagógico no âmbito do direito e dos direitos humanos remete à consideração do diálogo, *no pensar em*,[77] enquanto fundamental elemento de uma perspectiva de humanização, de superação de uma condição estrangulada em suas próprias origens, conforme se colocará.

Rompe-se, portanto, com o monólogo, típico da racionalidade moderna, enfocando um caráter positivo, relacional, que tem por escopo, em uma dinamicidade, colidir com o outro, com a diferença, com a visibilidade, com uma subjetividade transversal, com a narração, com a desordem, elementos que se desenvolvem afetivamente.[78]

O sentido dessa pretensa imutabilidade trabalhada na modernidade se traduz na metáfora que *Boaventura de Sousa Santos*[79] desenvolve contrapondo estátuas e espelhos que demonstra o engessamento do direito. Na passagem de espelho a estátua perde-se a reflexão — na verdade, ação, reflexão e auto-reflexão — sobre a sociedade, e a perspectiva de mudança e transformação.

---

(75) SANTOS, Boaventura de Sousa. *A Crítica da razão indolente: contra o desperdício da experiência*. 3. ed. São Paulo: Cortez, 2001.
(76) Ob. cit., p. 38.
(77) Tratando da questão da pobreza política, *Pedro Demo*, destaca o papel da pedagogia para o processo de auto-reconhecimento da pessoa no mundo, despertando um *pensar em* necessário ao processo de emancipação e de autonomia, reconhecida uma situação de opressão e de coação engendrada pelo direito no exercício do controle social. Cf. DEMO, Pedro. "Pobreza política, direitos humanos e educação". *In* SOUSA JR., José Geraldo de *et alii* (Org.). *Educando para os direitos humanos*, p. 33.
(78) Entendo a afetividade em uma perspectiva axiológica, tão cara ao direito moderno que em tentativa de equiparação racional à ciência moderna fez suposição de elidir o paradoxo, a ambivalência, a ambigüidade, a mutabilidade, características de uma sociedade complexa e dinâmica que não se compraz em abstrações, generalidades e subsunções, enfim, com um reducionismo fantasmagórico que longe de qualquer ajuste, deixa à mostra todo tipo de imperfeição decorrente de uma busca mais que perfeita de uma ordem intangível porque um faz-de-conta. A afetividade é elemento que se perfaz em relação não coisificada — narrativa — em uma representação que insiste na visibilidade do outro sem o qual não se chega ao diálogo.
(79) Cf. *A Crítica da razão indolente: contra o desperdício da experiência*.

Pedro Demo[80] indica-nos que para o termo *transformação social* não há consenso. Segundo o autor, a transformação social no marxismo, no fundo é econômica, porque implicaria em uma mudança do modo de produção. O neo-marxismo alarga esse lastro, flexibilizando, mas não eliminando o contorno econômico, interligando a superestrutura, conforme *Gramsci*, nos termos de uma "contra-ideologia" (relações simbólicas, questão de poder, linguagem e afetividade). Questiona-se, nesse âmbito, o caráter transformador da educação.

Transformar é termo forte. Implica, no mínimo, passar para o outro lado. Necessita-se, ainda, desenhar o que seria esse outro lado.[81] Uma tal transformação com expectativas pedagógicas deve vir acompanhada, assim, de referências. A transformação constitui-se, então, em razão de parâmetros.

"O impacto transformador da educação não pode restringir-se à economia, mas atingir o cerne complexo infra-estrutural da realidade. Nesse cerne, (...) o político e o da cidadania. O principal poder de transformação da educação está na capacidade de formar sujeitos capazes de história própria, individual e coletiva, que, dentro de circunstâncias dadas, elaboram competência humana suficiente para dar sentido alternativo à História.[82]

No âmbito de uma *transformação de quê?*, a educação, combinando-se com os direitos humanos, responde a um indicativo da ausência. Ausência da dimensão narrativo-dialógica e dos elementos que lhe são correlatos, que filmam as pessoas em seu espaço e em seu tempo e que é proporcionada pelo pedagógico, pela perspectiva de aprendizagem a partir desse enfoque.

O pedagógico assinala, assim, a vivência de uma nova cartografia[83], na qual o direito contextualiza-se em um âmbito local de diálogo intersubjetivo transversal. Assumindo-se multidimensional no decurso do tempo, nas variadas paisagens.

Posso, a partir desse enfoque, problematizar a racionalidade moderna, que estabelece vínculos a partir de leis gerais imutáveis, linearidade temporal, universalidade, regularidade, ordem, discurso e diálogo monodramáticos, caminhantes a passos largos para o processo de naturalização da sociedade[84]. Implica dizer, sem o outro, sem a diferença, com a invisibilidade, em um contexto descritivo em detrimento da narração.

---

(80) DEMO, Pedro. *Ironias da educação. Mudança e contos sobre mudança*. 2ª ed. Rio de Janeiro: DP&A, 2002, p. 57.
(81) *Idem*, p. 59.
(82) *Idem*, p. 64.
(83) Em uma perspectiva cartográfica valho-me de Boaventura de Sousa Santos entendendo que a dimensão pedagógica do direito desenvolve-se em um contexto local, portanto, em grande escala, em face do detalhamento e proximidade que proporciona. Nesse percurso descarta-se a universalidade porquanto difusor do monismo estatal, de um direito linear no tempo e no espaço.
(84) A questão da naturalização da sociedade baseia-se na tradição mecanicista da física newtoniana que, *grosso modo*, desenvolvia-se a partir do estabelecimento de leis naturais imutáveis, regulares que se reproduziam linearmente, em qualquer tempo e espaço descartando, desse modo, o sentido histórico do desenrolar das relações sociais. Entendo que tal perspectiva, reproduzida no jurídico, é fator de uma intersubjetividade falaciosa, porque calcada na dicotomia sujeito X objeto, relação na qual não se reconhece o outro, em sua diferença senão reproduz uma homogeneização imposta, heterônoma.

"Os problemas e dilemas da racionalidade moderna ocidental decorrem do facto de ela ter confiado a gestão das suas potencialidades a uma forma de conhecimento, a ciência, que progressivamente se transformou na força produtiva, por excelência, do capitalismo, e a uma forma de normatividade, o direito moderno, que, de um golpe revolucionário, foi transformado em propriedade do Estado e, portanto, dos grupos sociais que controlam o Estado e que, por essa via, tem o privilégio de transformar os seus interesses em interesses nacionais".[85]

Nesse sentido, a invisibilidade, traduz uma imagem — na verdade, uma falsa imagem — de perfeição, de igualdade, que visa ao impossível: a redução à norma da complexidade social.

O que pretendo por ora é desenvolver a análise do caráter pedagógico questionando duas categorias modernas, a saber: o individualismo[86] e a universalidade. A percepção que tenho informa que ambas foram construídas em detrimento da intersubjetividade narrativa, em transversalidade (pelos múltiplos sentidos que pode assumir em face da complexidade social) corroborando, sistematicamente, a exclusão[87] ainda que sob as vestes de uma inclusão — pela consideração da igualdade formal.

A *inclusão* assim pretendida não logra êxito em face do formalismo que vem caracterizando a prática dos direitos humanos — ou, talvez, por isso mesmo — que nenhum outro resultado poderia gerar senão o questionamento acerca da sua efetividade, isto é, da distância que caracteriza o direito em relação à realidade onde se encontra inserido. Por conta desse distanciamento, a tradução que se faz dessa relação é indicativa de uma reincidente sujeição, perdido o cunho emancipatório originariamente proposto.

Em uma perspectiva individualista, a coisificação[88] da relação jurídica é a reprodução de uma fórmula de solução de litígio que considera o conflito em negatividade: *a despolitização científica da vida social foi conseguida através da despolitização jurídica do conflito social e da revolta social.*[89] Reforçando a naturalização dos conflitos, o individualismo atua como um óbice e limitação da subjetividade.

---

(85) SANTOS, Boaventura de Sousa. *A crítica à razão indolente. Contra o desperdício da experiência,* p. 191.

(86) *No giro do planeta eu me encontro só (um homem em pedaços adormeceu, suportando a séculos de dor), procurando a estrela dos perdidos, pois acredito em sonhos, não em pedras. Entre velhos, pobres e vencidos, ainda resta a esperança e mágica, que fala pelos olhos dos aflitos.* Daniel Carlomagno. *Distante calma.*

(87) Segundo Pedro Demo, a expressão *exclusão social*, embora a mais comum em debates, cede lugar à expressão *marginalização* por mais apropriada, já que indica, em seu sentido dialético, *incluir na margem*. Não existe apenas a exclusão (estar fora), mas trata-se principalmente da maneira capitalista liberal de incluir. Cf. *O charme da exclusão social,* p. 35.

(88) A coisificação responde a uma tentativa de apreensão do objeto em uma dimensão abstrata, deslocado de qualquer contexto, já que universalmente considerado em sua linearidade espaço-temporal. Perde-se nessa manobra, a dimensão do outro, trabalhando-se a indiferença. Reduzido a objeto, tornando-o previsível, distancia-se da relação que somente em faz-de-conta não se participa.

(89) SANTOS, Boaventura de Sousa. *A crítica da razão indolente,* p. 52.

Neste sentido, valendo-se da dicotomia entre sujeito e objeto,[90] que visa ao distanciamento pela suposta neutralidade do direito, *retirando-lhe* as relações com a ética e com a política, a tradicional relação angular entre as partes e o juiz redunda em um paradoxal diálogo sem escuta porque também o juiz é objetivado em face da estabilidade da norma.[91]

Como técnica *científica* de decisão ou enquanto ciência em neutralidade, preso em espirais, o direito atua como um sistema fechado em si mesmo, como um labirinto sem novelo, descontextualizado, sem sujeitos, embora resposta de uma visão específica de mundo, limitada. Segundo *Boaventura de Sousa Santos*[92], tecendo considerações acerca da epistemologia moderna,

> "A ciência moderna consagrou o homem enquanto sujeito sistêmico, mas expulsou-o enquanto sujeito empírico. Esta duplicidade está graficamente representada na epígrafe à Crítica da Razão Pura de Kant: *de nobis sibi silemus*. Por outras palavras, no mais eloqüente tratado de subjetividade produzido pela modernidade ocidental nada se dirá sobre nós próprios enquanto seres humanos vivos, empíricos e concretos. Um conhecimento objectivo e rigoroso não pode tolerar interferência de particularidades humanas e de percepções axiológicas. Foi nessa base que se construiu a distinção dicotômica sujeito/objecto."

Tais considerações permitem o questionamento da horizontalidade mercadológica — as relações contratuais privadas — e da verticalidade tutelada, resultando na perspectiva dos direitos humanos *com* educação, pelo diálogo narrativo proporcionado a partir das múltiplas possibilidades de tais direitos,[93] observado o pluralismo jurídico.[94] Essas relações remetem ao papel da sociedade civil em um cenário de participação, à discussão da exclusão social.

Horizontalidade e verticalidade entrecruzam-se com o individualismo e a universalidade em que a discussão acerca do diálogo — subjetividade — e do contexto —

---

(90) A dicotomia se estabelece no sentido de que para melhor conhecer do objeto o caminho é distanciar-se dele. A relação jurídica se estabelece nesses termos, sujeitos objetivados — subjetividade destituída — em prol de uma formal neutralidade axiológica. O fato é que o objeto se subjetiva, já que depende do enfoque escolhido.

(91) Afastando o direito da ética e da política, em prejuízo para a subjetividade na prática formalista do direito, elabora-se a doutrina do legislador racional que, na verdade, traz sérias implicações à aplicação da lei. *A anterior combinação entre autoridade, racionalidade e ética foi reduzida a um formalismo técnico-racional (...) O papel do juiz deveria ser mínimo, não lhe cabendo indagar a respeito do grau de Justiça da norma, na solução dos casos. Considerava-se que a lei era clara e continha expressamente solução para todos os problemas, não havendo, portanto, necessidade da opinião de doutrinadores. E o juiz, portanto, era um neutro aplicador da lei.* PANTOJA, Luisa de Marillac Xavier Passos. *Um direito encontra o outro*, p. 18. A autora permitiu a citação antes da publicação do artigo.

(92) SANTOS, Boaventura de Sousa. *Crítica da razão indolente*, p. 82.

(93) A questão da horizontalidade, da relação entre cidadãos fora dos limites de mercado impostos pela modernidade, relaciona-se com os pilares identificados por Boaventura de Sousa Santos: a regulação e a emancipação. Tanto assim que o autor, com fulcro em Rousseau, trata a comunidade no pilar da regulação. Ter-se-á por oportuno uma análise mais detalhada dessa questão.

(94) Trata-se de pluralismo tanto de direito quanto de fontes de direito. Para o escopo pretendido, rompe-se com o monismo estatal que reproduz o monólogo do discurso. Cf. WOLKMER, Antonio Carlos. *Pluralismo Jurídico: fundamentos de uma nova cultura no Direito*. 2ª ed. São Paulo: Alfa Ômega, 1997.

espaço-temporal local⁽⁹⁵⁾ — manifesta-se. O espaço privilegiado da universalidade é o regional-estatal⁽⁹⁶⁾ e é, justamente, nesse âmbito que se perfaz um *diálogo* impositivo que prima pela objetividade em detrimento da intersubjetividade (da visibilidade do outro), reforçado, no individualismo, pela concepção do direito subjetivo e do sujeito de direito.⁽⁹⁷⁾

Nesse sentido, *José Geraldo de Sousa Jr.*⁽⁹⁸⁾ informa que dentro do paradigma da modernidade, o direito se constituiu à base da fundamental noção do sujeito de direito por meio do qual, pelo artifício da abstração, a pessoa humana, referência antropológica, se individualiza na relação jurídica, inserido em um contexto filosófico, de caráter iluminista.

Estabelece-se, assim, uma estreita relação entre universalidade, individualismo, direitos humanos, univocidade de sentido, direito subjetivo e ausência de diálogo com reflexos na efetividade de direitos. Essas absorções relacionam-se à pertinência de uma consideração relativa à perspectiva pedagógico-narrativa do direito.

Precedentemente, discutirei mais de perto a crise da modernidade⁽⁹⁹⁾, dentro daquele rompimento paradigmático a que se fez supra-referência, no sentido de que afirmar o pedagógico no direito⁽¹⁰⁰⁾ a partir dos direitos humanos em narração constitui, de fato, uma elaboração que se perfaz por meio do diálogo intersubjetivo para que se dê visibilidade ao outro, à sua alteridade consistindo na efetividade de tais direitos.

Não se perde, nesse âmbito, a discussão acerca das limitações impostas pelo individualismo e pela universalidade, ao contrário. São elementos que justificam a crise e remetem a uma nova consideração no espaço das relações jurídicas tendo por

---

(95) Espaço e tempo como realidades históricas, portanto, contextuais, vivas, exuberantes em suas diversidades, no êxtase da diferença.

(96) Trabalhando uma nova cartografia simbólica para o direito, Boaventura de Sousa Santos identifica três espaços, a saber: o local, o regional e o mundial. Enquanto o direito mundial tem uma legalidade de pequena escala, o regional tem-na em média escala. Importa destacar o direito local, cuja legalidade é de grande escala tendo, portanto, um maior detalhamento. CF. SANTOS, Boaventura de Sousa. *Para uma concepção multicultural dos direitos humanos*, p. 427 e seguintes.

(97) Defino como tutela o caráter do direito subjetivo, porquanto implica em verticalidade na relação jurídica.

(98) SOUSA Jr., José Geraldo de. *Sociologia jurídica: condições sociais e possibilidades teóricas*. Porto Alegre: Sergio Antonio Fabris, 2002, p. 60.

(99) A crise da modernidade é discutida com base em Boaventura de Sousa Santos. Cf. *A Crítica da razão indolente: contra o desperdício da experiência*. Não se confundem modernidade, idade moderna e modernismo. A modernidade conforma-se em um paradigma de racionalidade instrumental, cujo *marco* cronológico é o século XVI (estendendo-se em seus efeitos aos nossos dias) e o cartesianismo. As implicações da modernidade questiono, com escopo na efetividade dos direitos humanos, pelo intenso processo de desumanização que engendrou. A idade moderna é o período histórico que sucede a idade média e precede a idade contemporânea (séculos XV ao XVIII); absorveu as revoluções burguesas encerrando-se com a revolução francesa. O modernismo é um movimento literário e artístico (cubismo, dadaísmo) ocorrido no final do século XIX e no século XX, que se opunha ao sistema estético da arte tradicional. No Brasil, exemplifica a semana de arte moderna (1922) na busca de meios de expressão que rompessem com modelos europeus e retratassem a realidade brasileira. Para compreendermos que a modernidade se estende para além de uma divisão didático-histórica.

(100) Tenho, reiteradamente, feito alusão ao caráter pedagógico-narrativo do direito e dos direitos humanos. O tema será discutido de forma mais aprofundada no decorrer da análise proposta. Adianto que se insere no contexto de uma crítica ao caráter formal do direito, no qual o marxismo e a sociologia jurídica, no âmbito de uma teoria crítica, servem de exemplo.

foco o diálogo pedagógico-narrativo que importa em uma atuação, ação constante, persistente e qualificada do sujeito no seu processo de autonomia/inclusão social. A crise indica, justamente, a falta de respostas às demandas sociais, de um direito que, por não dialogar e não reconhecer o outro — vertente dogmática (tentativa de reduzir à norma a complexidade social) —, mantém-se em silêncio.

Cronologicamente, a modernidade inicia-se entre os séculos XVI e XVIII, patrocinada por uma situação histórica bastante específica — ocidental — que inclui a superação do medievalismo, a substituição de uma *razão* divina, transcendental, por uma razão mundana, instituindo uma nova visão de mundo — tratada como universal — centrada no indivíduo e na ascensão da burguesia, como classe social ambígua, ao mesmo tempo revolucionária e conservadora.

> "O paradigma da modernidade é um projecto ambicioso e revolucionário, mas é também um projecto com contradições internas. Por um lado, a envergadura das suas propostas abre um vasto horizonte à inovação social e cultural; por outro lado, a complexidade dos seus elementos constitutivos torna praticamente impossível evitar que o cumprimento das promessas seja nuns casos excessivo e noutros insuficiente. Tanto os excessos quanto os déficits estão inscritos na matriz paradigmática. O paradigma da modernidade pretende um desenvolvimento harmonioso e recíproco do pilar da regulação e do pilar da emancipação, e pretende também que esse desenvolvimento se traduza indefectivelmente pela completa racionalização da vida colectiva e individual. Esta dupla vinculação — entre os dois pilares, e entre eles e a *práxis* social — vai garantir a harmonização de valores sociais potencialmente incompatíveis, tais como justiça e autonomia, solidariedade e identidade, igualdade e liberdade."[101]

Observe-se que no que se refere à proposta que desenvolvo, os déficits e excessos[102] podem ser trabalhados na perspectiva das categorias individualismo e universalidade para que se introduza a dimensão da aprendizagem *com* os direitos humanos.

A tensão que caracteriza a modernidade e que lhe determina a crise, diz com o desequilíbrio entre os pilares da regulação e da emancipação.[103] A crise justifica-se pela cooptação da emancipação pelo pilar da regulação.

---

(101) Cf. *A crítica da razão indolente. Contra o desperdício da experiência,* p. 50. Identificam-se excessos na regulação e déficits na emancipação. No texto *Reconhecer para libertar*, Boaventura aponta, além da tensão entre regulação e emancipação, a tensão entre sociedade civil e estado e aquela entre estado-nação e globalização. Entendo que a incompatibilidade entre os valores destacados no texto se dá pelo caráter científico-formal do direito, instrumento *a priori* nessa perspectiva da efetividade da justiça, considerando-se o direito como instrumento por excelência para essa tarefa.
(102) Seguindo as reflexões de Boaventura, os déficits e excessos são resultado do alto grau de abstração que caracteriza os dois pilares, da regulação e da emancipação, tendendo, ambos, a maximizar os seus elementos havendo um desequilíbrio, especificamente para o pilar da regulação em detrimento da emancipação.
(103) *Idem,* p. 72 e seguintes.

Nesse sentido, a regulação cumpre uma dupla jornada: não apenas sustenta as condições de desigualdade e de exclusão, como também desenvolve mecanismos de controle que *ordenem* esses processos. Esse processo elidiu, de forma programada, a possibilidade de diálogo com o outro, o reconhecimento da diferença e a visibilidade. A especificação de sujeito é um dos elementos que responde a esse intuito.

O outro não é um ponto fixo, mas um movimento, uma dinâmica. O diálogo a que me refiro é o que se apresenta fora de um contexto impositivo, no qual o conflito é visto em negatividade, abstraindo-se o seu conteúdo social em prol de um caráter normativo e de subsunção.

A tensão entre regulação e emancipação integra um contexto de desordem narrativa considerada a dimensão pedagógica do direito à luz dos direitos humanos. A tensão é sempre desordem narrativa para autonomia.

A desordem não estabelece uma relação antagônica com a ordem e também não se vincula ao caos. Trata-se de uma visão positiva, assim como a do conflito, que permite o desenvolvimento de uma nova concepção do direito e dos direitos humanos, a partir do reconhecimento de uma dimensão pedagógico-narrativa que encerram. Na órbita do questionamento pretendido, a desordem remete à questão da afetividade e do diálogo a partir da consideração dos direitos humanos em uma perspectiva que contempla a diferença, a heterogeneidade, o dinâmico, o local, o construído, a narração, o histórico, a complexidade, o outro, enfim. Retornarei a essa questão mais adiante.

O pilar da regulação é formado por três princípios, a saber[104]:

    a) Estado (*Hobbes*), onde se dá a obrigação política entre o cidadão e o Estado;

    b) Mercado (*Locke*), onde se dá a relação horizontal entre os indivíduos, parceiros de mercado e;

    c) Comunidade (*Rousseau*), onde também se dá uma obrigação horizontal, só que solidária entre os membros da comunidade.

O pilar da emancipação é formado por três lógicas de racionalidades (*Weber*), a saber:

    a) Racionalidade estético-expressiva das artes e literatura;

    b) Racionalidade cognitivo-instrumental da ciência e da tecnologia; e

    c) Racionalidade moral-prática da ética e do direito.

---

(104) Conforme expõe Boaventura de Sousa Santos. Cf. *A crítica da razão indolente. Contra o desperdício da experiência*, p. 50.

O desequilíbrio, gerador da crise, latente em suas origens pela abstração[105] que reforça, resulta, conforme dito, da cooptação do pilar da emancipação pela regulação inicialmente por meio do princípio do estado e, depois, pelo princípio do mercado, comumente, conforme relaciona *Boaventura de Sousa Santos*, pela identificação do capitalismo com a modernidade.

O cientificismo e a estatização são as principais características do direito racional moderno. Dentro desse contexto, o individualismo[106] e a universalidade constituem elementos combinados.

"A dominação jurídica racional é legitimada pelo sistema racional de leis, universais e abstractas, emanadas do Estado, que presidem a uma administração burocratizada e profissional, e que são paliçadas a toda a sociedade por um tipo de justiça baseado numa racionalidade lógico-formal, que é o direito".[107]

Conforme *Norberto Bobbio*,[108] a modernidade trouxe o ineditismo de desfocar, como campo privilegiado de abordagem, a sociedade em prol do indivíduo, que a precede. E essa precedência justifica-se na metalinguagem dos direitos naturais. Com relação ao medievo, portanto, lastreia-se a modernidade, em emancipação.

Segundo *Louis Dumont*,[109] trata-se da perspectiva do indivíduo-no-mundo contraposto ao indivíduo-fora-do-mundo que tipifica a sociedade holista. Nesse último sentido, do holismo, o indivíduo guarda uma dimensão de abandono, um virar de costas na direção de um ermitão. Na verdade, é uma renúncia da melhor vida, em sociedade, para aquela de isolamento e solidão. Ambientado no indivíduo-no-mundo, o individualismo traz a afirmação do indivíduo como agente inserido em um determinado contexto, aquele para o qual a centralidade de análise se volta.

O autor identifica dois sentidos para a categoria indivíduo, a saber: o sujeito empírico da palavra, do pensamento, da vontade, amostra indivisível da espécie humana, tal como o observador encontra em todas as sociedades; e o ser moral, independente, autônomo e, assim, (essencialmente), não social, tal com se apresenta no âmbito da ideologia moderna do homem e da sociedade.

Na proposta pedagógico-narrativa que se desenvolve, o individualismo é óbice porque não permite a visibilidade do outro, não admite diálogo, senão em verticalidade, isto é, sem escuta, um diálogo da heteronomia.

---

(105) A abstração a que se faz referência relaciona-se com o abandono da vida, com o des-contexto patrocinado pela ciência jurídica no sentido de apartar o direito da realidade em que se encontra inserido em uma perspectiva a-histórica que tenta abortar, apenas em teoria e em escape normativo, a complexidade da vida social.

(106) *O colapso da cosmovisão teocrática medieval trouxe consigo a questão da autoria do mundo e o indivíduo constituiu a primeira resposta. O humanismo renascentista é a primeira afloração paradigmática como subjetividade.* Cf. SANTOS, Boaventura de Sousa. *Pela mão de Alice. O social e o político na pós-modernidade.* São Paulo: Afrontamento, 1994, p. 136.

(107) *Idem*, p. 142.

(108) BOBBIO, Norberto. *A era dos direitos*. Rio de Janeiro: Campus, 2004.

(109) DUMONT, Louis. *As origens do individualismo*. Rio de Janeiro: Rocco, 1993, p. 30.

Os direitos humanos em verticalidade, porquanto tutelados pelo Estado, traduzem-se em um restrito espaço público, qualificado por uma cidadania reduzida no âmbito de um contratualismo em que a participação é, *naturalmente*, desigual.[110] Bem assim, a horizontalidade das relações obedece a um critério mercadológico, na apologia da autonomia da vontade que, na verdade, quando recomenda e requer a abstenção estatal, escamoteia uma falaciosa igualdade formal que não se compraz com a diferença, limitada por uma homogeneidade construída em prol da exclusão.

Na sistemática individualista, a complexidade social, senão descartada, é minimizada na trajetória da norma. É o sentido da hiperpolitização do Estado[111] engendrada pela modernidade, propiciada pela verticalização das relações de cidadania e do resultado tutelar daí decorrente; do fato do Estado abstrair com destreza ardilosa, sorrateiramente,[112] a dinâmica social e, no campo *estritamente* jurídico, com a perspectiva da dogmática jurídica, do monismo estatal, da heteronomia, dos direitos humanos em uma dimensão individual[113] com todas as implicações no outro — a sociedade civil — que é a despolitização.

Resta reduzida, assim, a ação política na figura do super Estado, da cidadania verticalizada e espremida pelo voto.

> "A afirmação de que o conhecimento do Direito é possível através da Razão, que lhe informa os princípios e as regras, abre as portas para a perspectiva individualista no campo jurídico e desencadeia toda a série de repercussões teóricas e práticas da modernidade jurídica. Na origem do pensamento jurídico moderno está, portanto, uma filosofia jurídico-política que vê o Homem como condição determinante para a formulação e construção da ordem social (...) enquanto ideologia, o jusnaturalismo racional possibilita a passagem para uma nova configuração de sociedade fundada nos princípios liberais de igualdade e liberdade universais, ocultando, de fato, os motivos e as conseqüências dessa transformação".[114]

---

(110) A cidadania reduzida é aquela resumida no direito de votar e ser votado. A remissão ao contratualismo, no que se refere à questão da *naturalização* da desigualdade respalda-se em Locke quando trabalha a inserção do dinheiro para a aquisição da propriedade em uma perspectiva fora daquela motora inicial, qual seja, o desperdício. Na medida em que a introdução do dinheiro permite acumulação, rompe-se o equilíbrio na aquisição da propriedade que se dava pela sua modificação por meio do trabalho. A propriedade em sentido amplo: liberdade, pessoa e bens. Nesses termos, o uso da moeda justifica a desigualdade naturalizando-a, já que *herdada* quando da passagem do estado de natureza para a sociedade civil destacado, nesse contexto, o papel do Estado. O contratualismo tem uma intrigante lógica inclusiva para a exclusão.

(111) Conforme Boaventura de Sousa Santos expõe. Cf. *A crítica à razão indolente: contra o desperdício da experiência*. A hiperpolitização do Estado apresenta-se no sentido de filtrar a política e a ética recomendando-as ao Estado, que as neutraliza; pelo excesso de formalismo no direito, no qual o positivismo exemplifica, e no enfoque normativo que abstrai a complexidade social.

(112) No sentido da ideologia, de uma falsa visão da sociedade que não se aproxima daquela que Louis Dummont trabalha. Para ele, a ideologia é o conjunto de valores conjugados e compartilhados por uma dada sociedade. Cf. *As origens do individualismo*.

(113) Faz-se referência àqueles direitos que se convencionou tipificar como os de primeira geração.

(114) NOLETO, Mauro Almeida. *Subjetividade jurídica. A titularidade de direitos em perspectiva emancipatória*. Porto Alegre: Sergio Fabris, 1998, p. 42/43.

No âmbito do individualismo é que se dá a naturalização da liberdade e da igualdade,[115] que tem por escopo justificar o exercício *ilimitado* dessa liberdade e a existência das desigualdades materiais, conforme se infere do contratualismo. É também nesse espaço que igualdade e diferença se equivalem em detrimento da última.

O contratualismo traz à baila a discussão acerca da obrigação política assente na liberdade, na medida desta no estado de natureza, e da sua preservação pelo Estado. Compreendo que a saída para tal dilema diz respeito à elaboração da idéia dos direitos naturais inatos que servem de limite à atuação estatal, como garantia de seu exercício em face da liberdade dos outros. Sendo assim, a obrigação política vincula-se à manutenção da liberdade que é o núcleo dos direitos naturais do homem. O instrumento que materializa essa tendência é o poder legislativo. Exemplifica-se com *Rousseau*:

> "Encontrar uma forma de associação que defenda e proteja, com toda a força comum, a pessoa e os bens de cada associado, e por meio da qual cada um, unindo-se a todos, não obedeça contudo senão a si próprio e permaneça tão livre como antes[...]
>
> [...] Quem se recusar a obedecer à vontade geral [poder legislativo, lei] será obrigado a fazê-lo por todo o corpo. Isto significa apenas que será forçado a ser livre [...][116]"

Essa identificação do contrato com a lei e desta com o Estado, traduz o paradoxo originário da modernidade e que entendo seja elemento que contradiz qualquer alusão a uma possibilidade emancipatória. Isto porque cerceia o diálogo narrativo intersubjetivo — impondo limites à subjetividade — conduzindo-se na lógica tutelar estatal, confundindo-se a regulação com a emancipação,[117] acabando-se, conforme prediz *Boaventura*, na cooptação do pilar da emancipação pelo da regulação. Esse é um equívoco da modernidade, concentrar-se na lei, na perspectiva do legislador racional, mas traduzindo a sua aplicação por meio do juiz *racional* que tenta descobrir, por apego à neutralidade, a racionalidade da lei em solilóquio, descontextualizado.

---

(115) A idéia da plena liberdade no estado de natureza e o seu gozo em condição de igualdade, ressalvando-se, nesse contexto, Hobbes, para quem o Estado de natureza é o Estado selvagem do homem. Diz-se ilimitada — sendo limitada — a liberdade em face do artificialismo do Estado, instrumento para garantir-lhe *plenamente*.

(116) Citado por Boaventura de Sousa Santos. *A crítica da razão indolente. Contra o desperdício da experiência*, p. 130.

(117) Isto suscita a questão do legislador racional — em que se discute a *voluntas legis* ou a *voluntas legislatoris*, vontade da lei ou vontade do legislador, com o mesmo resultado para o engessamento do direito — e a consideração do juiz racional. No caso, as implicações do poder supremo confundir-se com o legislativo — de acordo com o contrato social — tem reflexos sobre a atuação do juiz porquanto, como autômato, tem que buscar o sentido da lei nas palavras e intenções do legislador. Tal é o reflexo no direito e no poder judiciário objetivados em face da complexidade social, perdida, nesse sentido, qualquer perspectiva de transformação.

Isto se insere naquela tarefa moderna de elidir o voluntário da ciência trabalhando, portanto, em uma perspectiva objetiva ou, ao menos, dando ênfase a essa vertente. Em rota de colisão entre a vontade do legislador e a neutralidade nele exigida, ergue-se a figura do juiz racional, naquele sentido da objetivação, de uma relação jurídica sem sujeito a que se fez referência acima, por conta do caráter abstrato, genérico e neutral da norma jurídica. Qualquer que seja a construção, o fato é que a modernidade chateia-se com o diálogo narrativo.

A dominação jurídica racional é legitimada pelo sistema racional de leis, universais e abstractas, emanadas do Estado, que presidem a uma administração burocratizada e profissional, e que são paliçadas a toda a sociedade por um tipo de justiça baseado numa racionalidade lógico-formal, que é o direito.[118]

O contratualismo não suporta o seu próprio artificialismo, ou seja, a construção de uma sociedade *igualitária*, calcada na liberdade real de poucos e na igualdade formal (processual) de todos, mas premida pelas limitações materiais.[119] A *plena* liberdade do indivíduo é, assim, contemporizada pela afirmação da igualdade formal reforçada pela naturalização da desigualdade.

Desse modo, uma tal concepção de direitos humanos circunda uma perspectiva de submissão, limado o seu caráter emancipatório.

> "*Hobbes, Locke* e *Rousseau* anteciparam, cada qual a seu modo, a antinomia entre a universalidade desse paradigma político-jurídico e o mundo particularista em que ele irá ser aplicado, uma sociedade progressivamente dominada pelo capitalismo, pelas divisões de classe e por extremas desigualdades. As "soluções" para esta antinomia que os três oferecem são muito diferentes. *Rousseau* ataca-a frontalmente, recusando separar a liberdade da igualdade e deslegitimando as desigualdades sociais com base na propriedade. *Hobbes* suprime ou oculta a antinomia, reduzindo todos os indivíduos a uma situação extrema e idêntica impotência perante o soberano. Finalmente, *Locke* acolhe a antinomia, sem se exceder em consistência, através de uma justificação que legitima, simultaneamente, a universalidade da ordem político-jurídica e as desigualdades de propriedade."[120]

A mágica retira da cartola a naturalização da desigualdade engendrada por *Locke*.[121] Analisando a transição do estado da natureza para a sociedade civil, *Locke*

---

(118) SANTOS, Boaventura de Sousa. *A crítica da razão indolente. Contra o desperdício da experiência*, p. 142. Tratando da questão dos limites da dogmática jurídica, Noleto informa que, *Ser escravo da lei não pode fazer do jurista um pensador digno. Essa pobreza da imaginação revela também que o déficit ético da Dogmática, que apesar de ainda ser ideologicamente hegemônica, já mostra sinais claros do esgotamento de seus paradigmas e entra em crise diante do agravamento dos conflitos contemporâneos, para os quais não apresenta respostas eficazes, pois continua a procurar o Direito apenas onde esta já teria se cristalizado [afastamento da realidade] nas normas. O plano da eficácia social da norma positiva na verdade sempre foi o calcanhar de Aquiles dessa cultura, por isso mesmo, engenhosamente, Kelsen expulsa do âmbito do Direito o sujeito, o ator social, cuja consciência em exercício parece representar um perigo constante para a segurança jurídica. Ob. cit.*, p. 88.
(119) A identificação entre igualdade e diferença é um escape moderno tendente à homogeneização. A igualdade formal, porque atende à verticalidade, compromete a intersubjetividade desenrolando-se em um cenário unicorne. Em formalidade, a igualdade apenas reconhece o conflito enquanto litígio em negatividade. Naturalizada, a desigualdade limita a liberdade retratando o excludente contratualismo. Não sem importância é a referência à acumulação capitalista tendo como uma das suas fontes a escravidão da pessoa negra.
(120) SANTOS, Boaventura de Sousa. *Op. cit.*, p. 139.
(121) Para o escopo pretendido, analisar a questão do individualismo e suas restrições, optei por aportá-la em Locke, importante filósofo político, reconhecido expoente na elaboração do individualismo. Cf. LOCKE, John. *Segundo tratado sobre o governo*, p. 92
A convivência em comunidade é decisão da maioria, quantitativa porque exige a anuência de todos — liberdade natural —, qualificada porque a liberdade plena diz com os proprietários em um contexto de naturalização da desigualdade em face da monetarização.
Sobre isso opino que qualquer um, que tenha posses ou goze de qualquer parcela do território de um governo, por isso mesmo dá o seu consentimento tácito e está obrigado a obedecer às leis desse governo, enquanto durar o

identifica três fases, duas delas ainda no Estado de natureza, e a terceira que coincide com a própria formação da sociedade civil e da constituição da obrigação política. A introdução da moeda é marco divisório entre as duas primeiras fases, admitida a acumulação de bens descolada da questão do perecimento, da utilidade. Isso porque, *o trabalho propiciou o direito à propriedade sempre que alguém achou conveniente aplicá-lo ao que era comunitário.*[122]

Segundo *Locke*, no estado de natureza[123] o homem encontra-se em um estado de total liberdade[124] para agir e regular suas posses e as pessoas de acordo com a sua conveniência; *no qual qualquer poder e jurisdição são recíprocos, e ninguém tem mais do que qualquer outro (...) tudo quanto é igual deve ter necessariamente a mesma medida,*[125] observada a lei da natureza, que é a razão.[126]

"O Estado natural tem uma lei de natureza para governá-lo, que a todos obriga; e a razão, que é essa lei, ensina a todos os homens que a consultem, por serem iguais e independentes, que nenhum deles deve prejudicar a outrem na vida, na saúde, na liberdade e nas posses."[127]

A entrada na sociedade civil não se dá, propriamente, por conta da inabilidade dos homens em viver associados, já que tal intento se concretizou na segunda fase.[128]

---

desfrute, como qualquer seu dependente. A submissão à sociedade política tem por escopo uma melhor fruição, já que é incerta no estado de natureza. Unem-se para a preservação recíproca da propriedade: vida, liberdade e bens. (...) O maior e principal objetivo, portanto, dos homens se reunirem em comunidades, aceitando um governo comum, é a preservação da propriedade. De fato, no estado de natureza faltam muitas condições para tanto.

(122) LOCKE, John. *Segundo tratado sobre o governo*, p. 47.

(123) *Quando os homens convivem segundo a razão, sem uma autoridade superior comum no mundo que possa julgar entre eles, verifica-se propriamente o estado de natureza. Todavia, o uso da força, ou sua intenção declarada, contra a pessoa de outrem, quando não existe qualquer instância superior comum sobre a Terra para quem apelar, configura o Estado de guerra. Idem, p. 32.*

(124) *A liberdade natural do homem nada mais é que não estar sujeito a qualquer poder terreno, e não submetido à vontade ou à autoridade legislativa do homem, tendo como única regra apenas a lei da natureza. A liberdade do indivíduo não deve estar submetida a qualquer poder legislativo que não aquele estabelecido pelo consentimento da comunidade, nem sob o domínio de qualquer vontade ou restrição de qualquer lei, a não ser aquele promulgado por tal legislativo conforme o crédito que lhe foi confiado (...) liberdade dos homens sob governo importa em ter regra permanente a lhe pautar a vida, comum aos demais membros da mesma sociedade e feita pelo poder legislativo estabelecido em seu seio; a liberdade de seguir a própria vontade em tudo o que não esta prescrito pela lei, não submetida à vontade mutável, duvidosa e arbitrária de qualquer homem; assim, com a liberdade de natureza consiste em não sofrer qualquer restrição a não ser a lei da própria natureza. Idem, p. 35.*

(125) *Idem, p. 24. Que todos os homens são iguais pela natureza, não quero que pensem que me referia a toda espécie de igualdade (...) igualdade que significa igual direito de todos os homens à liberdade natural, sem se sujeitarem à vontade ou ao arbítrio de outrem.* Igualdade formal, portanto. *Idem, p. 53.*

(126) A lei que não remete à restrição de direitos senão tem o intuito de preservá-los e ampliá-los, de garantir a liberdade. A sociedade política obriga-se a preservar a liberdade e os associados não podem agir em desacordo com as leis da sociedade em que estão inseridos. Note-se que o entendimento de comunidade nesse sentido guarda estreita relação com a questão legislativa enfatizando, para utilizar um termo cunhado por Sousa Santos, o pilar da regulação. Entretanto, não se confunda as referências no ponto em que a comunidade a que se refere Santos insere-se na complexidade social e na perspectiva da emancipação e autonomia.

Na minha interpretação de Rousseau, a comunidade é, para ele, a comunidade integral a que corresponde a soberania do Estado. É o poder desta comunidade que Rousseau pretende reforçar. Daí a sua ênfase na vontade geral e na inalienabilidade da soberania do povo. Daí também a sua ênfase na obrigação política horizontal e solidária, de cidadão para com cidadão, da qual deriva inequivocamente a autoridade do Estado. Para salvaguardar essa comunidade, é necessário eliminar todos os obstáculos que possam intrometer-se no intercâmbio político de cidadão para cidadão e que, desse modo, impeçam a formação de uma vontade geral isenta de distorções. Cf. A crítica da razão indolente. Contra o desperdício da experiência, p. 132.

(127) *Idem.* Assim, os dois elementos que determinam uma vida em total liberdade: racionalidade e propriedade.

(128) Em face do consenso resultante do uso da moeda nas relações.

A obrigação política aqui aparece como uma forte vontade de viver em comunidade e na medida de manter-se o equilíbrio — tênue, frágil — na ausência de um poder central que lhe conferisse coesão[129].

Em sentido diverso, *Boaventura de Sousa Santos*[130] entende que *a obrigação política há-de unir toda essa diversidade, há-de ser uma obrigação política horizontal com suporte na substituição das relações de poder por relações de autoridade partilhada.*

O mesmo procedimento de isolamento da natureza, objetivada nesse sentido, posto em prática pela racionalidade moderna com relação às ciências naturais, foi transposto para as ciências sociais no que se refere à sociedade. A cientificização do conhecimento social, então, tratou de constituir a sociedade isolada, separada, neutra, sem interfaces com o *pesquisador.* A sociedade, assim, como objeto de estudo, é vista em sua imobilidade e em sua imutabilidade. A mesma manobra pode ser considerada nos fatores que mobilizaram a separação entre o estado — sujeito — e a sociedade civil — objeto. Em uma única via, os gritos — uníssonos — reproduzem-se em mesmidade, centralizados, abandonados da diversidade que, de fato, contêm.

A tutela estatal, ao mesmo tempo garantidora da liberdade e impondo limites ao seu exercício — faces do individualismo — demonstra uma tal ambigüidade, que é tão ferozmente combatida pelos modernos.[131]

> "Por um lado, o Estado moderno, não obstante apresentar-se como um Estado minimalista, é potencialmente um Estado maximalista, pois a sociedade civil, o outro do Estado, se reproduz por intermédio de leis e regulamentações que brotam do Estado e para quais não parece existir limites, desde que as regras democráticas da produção da lei sejam respeitadas. Mas, por outro lado, a sociedade civil, uma vez politicamente organizada, pode usar as mesmas regras para se impor ao Estado igualmente sem limites aparentes e pela mesma via legislativa e regulamentar que lhe devolva a capacidade de auto-regular e autoproduzir. (...) a distinção entre Estado e sociedade civil, longe de ser um pressuposto da luta política moderna, é resultado dela."[132]

---

[129] O artifício do trabalho como garante da propriedade perdeu-se em face do instrumental monetário. Assim, a sujeição a uma obrigação política em face de um poder central urge para a manutenção do *status quo*, da propriedade. Elaboram-se outras justificativas, como a teoria dos direitos naturais para garantir a propriedade, cujo núcleo é a liberdade. O individualismo, nesse contexto, pode ser visto como instrumento de reprodução de um estado de natureza — para a liberdade — em novos parâmetros associativos, qual seja, a sociedade civil. *La sociedad civil se establece para proteger las posesiones desiguales que en el estado de naturaleza habían suscitado ya derechos desiguales,* MACPHERSON, C. B. *La teoria política del individualismo posesivo. De Hobbes a Locke.* Barcelona: Editorial Fontanella, 1970, p. 199.

[130] SANTOS, Boaventura de Sousa. "Poderá o direito ser emancipatório?" *Revista Crítica de Ciências Sociais.*N. 48, junho de 1997, p. 31. Na lógica moderna, a obrigação política é uma obrigação vertical que pela reciprocidade entre dever e direito não agrega a solidariedade.

[131] A naturalização da desigualdade constitui uma *saída* para contemporizar o exercício pleno da liberdade e um governo fundado na maioria. Nesse sentido, pergunta Macpherson: *el gobierno de la mayoría, acaso no pone en peligro el derecho individual de propiedad que Locke había tratado claramente de proteger?* Ob. cit., p. 170.

[132] SANTOS, Boaventura de Sousa. *Reconhecer para libertar*, p. 431. Isto porque a sociedade é o espaço das relações mercadológicas e não espaço de discussão da coletividade. A parte política é tutelada em verticalidade pelo Estado.

Questionando o potencial emancipatório no âmbito dos direitos humanos em uma perspectiva individualista, enfocando a atenção na questão tutelar do Estado,⁽¹³³⁾ ainda com fulcro em *Locke*, pode-se identificar suas limitações. *La mayor parte de la humanidad, concluye Locke, no puede ser abandonada a la orientación de la ley natural o de la razón; no es capaz de obtener de ella reglas de conducta*.⁽¹³⁴⁾ Na verdade, ao afirmar o indivíduo, o individualismo nega, para a maior parte dos membros da sociedade, a subjetividade, já que o exercício pleno em liberdade, naturalizada a desigualdade, exige a propriedade. Por conta disso, trabalhadores e pobres, alienados, não são membros de pleno direito da sociedade política, ausentes, portanto, do espaço público.⁽¹³⁵⁾

"El núcleo del individualismo de Locke es la afirmación de que todo hombre es naturalmente el propietario único de su propio persona y de sus capacidades — su propietario absoluto en el sentido de que nada debe por ellas a la sociedad — y, especialmente el propietario absoluto de su capacidad para el trabajo. Todo hombre es por consiguiente libre de alinenar su propia capacidad para trabajar."⁽¹³⁶⁾

Nesse sentido, os direitos humanos, afastados de um caráter de criação e autonomia, são vistos como obrigação, porque *todos* estavam vinculados, pelo contrato, à lei racional, decorrente de um poder supremo, o legislativo, mas somente os proprietários podiam, plenamente, exercitar os seus direitos na liberdade, podiam gozar, plenamente, a racionalidade. A emancipação adquire, assim, *status* natural, com as restrições que essa consideração compreende, perdendo-se enquanto uma relação construída, narrativamente, em conexão contextual intersubjetiva transversal.⁽¹³⁷⁾

Os contratualistas enfocam o potencial emancipatório da sociedade no poder legislativo. Essa via legal e formal da emancipação respeita a lógica do Estado ordenador, confundindo-se o espaço público com os tentáculos do Estado, bem como entre direito, Estado e lei. Esse reforço da regulação nos remete à questão da subjetividade destituída e representativa.

Assim, no âmbito da dimensão pedagógico-narrativa do direito e dos direitos humanos, a questão do individualismo indica que a verticalidade funda-se em uma sociedade desigual e na subordinação,⁽¹³⁸⁾ comprometendo, em face da exigência da tutela estatal, a autonomia, já que desmembrada a intersubjetividade.

---

(133) É, de fato, paradoxal supor uma emancipação tutelada senão em uma perspectiva fantasmagórica. A tutela do Estado nesses termos, porque em função de *incapazes*, não conduz à autonomia tornando questionável até mesmo a igualdade formal.
(134) MACPHERSON, C. B. Ob. cit., p. 194.
(135) Considerando-se os direitos individuais em sentido estrito, a participação no espaço público — cidadania limitada — recomenda o direito de votar e ser votado. As restrições a esse ato eram várias incluindo a renda. O sufrágio universal é conquista das lutas sociais. A direta equivalência entre liberdade e propriedade, dentro da racionalidade contratual, "cismou" com a redução do homem à condição de coisa (a ser alienada), que se nos apresenta demonstrada com a escravização das pessoas negras. A "coisa" da modernidade compromete a subjetivação e a identidade.
(136) MACPHERSON, C. B. Ob. cit., p. 199.
(137) A naturalização, no sentido posto do individualismo, indica as limitações frisadas até aqui: a verticalidade tutelar e a subordinação da prática dos direitos humanos em face de sua concepção enquanto direitos naturais inatos. Isto porque os homens *não* nascem livres e iguais, mas condicionados ao seu *sendo ser* histórico. O caráter de aprendizagem dos direitos humanos nos remete á discussão desse condicionamento em detrimento do determinismo histórico.
(138) Subordinação e verticalidade são faces do individualismo. Indicam os limites da igualdade formal, o alijamento da emancipação (no sentido da exclusão, respondendo ao caráter revolucionário dos direitos naturais inatos) e da

Esse é o mote para o desenvolvimento da idéia de direitos subjetivos, com ênfase naqueles relacionados à liberdade e à propriedade calcados na condição humana. Influenciado pelo jusnaturalismo, o direito subjetivo serviu, no mínimo, a dois desdobramentos: como potencialidade moral do indivíduo e como um instrumento necessário para a liberdade. A modernidade da noção de direito subjetivo e da liberdade individual nesse contexto se justifica.[139]

Na construída confusão que se processa entre lei, Estado e direito, perde-se a trajetória de transformação, por isso, não há que se falar, nesses termos, dentro da esfera estatal, em diálogo.

> "Em outras palavras, isto quer dizer que, no exercício de sua autonomia, os sujeitos de direito dão poder ao Direito-Estado, vez que este dá aos sujeitos o poder que eles possuem: contraditórias relações de poder, nas quais os indivíduos são de fato tutelados até o limite em que as pretensões em jogo encontrem-se protegidas por uma estrutura normativa dotada de vigência, isto é, validade formal, ainda sujeita à aplicação. Um aparente jogo de espelhos entre indivíduos e Estado que leva o nome de relação jurídica, conforme a teoria tradicional, e que é tributário da concepção moderna de integração social, revelando na verdade o aspecto privatista e desigual do contratualismo fundante das novas relações sociais."[140]

A tutela referida, porque em sintonia com a dimensão dos direitos subjetivos,[141] não reconhece o plural ou, em uma vertente mais contemporânea, assimila-o na redução da complexidade social em razão de uma lógica formal que reproduz uma retórica em monólogo. Primo, portanto, pela horizontalidade para a comunicação e, em face da verticalidade, admitindo-se o pluralismo jurídico.

Vinculando-se à idéia da autonomia do indivíduo, a categoria dos direitos subjetivos reforça o caráter tutelar da efetividade de direitos demarcada no tentáculo do Estado: a verticalidade do espaço e diálogo jurídicos, o alheamento do complexo social, a coisificação das partes e a subjetivação estatal[142], — uma intrigante relação intersubjetiva de mão única. Nesse sentido, compreende o prejuízo da transversalidade mediada pelos direitos humanos.

---

autonomia. Indivíduo como categoria nuclear da modernidade, sujeito de direito dos direitos subjetivos em face da liberdade, liberdade privada. A intersubjetividade resultante da nuclear liberdade elide a emancipação por tutelar; o papel do direito transacionando tais interesses, da liberdade, perde em efeito modificativo do *status quo* e focaliza a subordinação enquanto omissão.

(139) FRAZÃO, Ana de Azevedo Lopes. *O abuso do poder econômico no Estado democrático de direito: uma análise a partir da livre iniciativa e da função social da empresa.* Dissertação de mestrado. Dezembro de 2003, p. 11.

(140) NOLETO, Mauro Almeida. *Subjetividade jurídica*, p. 48.

(141) Os direitos subjetivos são o lenho do Estado de direito. Segundo Ana Frazão, a grande contribuição de Locke não foi apenas reconhecê-los, mas, sobretudo, dar-lhes precedência e supremacia em face do poder político ou de qualquer outra forma de poder, processo que culmina com a revolução francesa e a declaração dos direitos do homem e do cidadão. Ob. cit., p. 13

(142) Ressalvada a coisificação do juiz racional.

Os direitos naturais, assim considerados direitos subjetivos[143] precedentes, enquanto metadireitos substitutivos de uma razão divina, garantias da liberdade em horizontalidade (mercadológica) e em verticalidade (tutelar), e enquanto direitos humanos, obstam, originariamente, a comunicação em subjetividade, constituindo, por paradoxal, oração sem sujeitos em um processo de coisificação das relações, que resulta no abandono da vida, na retirada da afetividade do direito, na distância em relação à realidade em face do excesso de racionalidade.

Equivoca-se, a modernidade, ao entender que a razão instrumental, por meio de modelos ideais, pode patrocinar mudanças e se constituir em elemento contemporizador da tensão entre regulação e emancipação[144] apesar do pouco impacto sob a realidade concreta. Segundo *Macpherson*,[145] *es una consecuencia, y no una contradicción, de su supuesto de que la apropiación ilimitada constituye la esencia de la racionalidad.*

O individualismo apresenta, então, uma visão limitada de subjetividade, obliterando o diálogo, destituindo o direito de qualquer caráter transformador em uma representação abstrata de uma realidade lida pela norma. Essa estreita concepção de subjetividade relaciona-se àquela dos direitos humanos enquanto direitos naturais inatos, cuja efetividade exige a presença de um tutor, o estado, a verticalidade e o silêncio.[146]

"O processo de desencantamento do mundo através da Razão, que instaura a modernidade, e que, no entanto, fará triunfar sobre o idealismo original o seu contrário: uma razão instrumental repressiva e totalitária. O sujeito universal da revolução Francesa transformar-se-á, então, em *sujeito unidimensional* (*Marcuse*), moldado pelas barras do *Cárcere de Ferro* (*Weber*) das *Instituições Totais* (*Foucault*), cuja liberdade será cada vez mais sacrificada pela necessidade do controle social: o princípio da regulação e da ordem".[147]

Nesses termos, o projeto emancipatório da modernidade naufraga em exclusão social sendo questionável a indagação acerca da titularidade do Estado na

---

(143) A ênfase no direito subjetivo reserva-se à verticalidade porque é nessa relação que a modernidade concentra a sua perspectiva emancipatória e é nesse âmbito — regional — que se reproduz o monismo estatal. A horizontalidade, nesse sentido responde à lógica do mercado tornando-se incompatível com a narrativa do diálogo pedagógico que busco desenvolver. A *conversão* dos direitos naturais inatos em direito subjetivo constitui-se, para a regulação, um momento contra-hegemônico, em face do Antigo Regime.

Segundo Habermas, os direitos subjetivos na lógica liberal constituíam direitos de pessoas privadas que participavam do mercado e a Constituição uma forma de separar a esfera representada por uma sociedade centrada na economia, alheia ao Estado e na qual os indivíduos buscavam a sua própria felicidade. Cf. FRAZÃO, Ana. Ob. cit.

(144) SANTOS, Boaventura de Sousa. *A crítica da razão indolente. Contra o desperdício da experiência.*

(145) Ob. cit., p. 203.

(146) SANTOS, Boaventura de Sousa, tratando das conhecidas vias de mudança social, a reforma e a revolução, identifica limites nas duas, inclusive fazendo remissão à falência do socialismo soviético. Isto porque considera o *socialismo uma democracia sem fim.* Cf. *Pela mão de Alice,* p. 277.

Entendo que o equívoco do socialismo foi tentar a emancipação segundo as velhas categorias modernas ou, melhor dizendo, o socialismo é moderno. Isto porque não se perde, nesse contexto, a idéia do Estado enquanto catalizador e realizador de direitos; tarefa árdua de dialogar com um caudilho. Também, desde esse ponto de vista, o Estado, em uma atitude paternalista longe de subjetividades, *enxerga* clientes.

(147) NOLETO, Mauro Almeida. Ob. cit., p. 92.

efetivação de direitos[148]. A crise do Estado, isto é, da erosão do poder de regulação do Estado pela pressão do mercado, somente reforça os limites da emancipação por meio da regulação monista e verticalizada. A nova perspectiva da regulação, nesse contexto, deve incluir, necessariamente, a comunidade enquanto via de inclusão contemporizando-se, nesse sentido, com os direitos humanos *com* educação.

> "Nos termos da distinção entre emancipação social legal e ilegal — desde então, uma categoria política e jurídica essencial — só seriam permitidos os objectivos e práticas emancipatórios sancionados pelo Estado e, por conseguinte, conformes aos interesses dos grupos sociais que lhes estivessem, por assim dizer, por trás. Esta dialéctica regulada transformou-se gradualmente numa não-dialéctica regulada, em que a emancipação social deixou de ser o outro da regulação social para passar a ser o seu duplo. Por outras palavras, em vez de ser uma alternativa radical à regulação social tal como existe hoje, a emancipação social passou a ser o nome da regulação social no processo de auto-revisão ou de autotransformação".[149]

Em *Por uma outra globalização: do pensamento único à consciência universal*, Milton Santos [150] introduz o elemento competitividade como justificativa para o desenvolvimento de individualismos arrebatadores e possessivos de ordem econômica (*a maneira como as empresas batalham umas com as outras*); de ordem política (*a maneira como os partidos freqüentemente abandonam a idéia de política para se tornarem simplesmente eleitoreiros*); na ordem do território (*as cidades brigando umas com as outras, as regiões reclamando soluções particularistas*); e na ordem social (*que acabam por constituir o outro como coisa*). Esses comportamentos, que dão suporte a todo desrespeito às pessoas, constituem as bases da sociabilidade atual. *A competitividade é uma espécie de guerra em que tudo vale e, desse modo, sua prática provoca um afrouxamento dos valores morais e um convite ao exercício da violência.*

Para o autor, a competitividade traz como resultado a corrosão das antigas solidariedades horizontais impondo uma solidariedade vertical, cujo núcleo é a empresa hegemônica obediente aos interesses globais e indiferente ao entorno onde se localiza territorialmente. O descarte do entorno descaracteriza o espaço e o tempo do *lugar,* já que *o espaço geográfico não apenas revela o transcurso da história como indica a seus atores o modo de nela intervir de maneira consciente.* Esse desequilíbrio entre a verticalidade e a horizontalidade das relações solidárias traz como prejuízo a exclusão, a invisibilidade do outro.

---

(148) O estado providência, de caráter reformista, trouxe como resultados de sua atuação a ampliação da cidadania política com a adoção do sufrágio universal, bem como da cidadania social relativa aos direitos sociais e econômicos. Boaventura informa que para os países centrais, o grande momento se deu na década de 50; entretanto, para os países periféricos, ficou reduzida a um sentimento de ausência por algo nunca tido. Na alçada de um caráter emancipatório do direito, sucumbe a tentativa pela persistência tutelar do Estado nesse processo. Paternalismo e clientelismo são inconciliáveis com a autonomia narrativa.
(149) SANTOS, Boaventura de Sousa. Poderá o direito ser emancipatório?, p. 4.
(150) P. 46, 57 e 80.

Reconhecendo-lhe inábil em retroação [o projeto emancipatório], apresentam-se os direitos humanos, re-fundando a autonomia, como linguagem para a emancipação em uma perspectiva pedagógico-narrativa.

A verticalidade, que aponta para a tutela estatal e, nesse sentido, para a senda do monismo jurídico, enquanto fonte e aplicação do direito (nesses termos, a via para a efetividade dos direitos humanos), também sinaliza para a discussão espaço-temporal no âmbito da universalidade[151].

Trabalhando o diálogo no direito, em uma perspectiva pedagógico-narrativa, rechaçando o individualismo pela sua verticalidade, implica, em mesma linha, eleger um outro espaço, que não o acobertado pela universalidade, para que esse diálogo se concretize. Trata-se de consubstanciar o espaço local, explicando-lhe as razões.

> *Na minha pobre linguage*
> *A minha lira servage*
> *Canto que a minha arma sente*
> *E o meu coração incerra,*
> *As coisa de minha terra*
> *E a vida da minha gente*[152]

A universalidade, enquanto o outro do individualismo, caminha para a mesmidade,[153] no sentido do atemporal, da linearidade, da homogeneidade, da desconsideração do espaço, em um contexto regional de aplicação do direito supostamente monótono.

No contexto das revoluções burguesas, o homem, como sujeito de direito, independentemente do estamento a que pertencesse, torna-se o centro das demandas do direito e da política. A universalização de direitos daí decorrente se dá pela via da abstração o que faz crescer a importância do jusnaturalismo e da teoria dos direitos naturais. Essa lógica, resguardada na figura do sujeito universal, que fez transpor o limite entre o mundo antigo e o burguês *parecia não fazer muito sentido, a não ser para a classe burguesa, ou melhor, para o indivíduo burguês. Do ponto de vista histórico, portanto, pode-se dizer que o conceito de um sujeito universal de direitos corresponde às transformações teóricas e materiais situadas na passagem do antigo regime feudal para um novo tempo, a Idade Moderna.*[154]

---

(151) A clássica discussão entre a universalidade de direitos e a relatividade de direitos, isto é, entre o universalismo e o relativismo obedece a um cunho cultural não enfatizado na análise pretendida que tem por escopo trabalhar o pedagógico. De certo, que o *pensar em* ou *pensar acerca de* tem uma refutável base contextual, cultural, portanto. O que pretendo chamar à atenção é que não se trata de um enfoque estritamente multicultural senão pedagógico-narrativo. O fato de a Convenção de Viena de 1993 informar que os direitos humanos são universais apenas reforça a necessidade de trabalhá-los contextualmente seguindo a idéia de que se constituem em um *localismo globalizado* assim como a modernidade. Não se confunde uma cultura dos direitos humanos com o multiculturalismo e nem a universalidade do direito com o universalismo. De qualquer forma, têm um resultado comum, qual seja, elisão da diferença.

(152) Patativa do Assaré. *Aos poetas clássicos.*

(153) Mesmidade porque, longe de se traduzir em diferença, reproduz a inalterabilidade.

(154) NOLETO, Mauro de Almeida. Ob. cit., p. 44.

Boaventura de Sousa Santos entende a modernidade como um localismo globalizado, em um sentido aproximado daquele com o qual *Louis Dummont*[155] identifica o individualismo, enquanto fenômeno ocidental. Nesse sentido, enquanto os direitos humanos forem concebidos como universais tenderão a operar na lógica do localismo globalizado.

> "Não se trata de um paradigma sócio-cultural global ou universal, mas sim de um paradigma local que se globalizou com êxito, um localismo globalizado (...) Consiste no processo pelo qual determinado fenômeno local é globalizado com sucesso, seja a actividade mundial das multinacionais, a transformação da língua inglesa em língua franca, a globalização do *fast food* americano ou da sua música popular, ou a adopção mundial das leis de propriedade intelectual ou de telecomunicações dos EUA."[156]

A universalidade pode ser discutida tanto no que concerne à sua aplicação quanto ao fundamento jusnaturalista que originariamente a lastreia.[157]

Gregório Péces-Barba Martinez[158] identifica três planos da universalidade, a saber:

a) Lógico, que referencia à titularidade de direitos a todos os seres humanos pela sua condição;

b) Temporal que se manifesta em qualquer tempo e;

c) Espacial que estende a cultura dos direitos humanos a todas as sociedades.

Os planos estão permeados pelo racionalismo instrumental e abstrato. O autor vincula a universalidade ao contexto do humanismo jurídico, ao jusnaturalismo e ao iluminismo, no sentido da razão moderna. Para ele, a universalidade é válida mesmo reconhecendo a sua utilização para a dominação e opressão. Nesse sentido, coloca-se em colisão com a exclusão social, reforçando-a.

Traçando o perfil da universalidade, *Boaventura de Sousa Santos*[159] elenca algumas características, a saber: que existe uma natureza humana universal racionalmente conhecida; que essa natureza é essencialmente diferente e superior à realidade restante;

---

(155) DUMMONT, Louis. Ob. cit.
(156) SANTOS, Boaventura de Sousa. *Para uma concepção multicultural dos direitos humanos,* p. 16/18. Sendo um localismo globalizado, a pretensa universalidade da modernidade se contradiz em seus próprios termos.
Enquanto me valho do pedagógico, Boaventura risca a sua análise no multiculturalismo.
(157) Nessa perspectiva, a arapuca dos direitos subjetivos impede outros vôos que não os rasantes e circulares na órbita do Estado. Subsumem-se em verticalidade: aplicação e fundamento. A universalidade, com fulcro nos direitos naturais, é, portanto, uma universalidade inata, naturalizada, descontextualizada, abstrata, matemática que se insinua em uma repetição regular e ordeira, bem distante do que se considera universalidade narrativa (parcial).
(158) MARTINEZ, Gregório Péces-Barba. *Revista Doxa* n. 15-16/1994, p. 614 e seguintes. Disponível no *site*: www.cervantesvirtual.com/portal/doxa. Acesso em 16 de outubro de 2003.
(159) *Por uma concepção multicultural dos direitos humanos,* p. 7.

que o indivíduo tem uma dignidade absoluta e irredutível que carece de defesa perante a sociedade e o Estado; que a autonomia do indivíduo exige uma sociedade organizada na liberdade.

Dentro de uma perspectiva cartográfica[160], a questão da universalidade remete a um outro lugar para o direito, o lugar do pedagógico-narrativo, que é o espaço local, porque cada casa tem seus sentidos. Na metáfora das escalas, o espaço local se desenha em uma grande escala, usada para os pequenos mapas, mas que permite avaliar os detalhes em detalhe.

Antes mundo era pequeno
Porque Terra era grande
Hoje mundo é muito grande
Porque Terra é pequena
Ê, volta do mundo camará
Ê, mundo dá volta camará...[161]

A perspectiva do pluralismo jurídico, justamente, fez transparecer um direito não conservado ao estado. *As diferentes ordens jurídicas operam, assim, em escalas diferentes e, com isso, traduzem objetos empíricos eventualmente iguais em objetos jurídicos distintos*[162]. No âmbito da lógica formal, de média escala, enfatiza-se a promulgação de direitos em detrimento de sua aplicação e de sua realização, o que motiva a discussão acerca do pedagógico no direito.

Ao tecer considerações acerca da construção de uma consciência universal, *Milton Santos*[163] introduz a idéia de universalidade empírica que importa na medida em que destaca o local como o lugar privilegiado de produção e efetivação de direitos.

> "No plano teórico, o que verificamos é a possibilidade de produção de um novo discurso, de uma nova metanarrativa, um novo grande relato. Esse novo discurso ganha relevância pelo fato de que, pela primeira vez na história do homem, se pode constatar a existência de uma universalidade empírica. A universalidade deixa de ser apenas uma elaboração abstrata na mente dos filósofos para resultar da experiência ordinária de cada homem. De tal modo, em um mundo datado como o nosso, a explicação do acontecer pode ser feita a partir de categorias de uma história concreta. É isso, também, que permite conhecer as possibilidades existentes de escrever uma nova história."

A negação do contexto, que foi transformada em conquista científica pela ciência jurídica, teve como conseqüência a possibilidade de criação de um conhecimento

---

(160) Cf. SANTOS, Boaventura de Sousa. *Uma cartografia simbólica das representações sociais: prolegômenos a uma concepção pós-moderna do direito*, p. 4. Mimeo.
(161) GIL, Gilberto. *Parabolicamará*.
(162) Cf. *A crítica da razão indolente. Contra o desperdício da experiência*.
(163) SANTOS, Milton. Ob. cit., p. 21.

técnico, hiper-especializado sobre o direito que deixou o cidadão vulgar desarmado do senso comum jurídico. Este desarme se, por um lado, possibilitou a legitimação fácil do poder político, por outro, fez aumentar a distância entre os cidadãos e o direito e, concomitantemente, entre representados e representantes. A universalidade, assim posta, perfaz-se no espaço regional do Estado.

Concebidos nesses termos, da universalidade, confere-se aos direitos humanos o abuso da imposição, de uma recorrente desconsideração do diálogo, já que pouco interferem, nessa índole, tempo, espaço, contexto, historicidade. Tratam-se, na verdade, de arautos da *letra morta,* desligados da realidade que simulam contrastar, dentro de uma sistemática de monopólio legal que, reiteradamente, expõe suas limitações. Porque historicamente construídos, conquistados, os direitos humanos se incompatibilizam com a universalidade. Tornam-se, nesse ponto, paradoxais. Ainda que os considerasse princípios universais, como parâmetros, a interpretação do direito à vida ou da dignidade da pessoa humana, por exemplo, sofreriam o impacto dos valores que os preenchem. O paradoxo se deixa transparecer porquanto ainda que considerados princípios são contextuais. A universalidade esbarra na dinamicidade das demandas sociais, no movimento que permeia a construção e transformação da sociedade, que nos remete aos sentidos compartilhados nesse espaço, nesse lugar.

À temática da universalidade atravessa os eixos da verticalidade e da horizontalidade. Dentro de uma expectativa narrativa, verticalidade e horizontalidade se traduzem nos extremos da regulação e da emancipação. A nova configuração sobre a qual *Boaventura de Sousa Santos* se debruça me remete à evidência da comunidade no pilar da regulação e à presença do homem concreto, sensível, no pilar da emancipação. É a convergência para um cenário de atuação em uma perspectiva do *ser sendo* narrativamente no mundo, no âmbito de uma existência qualificada na visibilidade do outro, na discussão política da diferença.

Com *Milton Santos*[164] radiografo os traços da verticalidade e horizontalidade conectando-os com a primazia que o *lugar* local ocupa na discussão acerca da universalidade.

Um dos pontos enfatizados pelo autor nessa seara diz respeito à busca de sentido, que no espaço de uma racionalidade hegemônica assinala-se em uma direção unívoca, castradora e acachapante dos múltiplos espectros que a vida social manifesta.

A verticalidade constitui redes, são espaços fluxos que se estabelecem de cima para baixo e de dentro para fora. São os macroatores[165] que determinam, de fora da área, as modalidade internas de ação. A atuação subordinada do Estado com relação a esses agentes, prevalecendo interesses normativos sobre os públicos — a regulação sobre a emancipação; a perspectiva bancária sobre a problematizadora, se quisermos tecer um paralelismo — nessa racionalidade hegemônica, é uma dado que deve ser considerado.

---

(164) Ob. cit., p. 106 e seguintes. Sem que se faça expressa menção, considere-se a análise assente com as colocações desse autor.
(165) Os macroatores, como personagens globais, são anticidadão e anti-homem, já que perdida a noção de espaço nacional. As soluções acerca da cidadania devem ser buscadas localmente, em uma perspectiva de baixo para cima.

> "Tomada em consideração determinada área, o espaço de fluxos tem o papel de integração com níveis econômicos e espaciais mais abrangentes. Tal integração, todavia, é vertical, dependente e alienadora, já que as decisões essenciais concernentes aos processos locais são estranhas ao lugar e obedecem a motivações distantes. As verticalidades são, pois, portadoras de uma ordem implacável, cuja convocação incessante a segui-la representa um convite ao estranhamento. Assim, quanto mais "modernizados" e penetrados por essa lógica, mais os espaços respectivos se tornam alienados. O elenco das condições de realização das verticalidades mostra que, para sua efetivação, ter um sentido é desnecessário."

O sentido, no âmbito das horizontalidades, segue múltiplas direções. *Ao contrário das verticalidades, regidas por um relógio único, implacável, nas horizontalidades assim particularizadas funcionam, ao mesmo tempo, vários relógios, realizando-se, paralelamente, diversas temporalidades em um espaço que lhe caracterize.*

As horizontalidades constituem zonas da contigüidade, formando extensões contínuas que caracterizam o *espaço banal*, um espaço que seria o espaço de todos, o espaço das vivências, no qual circulam empresas, instituições, pessoas.

> "Esse espaço banal, essa extensão continuada, em que os atores são considerados na sua contigüidade, são espaços que sustentam e explicam um conjunto de produções localizadas, interdependentes, dentro de uma área cujas características constituem, também, um fator de produção. Todos os agentes são, de uma forma ou de outra, implicados, e os respectivos tempos, mais rápidos ou mais vagarosos, são imbricados."

A ação do Estado é limitada e a intervenção do poder público se qualifica em razão do melhor espaço para intervir. As horizontalidades geram solidariedades horizontais internas, propiciam uma integração na qual a ação conjuga elementos geográficos, sociais, políticos e culturais. Se há, na verticalidade, uma força centrífuga, as horizontalidades porque desnudam os interesses comuns reagem a uma força centrípeta admitindo a presença de outras racionalidades (contra-racionalidades), que no âmbito da verticalidade seriam denominadas de irracionalidades, rompendo com o unívoco. A horizontalidade, porque reflexiva, não se coaduna com uma regulação calcada no monismo jurídico. A reflexividade se manifesta na intensa e contínua busca de sentidos.

As contra-racionalidades constituem formas de convivência e de regulação criadas a partir do local, subsistindo à racionalidade hegemônica que trabalha nos termos da unificação, da ausência e da homogeneização. O caráter dialógico das horizontalidades deixa-se, assim, exposto.

> "Nesse caso, o território não é apenas o lugar de uma ação pragmática e seu exercício comporta, também, um aporte da vida, uma parcela de emoção que permite aos valores representar um papel. O território se metamorfoseia em algo mais do que um simples recurso."

Para o autor, o espaço é esquizofrênico porque abriga ordem e contra-ordem, eu diria, abriga concepções depositárias e problematizadoras, racionalidades e contra-racionalidades (irracionalidades).

No âmbito das verticalidades e das horizontalidades, o papel do *lugar* é determinante porque não se reduz a um dado, a um quadro estático da vida, mas se manifesta enquanto espaço vivido, de um empirismo continuamente renovado, o que permite a reavaliação das heranças e o questionamento sobre o presente e a projeção do futuro. *A existência **naquele** espaço exerce um papel revelador sobre o mundo,* evidenciando *o de dentro do lugar* e *o de fora do lugar.*

"Assim, junto à busca da sobrevivência, vemos produzir-se, na base da sociedade, um pragmatismo mesclado com a emoção, a partir dos lugares e das pessoas juntos. Esse é, também um modo de insurreição em relação à globalização, com a descoberta de que, a despeito de sermos o que somos, podermos também desejar ser outra coisa."

O autor alinhava a análise informando que a dialética entre a universalidade empírica e as particularidades propiciará o rompimento com as verticalidades, isto é, com a ideologia dominante possibilitando ultrapassar o reino das necessidades para dar vazão à utopia e à esperança.

Sendo assim, a *universalidade* que se contextualiza na desordem é narrativa, é contra-hegemônica e se articula em um contexto local, no qual se trabalha a diferença construída por meio do diálogo. Não condiz, portanto, em acoplamentos de cima para baixo, impositivos e heterônomos, mas observa as tessituras locais. Trilha oposta à lógica formal. Um dos reflexos de uma concepção normativa que se sustenta por meio da abstração é a desconsideração das lutas sociais, a sua invisibilidade.

Considerada em um contexto narrativo, constitui-se enquanto parcialidades construídas a partir do diálogo e não dentro de uma visão de mundo ocidentalizada,[166] que longe de se coadunar com uma dimensão emancipatória força uma condição cultural hegemônica, um espectro de dominação e opressão na circularidade capitalista de uma racionalidade instrumental.

Pela profecia o mundo ia se acabar
Pelo vagabundo deixa o mundo como está
Pelo ser humano pelo cano o mundo vai, ou não
Pelo cirandeiro o mundo inteiro vai rodar
Ciranda por ti
Ciranda por mim
    Roda na ciranda...[167]

---

(166) Conforme exemplifica a convenção de Viena de 1993.
(167) KRIEGER, Eduardo. *Ciranda do mundo.*

A discussão acerca da universalidade remete tanto à temática do pluralismo jurídico quanto à da horizontalidade em uma dimensão mercadológica[168]. A clássica separação entre Estado e sociedade civil apresenta-se em face do poder local e da participação[169] entendendo a sua significação desde uma perspectiva pedagógica. Dentro de uma expectativa que considera o político no direito e nos direitos humanos insere-se o papel da sociedade civil — a horizontalidade narrativa — também ela qualificada enquanto espaço — local — do público e do político.

O poder local[170] no sentido do protagonismo da sociedade civil no diálogo pedagógico-narrativo dentro de uma escala em que a participação[171] se externaliza em ações interativas de escuta qualificadas pela visibilidade do outro tanto na relação com o Estado — não por outra via senão pelo reconhecimento do pluralismo jurídico — quanto naquela que se estabelece entre cidadãos em um processo crescente de reconhecimento de subjetividades assuntando a exclusão social, reconhecendo-se nela.

"Independentemente das formas de que se pode revestir, a participação significa "fazer parte", "tomar parte", "ser parte" de um ato ou processo, de uma atividade pública, de ações coletivas. Referir "a parte" implica pensar o todo, a sociedade, o Estado, a relação das partes entre si e destas com o todo e, como este não é homogêneo, diferenciam-se os interesses, aspirações, valores e recursos de poder."[172]

Enquanto rosto das lutas sociais é que se estabelece a relação entre sociedade civil e efetividade dos direitos humanos no espaço local da comunicabilidade de direitos que se constróem em relação.

"Os direitos são garantidos por leis que estabilizam a sociedade civil (...) tendo sido reconhecidos no decorrer de lutas históricas (direitos fundamentais).

---

(168) Mercadológico enquanto retira da sociedade civil seu potencial participativo, considerado espaço para o pleno exercício da autonomia da vontade. Contemporaneamente, indicativo da transição do princípio do Estado para o do mercado, na quimera de construção de subjetividades. *Esse processo que se construiu, de que o mercado seria livre e o sujeito determinaria o seu próprio consumo e elevaria sua auto-estima, não existe aqui. Em primeiro lugar, porque não existe mercado para todos; a concepção que se vê construída de que para você ser alguém você tem que ter alguma coisa, ou tem que consumir, provoca uma raiva social e desenvolve uma violência muito profunda na sociedade.*KOKAY, Érika. Globalização: o "assujeitamento"da cidadania. *In Educando para os direitos humanos*, p. 136.

(169) Para a análise da sociedade civil depurando-se daí o poder local e a participação (transposta para uma perspectiva pedagógica-narrativa) uso como referência Elenaldo Teixeira. Cf. TEIXEIRA, Elenaldo. *O local e o global: limites e desafios da participação cidadã*. Cf. CASTELLS, Manuel. *Fim de milênio*. 3ª ed. Trad. Klauss Brandini Gerhardt e Roneide Venâncio Majer. São Paulo: Paz e Terra, 1999.

(170) *O poder local é (...) entendido como relação social em que a sociedade civil, com todos os seus componentes (organizações, grupos, movimentos), é um dos atores, e, embora limite-se por uma territorialidade, nela não se esgota.* Cf. TEIXEIRA, Elenaldo. Ob. cit., p. 20.

(171) Foge ao escopo dessa análise tratar da crise da participação (democracia) representativa. Apenas se faz nota porque também reflexo da incapacidade do Estado em responder, de forma ágil, às demandas que lhe apresentam a dinâmica e a complexidade social. Na base, a questão da legitimidade, o jusnaturalismo.

(172) TEIXEIRA, Elenaldo. Ob. cit., p. 27. Tratando da participação cidadã, refere-se *um processo complexo e contraditório entre sociedade civil, Estado e mercado, em que os papéis se redefinem pelo fortalecimento dessa sociedade civil mediante a atuação organizada dos indivíduos, grupos e associações (...) por um lado, com a assunção de deveres e responsabilidades e, por outro, com a criação e exercício de direitos. Implica também o controle social do Estado e do mercado, segundo parâmetros definidos e negociados nos espaços públicos pelos diversos atores sociais e políticos.*

Sua efetivação, contudo, em muitos países, depende da própria sociedade civil, da cultura política e sua organização, que também deverá zelar pela construção de novos direitos de acordo com novas necessidades e aspirações. Tais leis não são suficientes para evitar a exclusão social, pois as minorias proprietárias mantêm-se no poder, mas podem constituir-se em instrumento de luta contra a dominação, na medida em que os excluídos tenham acesso aos espaços públicos e possam discutir temas e ações coletivas que representam seus interesses."[173]

A comunicabilidade no âmbito da sociedade civil, que remete ao local, é a horizontalidade das relações recuperada no circuito da aprendizagem *com* os direitos humanos. Trata-se da ampliação do espaço público (aberto, plural, dinâmico, complexo) enfatizado o caráter horizontal (não mercadológico).

Resta questionado o espaço estatal como o lugar, *por excelência*, da realização de direitos. Nesse sentido, o grupo Doce[174] informa que *Para pensar las transformaciones actuales en la subjetividad, fue necesario postular el agotamiento del Estado Nación como paninstitución donadora de sentido, y la emergência de uma operatória radicalmente outra (...) La destitución del ciudadano consiste em su destitución como tipo subjetivo socialmente instituido.*

Sendo assim, refuto a universalidade em face do pluralismo jurídico; de uma dada concepção jurídica que confunde direito, Estado e lei; do contextual, no sentido de uma atemporalidade histórico-espacial; para que a efetividade de direitos deixe a esfera pública e alcance o espaço público. A emancipação abandona uma escala de subordinação, sujeição e heteronomia vertendo-se para a autonomia e horizontalidade.

Não se confundem espaço público e esfera pública entendendo-se que a primeira tem uma largueza maior que os estritos limites da esfera pública.

"Com o termo espaço público, indica-se (...) a dimensão aberta, plural, permeável, autônoma, de arenas de interação social que seriam aqueles espaços pouco institucionalizados. Esferas públicas seriam estruturas mistas, em que se verifica a presença da sociedade civil, mas de modo vinculado ao Estado, por sua criação, composição e manutenção ou estruturas comunicacionais generalizadas, como a mídia. A distinção atende à necessidade de maior precisão para analisar fenômenos complexos em realidades bem diferenciadas (...) permitindo melhor identificação dos atores, dos processos comunicativos e das relações com o poder político."[175]

Questionando os limites do espaço público, *Andrea Semprini*[176] informa que dentro de uma lógica individualista, apresenta-se neutro e homogêneo. Com relação à neutralidade, *Pedro Demo* diz que se trata de uma posição, não falta de posição.[177]

---

(173) Idem, p. 45.
(174) Grupo Doce. *Del fragmento a la situación. Notas sobre la subjectividad contemporánea.* Argentina: Gráfica México, 2001, p. 13/19. Não se trata de uma sociedade anárquica, sem Estado.
(175) TEIXERA, Elenaldo. Ob cit., p. 46.
(176) SEMPRINI, Andrea. *Multiculturalismo.* Trad. Laureano Pelegrin. Editora da Universidade do Sagrado Coração, p. 129 e 135/136. A diferença, negada, nesses termos, equivale à igualdade sistematizando a lógica da homogeneidade excludente.
(177) DEMO, Pedro. *Ironias da educação. Mudança e contos sobre mudança,* p. 56.

À questão da efetividade de direitos entrelaça-se à da formação de subjetividades, porquanto a redução do sujeito de direito moderno à subjetividade resistida manobra-se reforçando-se uma abstração e um atomismo (individualismo) e um desfalque contextual[178] (universalidade), respaldados na lógica dos direitos subjetivos como contenção ao potencial criativo e renovador, calando vozes, evoluindo em extermínio, descaracterização, trivialização e exclusão, compondo réquiem (vilipêndio à diferença). Uma cegueira construída em fogueiras inquisitoriais.

Trata-se de desenvolver, por pedagógico, a narração na efetividade de direitos, que exige uma atuação reflexiva e autoreflexiva em relação ao mundo. É claro, nesse sentido, rechaçar a atitude descritiva que tão bem caracteriza um enfoque normativo para o direito e para os direitos humanos.

"Falar em novas subjetividades, derivadas da experiência cotidiana, que refletem as contradições, os conflitos e as diferenças historicamente emergentes. E assim é possível desvelar, com a ajuda da sociologia, o processo ideológico de naturalização, que adultera categorias históricas como é, por exemplo, a noção de sujeito de direito [nesse sentido, a verticalidade na efetivação de direitos, objetivação da relação jurídica, abstração, generalidade, universalidade e individualismo, o monismo jurídico] (...) sendo essa uma categoria histórica marcada pela ascensão da burguesia ao poder (...) correspondente a uma visão abstrata e individualista do humanismo, a pergunta a ser feita é: em que medida uma teoria jurídica crítica, comprometida com um projeto político de emancipação social recoloca a questão da titularidade de direitos sem reincidir no idealismo voluntarista e frustrante? A resposta a essa indagação, que é em si desconcertante para os teóricos de tradição marxista ortodoxa, acostumados a associar o Direito ao Estado e este à dominação burguesa, passa pelo enfrentamento sério da validade das conquistas pela ampliação dos espaços de liberdade, asseguradas institucionalmente na forma de princípios constitucionais, de onde a legalidade deve buscar fundamento, sem que essa atitude nos leve necessariamente de volta ao campo dogmático, que confunde todo o processo de criação do Direito como a institucionalização estatal."[179]

Assim como o individualismo, a universalidade também corresponde à tentativa de racionalização do direito enfatizada a regulação em detrimento da emancipação indicando que a efetividade de direitos não prescinde do diálogo.

---

(178) O contexto em historicidade, de uma temporalidade dinâmica, donde espaço e tempo não lineares porque narrativos.
(179) NOLETO, Mauro Almeida. Ob., cit., p. 99. A perspectiva que trabalho é a pedagógica. Uma tal perspectiva não revela apenas o vácuo entre formalização e realização de direitos, mas também demonstra a incompatibilidade do percurso histórico dos direitos humanos com os limites da atuação estatal. Nada há de anárquico senão indicativo de uma nova possibilidade de efetivar direitos sem se consumir na tutela lógico-formal que o Estado reproduz; uma curiosa inclusão excludente.

A perspectiva pedagógico-narrativa trabalhando com a visibilidade ao outro introduz, a partir dos direitos humanos, o diálogo para a autonomia escapulindo o caráter tutelar conferido aos direitos humanos com baixa intensidade, já que se desenvolvendo ao redor de um indivíduo abstrato circulando em torno do Estado.

Ademais, observando *Castoriadis*, a autonomia individual — especificamente trazendo para o individualismo — tem uma dimensão social que dela não se descola. O atomismo, portanto, não salta para visibilidade que dá o tom da tarefa de tornar-se, historicamente, uma pessoa emancipada. A emancipação e a autonomia são processos dialógicos, narrados intersubjetivamente, no âmbito de uma ação contextualizada naquelas demandas sociais que lhe deram impulso.

Mas também é certo, se isso lhe serve de consolação, que se antes de cada acto nosso nos puséssemos a prever todas as conseqüências dele, a pensar nelas a sério, primeiro as imediatas, depois as prováveis, depois as possíveis, depois as imagináveis, não chegaríamos sequer a mover-nos de onde o primeiro pensamento nos tivesse feito parar.[180]

---

(180) SARAMAGO, José. *Ensaio sobre a cegueira*, p. 84.

Capítulo 3
Esconde-esconde:
Mal fala, mal ouve, mal vê.

Não tem um, tem dois,
Não tem dois, tem três,
Não tem lei, tem leis,
Não tem vez, tem vezes,
Não tem deus, tem deuses,
Não há sol a sós(*)

A efetividade dos direitos humanos narra uma perspectiva que contempla, a partir do reconhecimento dos seus devires, a sua dimensão pedagógica. Narrar, pedagogicamente, os direitos humanos se traduz na interação da diferença com a visibilidade — dela decorrente — com o outro; com a positividade do conflito e com o diálogo inseridos no espaço vazio das lutas sociais mediadas por tais direitos. Concatenando esses elementos transparece a temática da exclusão em todo o processo, que indica a extensão e o alcance, ilimitados, da ausência do diálogo na efetividade de direitos no sentido da problematização do mundo *para* a autonomia e a emancipação.

Esses elementos combinados demonstram a dinamicidade que caracteriza a complexidade social e as diversas nuances dentro de um contexto que destaca a construção de direitos em relação. Construção que não se remete, apenas, à criação de novos direitos, mas, sobretudo, é indicativa da sua materialidade vivida em seus devires, em narração, no caminho da outridade, da *rua*.[180]

Considerando o direito como legítima organização social da liberdade, *Roberto Lyra Filho*[181] remete a sua formação à rua, ao clamor dos espoliados e dos oprimidos. No âmbito de um humanismo dialético rompe-se com a teoria legalista reforçando-se a inserção do direito na prática vida jurídica real.[182]

(*) ANTUNES, Arnaldo. *Inclassificáveis*.
(180) A expressão *Rua* é aqui utilizada no sentido cunhado por Roberto Lyra Filho, no âmbito do direito achado na rua, indicativo do pluralismo jurídico, da complexidade social em seu devenir. O direito achado na rua é uma linha de pesquisa e um curso à distância oferecidos pela universidade de Brasília. Entre os cursos estruturados para o primeiro semestre/2005 da pós-graduação em direito na faculdade de direito da UnB, encontra-se o direito achado na rua, ministrado pelo professor José Geraldo de Sousa Jr.
(181) LYRA FILHO, Roberto. O que é direito. Coleção primeiros passos. 5ª ed. São Paulo: Brasiliense, 1985.
(182) Por isso mesmo, dei à exposição sistemática do meu humanismo dialético, num compêndio alternativo de Introdução à ciência do direito, o título de Direito achado na rua, que aplica ao nosso campo de estudos o epigrama hegeliano n. 3 de Marx (Marx-Engels, 1989, EB, 608): *Kant e Fichte buscavam o país distante,/ pelo gosto de andar lá no mundo da lua,/ mas eu tento só ver, sem viés deformante/ o que pude encontrar bem no meio da rua*. In SOUSA Jr., José Geraldo de. *Introdução crítica ao direito. Série o direito achado na rua*. 4ª ed. Brasília: Universidade de Brasília, 1993, p. 8.

A rua não apenas indica o espaço, o largo espaço, de produção, criação e recriação de direitos e de sua efetividade, mas também, expõe, a céu aberto, o amplo acervo do museu da exclusão. Desse estado de exposição determinista e naturalizada transmuda-se [a rua], por uma prática consciente do *ser sendo* no mundo, em um amplo palco de emancipações e autonomias.

Trabalhando essa questão, *José Geraldo de Sousa Jr.*[183] identifica a *rua* com o espaço público, o lugar do acontecimento e do protesto, da formação de novas sociabilidades e do estabelecimento de reconhecimentos em reciprocidades no sentido da autonomia cidadã, dos que se dão, a si, o direito. Manifesta-se, também, como lugar simbólico que impregna o imaginário da antropologia e da literatura. Em foco, a *rua* como espaço para a ação da cidadania e da realização de direitos. Nesse sentido, casa *Marshall Berman*, *Roberto da Matta*, *Castro Alves* e *Cassiano Ricardo*.

"*Marshall Berman* fala da rua como espaço de vivência que, ao ser reivindicada para a vida humana "*transforma a multidão de solitários urbanos em povo*" (...) *Roberto da Matta* faz a articulação dialética entre a "casa" e a "rua" para esclarecer comportamentos culturais (...) Veja-se *Castro Alves*: "A praça! A praça é do povo/ Como o céu do condor/ É o antro onde a liberdade/ Cria águias em seu calor/ Senhor! pois quereis a praça?/Desgraçada a populaça/ Só tem a rua de seu..../". E *Cassiano Ricardo*: "Mas eu prefiro é a rua./A rua em seu sentido usual de 'lá fora'./Em seu oceano que é ter bocas e pés para exigir e para caminhar/ A rua onde todos se reúnem num só ninguém coletivo./Rua do homem como deve ser/ transeunte, republicano, universal./onde cada um de nós é um pouco mais dos outros/ do que de si mesmo./Rua da reivindicação social, onde mora/ O Acontecimento".

A *rua*, assim apropriada para essa minha discussão, é o espaço para onde convergem, e não se deve compreender que estou a tratar de algum ponto fixo, as demandas para a efetividade de direitos, isto é, o protagonismo narrativo do diálogo da aprendizagem *com* os direitos humanos.

Nuclear, coadunado com a efetividade em uma dimensão pedagógica, é o diálogo na direção da outridade. A desordem é, portanto, uma perspectiva dialógica da efetividade dos direitos humanos; efetividade a qual passa pela visibilidade do outro e que estabelece uma relação de equivalência com o diálogo e a diferença.

O pedagógico nos direitos humanos, enquanto dimensão de sua efetividade é, portanto, dialógico. O diálogo é uma questão estrutural que se insere nas promessas não cumpridas da modernidade.

Apoiando-me de *Boaventura de Sousa Santos*,[184] estabeleço uma ligação entre a ausência do diálogo e o desequilíbrio — para a autonomia e a emancipação — entre

---

(183) SOUSA Jr., Jose Geraldo de. *Sociologia jurídica: condições sociais e possibilidades jurídicas*, p. 50/51. Com adaptações.
(184) SANTOS, Boaventura de Sousa. *Crítica à razão indolente. Contra o desperdício da experiência*. 4ª ed. São Paulo: Cortez, 2002.

os pilares da emancipação e da regulação, nos termos discutidos precedentemente. A autonomia mediada pelos direitos humanos manifesta-se em diferentes espaços da *rua*: a escola, a família, o trabalho, a oficina, os palcos não institucionalizados, como a rua, os guetos, os shows, os *clubes da esquina*, o esporte em uma perspectiva contextual. A questão do diálogo está, assim, conectada com o conflito em complexidade social[185]. É o diálogo que põe em cena a visibilidade, a diferença e o diferente. O diálogo no conflito mediado pelos direitos humanos *com* educação, viaja do mero reflexo à inconclusão: atua, reflexiona e auto reflexiona. O diálogo é um momento de criativa intersubjetividade e não um momento de conquista verticalizada.

O diálogo é uma exigência existencial. E, se ele é o encontro em que se solidarizam o refletir e o agir de seus sujeitos endereçados ao mundo a ser transformado e humanizado, não pode reduzir-se a um ato de depositar idéias de um sujeito no outro, nem tampouco tornar-se simples troca de idéias a serem consumidas pelos permutantes. (...) A conquista implícita no diálogo é a do mundo pelos sujeitos dialógicos, não a de um pelo outro. Conquista do mundo para libertação dos homens.[186]

Prefaciando o livro "Pedagogia do Oprimido", *Ernani Maria Fiori*,[187] destaca o caráter relacional, intersubjetivo e conscientizador do diálogo contestando, portanto, hierarquizações e verticalidade nessa relação. Nesse sentido, informa o caráter dialético do diálogo, já que o homem se humaniza no processo dialógico de construção consciente do mundo sendo esta a sua melhor expressão, em que o reconhecimento se manifesta. É a força da palavra, conforme preleciona *Paulo Freire* em sua obra.

Interessante pontuar esse aspecto porque é, justamente, esse um dos sentidos criticados quando se trata de discutir o caráter emancipatório que o direito possa encerrar. Dentro de uma concepção normativa[188], porque fechada à temporalidade, a decisão é mais uma conquista que uma intersubjetividade, mais um reflexo que uma visibilidade. O que se estabelece é uma relação de cima para baixo, vendada a aparição dos envolvidos. *O mundo (...) é nosso estranho. Pela sua essência, ele pode esconder-se; não pode, entretanto, fazê-lo pela sua existência, que se dá nos lugares.*[189]

Festa no gueto,
Pode vir, pode chegar
Misturando o mundo inteiro
Vamos ver no que vai dá
Tem gente de toda cor

Tem raça de toda fé
Guitarra de rock roll
Batuque de candomblé
Vai lá
Pra ver....[190]

---

(185) A complexidade não guarda, apenas, um caráter evolutivo, no sentido de transformação e da sofisticação das relações sociais no tempo e no espaço, pela inserção de novos valores, direitos e sujeitos narrativos, mas remete ao contexto especificado por Edgar Morin. Cf. *A cabeça bem feita*. 2ª ed. Rio de Janeiro: Bertrand Brasil, 2001.
(186) FREIRE, Paulo. *Pedagogia do oprimido*. 39ª ed. Rio de Janeiro: Paz e Terra, 2004, p. 79.
(187) *Idem*, p. 16.
(188) A concepção traduz-se em tendência, ao traço mais forte, o que predomina.
(189) SANTOS, Milton. *A natureza do espaço: técnica e tempo, razão e emoção*. 2ª ed. São Paulo: Hucitec, 1996, p. 258.
(190) *Festa*. Anderson Cunha.

O silêncio dialógico, o jogo de esconde-esconde na dinâmica do mal fala, mal ouve, mal vê, no qual em muito o princípio da igualdade formal serve de lastro, conforme pretendo demonstrar, valeu-se da construção de dicotomias com base em uma racionalidade excludente. A elisão da diferença, os óbices à visibilidade inserem-se nesse contexto. *A Modernidade inventou e se serviu de uma lógica binária, a partir da qual denominou de diferentes modos o componente negativo da relação cultural: marginal, indigente, louco, deficiente, drogadinho, homossexual, estrangeiro, etc. Essas oposições binárias sugerem sempre o privilégio do primeiro termo e o outro, secundário nessa dependência hierárquica, não existe fora do primeiro, mas dentro dele, como imagem velada, como sua inversão negativa.*[191]

Traduzindo a diferença na visibilidade, uma atitude de duplo movimento porque diz não apenas com a percepção do outro, mas também, complementar e simultaneamente, de si mesmo e do mundo para si e para o outro, trato de desamarrar, de desatar os nós do que se poderia chamar de uma perspectiva bancária,[192] antidialógica da educação.

No âmbito de um individualismo exacerbado,[193] latente se expressa a questão da auto-realização e da autodeterminação como óbices ao diálogo que contemple o outro.[194] Uma perspectiva da modernidade, na qual se retira a narração enfatizando o formal-normativo que, por abstração dicotômica,[195] alija, do agente, a ação dialógica em transversalidade conflituosa.

Pratica-se, assim, a negação do outro em razão de uma uniformidade e de um sentido unívoco[196], de igualdade, que longe de realizar a realidade[197] — como se

---

(191) SKLIAR, Carlos e DUSCHARTKY. "O nome dos outros. Narrando a alteridade na cultura e na educação". *In* LARROSA, Jorge e SKLIAR, Carlos (Org.). *Habitantes de Babel Políticas e poéticas da diferença*. Belo Horizonte: Autêntica, 2001, p. 123.

(192) O uso do termo bancário é creditado a Paulo Freire. A questão será mais bem elucidada no capítulo seguinte.

(193) Questionando, nesse sentido, a verticalidade da relação que tem como protagonista o Estado, assim como indicativo de uma ampliação do espaço público.

(194) Tratando de enfocar o individualismo em perspectiva da economia, Amartya Kumar Sen introduz a categoria da capacidade. Em algum momento, a capacidade adquire uma dimensão social exigindo a interferência do outro. Em Castoriadis, a autonomia individual também se verifica em face de uma dimensão social da qual não se descola. Cf. SEN, Amartya Kumar. *A desigualdade reexaminada*. Trad. Ricardo Doninelli Medes. Rio de Janeiro: Record, 2001. CASTORIADIS, Cornelius. *A instituição imaginária da sociedade*. Rio de Janeiro: Paz e Terra, 1992.

(195) A modernidade construiu-se em bases dicotômicas, estanques e não interligadas — por isso mesmo — cujos exemplos mais evidentes separam o sujeito do objeto e a razão da emoção. Não por outra razão, os litígios são sectários, polarizados em vencedores e vencidos. Dentro do pretendido, essa sistemática afasta o diálogo, portanto, nega — mas, não desconhece, por conta desse mecanismo — o outro desconstruindo uma afetividade indispensável à efetividade dos direitos humanos em um enlace pedagógico.

(196) A dicotomia que classifica e objetiva as relações sociais, genericamente consideradas, tem por escopo *conter* a ambivalência que se manifesta na vida, na presença da pessoa no mundo no qual está inserida, nas suas conexões com os sentidos da natureza e do outro. A essência dicotômica se traduz no reiterado processo de exclusão e de invisibilidade dentro de uma perspectiva antidialógica.

(197) Realizar a realidade, perfilando-me a Paulo Freire, é uma atitude relacional de transformação do mundo sabendo-se da historicidade que permeia a atuação das pessoas.

pretende — a desvirtua pelo mecanismo da homogeneidade. Realizar a realidade é *ser sendo* responsável por nossas opções, girando em, no mínimo, 720 graus nossa inserção no mundo.

Dentro da pretensão **técnica** da dicotomia, analisar a diferença e a igualdade enquanto lados da mesma moeda, equivalendo-se, é artifício que tem por escopo, justamente, elidir a primeira em favor das mazelas e falácias da segunda, uma articulação que se materializa em imposição que padroniza, afastando a criatividade, a afetividade e a contingência pela ausência do diálogo, da visibilidade do outro. A técnica adorna esconderijos subtraindo a criatividade, aprisionada em *perfeita* dimensão da vida.

Disse que o caminho para a outridade é o diálogo mediado pelos direitos humanos. Assim, reconheço nesse processo o outro que caracteriza uma situação relacional em construção transversal, na qual a diferença torna-se *espanto*.

Os elementos que se cruzam no que se refere à efetividade dos direitos humanos, que permitem tecer considerações com relação à exclusão[198], além da outridade conduzem ao conflito, já que o outro é conflituoso.

Segundo *Paulo Freire*[199], o conflito não se dá entre antagônicos porque perfila uma ação antidialógica. *Como antagônicos, o que serve a uns, necessariamente, des-serve aos outros porque a aspiração por um mundo mais justo antagoniza como o status quo do mundo que se impõe. É possível que haja uma divergência, conflitiva até, mas de um tipo de conflito que é o conflito superável, o* **conflito entre** *diferentes e não* **entre antagônicos.**[200] No sentido do antagonismo, o conflito conduz a um jogo de soma zero, no qual se sobressai um vencedor, uma lógica — litigiosa — que se distancia da autonomia; frustra em depósitos e comunicados.

O conflito que se pretende tem um caráter positivo e não se confunde com o litígio, objeto de controvérsia, no restrito âmbito jurídico-normativo. A litigiosidade desconsidera o evento conflituoso em sua temporalidade e em sua historicidade,[201] já que se enfatiza o aspecto normativo em busca, apenas, da verdade formal, sem vínculos com a autonomia ou a emancipação porque não dialógico.[202] Nesse sentido, perde-se o contextualizar dos direitos humanos em seu devenir.

Enquanto litígio, o conflito corresponde aos estreitamentos produzidos na órbita do sujeito de direito e do direito subjetivo alinhando-se a uma perspectiva

---

(198) O termo exclusão indica uma *paragem* no processo de transformação social. O excluído, porque depositário de informações, não dialoga, portanto, não se torna visível e nem mesmo vê o outro que com ele contemporiza a historicidade. O outro é impositivo nos termos em que adiante diz Castoriadis.
(199) FREIRE, Paulo. *Pedagogia do Oprimido*, p. 143.
(200) GADOTTI, Moacir, FREIRE, Paulo e GUIMARÃES, Sérgio. *Pedagogia: diálogo e conflito*, p. 17. Grifos do autor.
(201) É absurda a fictícia tentativa de frear o desenrolar do processo histórico. É um engessamento cujo alicerce é normativo porque abstrato. Trata-se, na verdade, de um *apear* a mudança construindo-se o *panóptico* da certeza e da segurança jurídicas. Com relação ao panóptico, conferir a obra *Vigiar e Punir* de Michel Foucault.
(202) A autonomia não compactua com a sujeição. Ao contrário, se expõe tanto para a questão da exclusão social como para o independente movimento do indivíduo em face da imposição do outro. Retomo, ainda, à autonomia enfocando Castoriadis.

antidialógica, excludente, enfocada no *apontar*. Não transparece como elemento de uma ação comunicativa, mas como uma situação que deve ser evitada, reduzida a um embate que se traduz em uma arena, na qual figuram vencedores e vencidos em um cenário de heteronomia. Desconsidera-se, nesses termos, a possibilidade pedagógica do diálogo, já que o outro incomoda.

A mentalidade litigiosa obsta, portanto, a ação dialógica; ação que descortina a diferença traduzida em uma visibilidade da palavra. A palavra que resgata e desordena o caráter emancipatório do direito em uma atitude relacional, narrativa, inclusiva.

O litígio atua, assim, no âmbito da proibição, do que não é permitido, na lógica da obrigação, do dever — coagidos — em um esquema de soma zero que implica, necessariamente, ganho de um e perda do outro, que não se reconhecem em um encontro dinâmico de aprendizagem, mas que se vêem dilapidados nessa relação.

> *"Luego, desde un alto nivel, con las comunicaciones entre conflictuantes afectadas, es más difícil tornar la actitud hacia la concepción del conflicto como un problema común que debe ser solucionado por ambas as partes com una actividad creativa compartida.*
>
> *(...)*
>
> *Afirmar que un conflicto es puro o de suma cero sólo significa que uno de los actores no comparte con su adversario la creencia de que existen otras soluciones que beneficien a ambos. Buscar cooperativa y creativamente, supone una actitud o, si se quiere, un estado de ánimo. Digamos mejor, una mentalidad [mediada pelos direitos humanos]. Por esse creo que si bien no cabe hablar com propiedad de objetivos de suma cero, es muy apropriada la afirmación — metaforica , por cierto — de que hay mentalidades de suma cero [que não percebem o caráter pedagógico dos direitos humanos]."*[203]

Tratar, positivamente, o conflito admite lhe reconhecer um fundamental papel pedagógico, já que a pedagogia é mais que uma relação de ensino e aprendizagem. Seu sentido aprofunda-se enquanto um *mostrar o caminho*, uma concreta possibilidade de transformação social a partir da transversalidade do diálogo. Essa consideração aninha-se com a nossa visibilidade, que se concretiza com a nossa diferença, no caráter emancipatório da alteridade produzida pela consciência da nossa ação, reflexão e autoreflexão reconstruindo a pessoa de sentidos — o eu *com* outro — em detrimento da técnica litigiosa: do formalismo e da ausência de diálogo.

Aponto, então, para a perspectiva do diálogo, no âmbito do conflito afirmativo-narrativo, na outridade, na visibilidade do outro pela consideração da diferença. O *diálogo fenomeniza e historiciza a essencial intersubjetividade humana; ele é relacional e, nele, ninguém tem iniciativa absoluta. (...) O diálogo não é um produto histórico, é a própria historicização. É ele, pois, o movimento constitutivo da consciência que, abrindo-se para a infinitude,*

---

(203) ENTELMAN, Remo. *Teoria de conflicto. Hacia um neuvo paradigma.* Barcelona: Editorial Gedisa, 2002, p. 205.

vence intencionalmente as fronteiras da finitude e, incessantemente, busca reencontrar-se além de si mesma (...) buscar-se a si mesma é comunicar-se com o outro [a visibilidade]. O isolamento não personaliza porque não socializa.[204]

A subsunção do conflito ao litígio — negativamente — responde, claramente, à ortodoxia de descontextualizar, abstraindo e elegendo aqueles (litígios) adjetivados *jurídicos* para os quais recita-se, prontamente, uma receita amarelada, suspensa e imóvel no tempo e no espaço. Nesse sentido, destaco a noção de direito subjetivo,[205] por normativa, no já aludido sentido da tutela estatal e da ausência do diálogo na efetividade de direitos, focada na questão do individualismo e da universalidade e dos seus pressupostos.

A dinamicidade do entendimento exige a compreensão do conflito nesse contexto. Afirmar no conflito a positividade é retirá-lo dos estreitos limites normativos, ao mesmo tempo em que se caminha em direção à outridade pelo diálogo que me faz reconhecer o outro diferente e estimula a produção da diferença.

Tratando de elaborar uma teoria do conflito identificando nele (conflito) características que o universalize, bem como considerando o sistema jurídico como um mecanismo violento de resolução de conflitos,[206] *Remo Entelman*[207] focaliza atenção naquelas situações conflituosas permitidas pelo direito. É uma perspectiva interessante, na medida em que me permite uma análise fora do monólogo normativo, portanto, em uma dimensão positiva que o conflito encerra e que não responde a relações dicotômicas, mas que percorre o caminho da outridade.

> "El conflicto es un proceso dinámico, sujeto a la permanente alteración de todos sus elementos. À medida que se desarrolla su devenir cambian las percepciones y las actitudes de los actores que, en consecuencia, modifican sus conductas, toman nuevas decisiones estratégicas sobre el uso de los recursos que integran su poder y, a menudo, llegan a ampliar, reducir, separar o fusionar sus objetivos."[208]

O caminho da outridade é, assim, a criativa efetividade; a constante e dinâmica visibilidade do outro em um contexto de complexidade social. Peregrina-se do diálogo-surdez normativo[209] para aquele que contempla o outro em seus redores. Abre-se alas para a problematização em detrimento de uma noção depositária da realidade.

---

(204) FIORI, Ernani Maria. *In* FREIRE, Paulo. *Pedagogia do oprimido*, p. 16.
(205) A noção de direito subjetivo, do sujeito de direito é verticalizada.
(206) Em face da ausência de diálogo, a lógica normativa impõe uma decisão, viés técnico do direito, articulando-se na dicotomia vencedor X vencido. A concertação, por paradoxal, obtém-se mediante negação das partes no contexto conflituoso. *Pero no es menos sorprendente la afirmacion de que el sistema jurídico es un método violento y no pacifico de resolución de controvérsias. Violento, porque recurre al uso o la amenaza de la fuerza* porque prioriza a sanção descolada de qualquer perspectiva pedagógica. Combina-se com a lógica do jogo de soma zero, no qual um ganha e o outro perde. ENTELMAN, Remo. *Teoria de conflicto*, p. 62.
(207) ENTELMAN, Remo. Ob. cit., p. 58.
(208) *Idem*, p. 173.
(209) A reflexão acerca da efetividade dos direitos humanos que não obedecesse a um itinerário institucional, por entendê-lo em limites, conduziu à visualização de um intrigante protagonismo do Estado dentro da lógica normativa. Nesse sentido, a subjetividade restringe-se ao Estado, ao juiz, coisificadas as partes na relação angular, mas, coisificado, também, o juiz pela dinâmica do juiz racional.

O direito esculpido no atelier da modernidade trata como *caxixi*[210] a relação humana em proveito de um profissional tecnicismo que desfaz a necessária inscrição pedagógica que sustenta e fundamenta os direitos humanos enquanto narração, conduzindo-se, a passos largos, para um processo de desumanização, já que o normativo, ao privar a pessoa dos seus vínculos, elide a conversação, esconde o outro, venda a diferença.

> *Como seriam as coisas e as pessoas antes que lhes tivéssemos dado o sentido de nossa esperança e visão humanas? Devia ser terrível. Chovia, as coisas se ensopavam sozinhas e secavam, e depois ardiam ao sol e se crestavam em poeira. Sem dar ao mundo o nosso sentido humano, como me assusto. Tenho medo da chuva, quando a separo da cidade e dos guarda-chuvas abertos, e dos campos se embebendo de água.*[211]

Nesses termos, de uma completude desejada e precisa, restringe-se o espaço para ações que remetam à emancipação e à autonomia. Decisões encaixotadas chocam-se com promessas de transformação por suas incompatíveis previsibilidade e imutabilidade. A combinação mais acertada nesse contexto considera a inflexibilidade do litígio.

O reducionismo e a limitação da concepção de litígio, em uma perspectiva normativa, com o escopo de neutralização do diálogo são bastante acentuados por *Entelman*[212] quando destaca a existência de conflitos — grande parte deles — em um âmbito *permitido* pelo direito.

> "Ahora bien, acostumbrados como estamos a pensar el derecho de uno frente a la obligación del otro, nos resulta difícil comprender como, em situaciones de enfrentamiento o confrontación de pretensiones incompatibles no prohibidas (conflictos), resulta que podemos sin embargo decir que uno tiene "derecho" frente al otro, que también tiene "derecho"."

Por essa razão não concebo a efetividade dos direitos humanos por essa via, litigiosa, senão em consideração ao diálogo por eles mediado para que se possa enfatizar uma relação narrativa com o outro em detrimento de uma atitude descritivo-normativa. Porque responde a exigência normativa, o litígio não se coaduna com o pluralismo jurídico[213].

---

(210) Cerâmica popular de pequenas dimensões, produzida para servir de brinquedo infantil, especialmente em uma área vizinha a Salvador-Bahia, Nazaré das Farinhas, onde, anualmente, acontece a Feira dos Caxixis. Cf. Dicionário Houaiss da Língua Portuguesa.
O *caxixi* também guarda um sentido positivo, de enfoque nas relações em um âmbito local, de proximidade com o lugar onde a narração, a narrativa e os seus atores existentes e conscientes se transformam no movimento do mundo.
(211) LISPECTOR, Clarice. "Sem nosso sentido humano". Ob. cit., p. 114.
(212) Ob. cit., p. 65. A caracterização do litígio enquanto confrontação reproduz a relação coisificada angular que se estabelece entre as partes e o juiz sem qualquer consideração sobre o caráter pedagógico do conflito. Trata-se de um embolar que indica vencedores e vencidos.
(213) O pluralismo jurídico cenário da *rua*. Indicativo de outros espaços de produção e realização de direitos, bem como de uma concepção não normativa nesse intento. A *rua* tocada pelo Direito Achado na Rua.

O atrelamento dos direitos humanos à estaca estatal, no âmbito da legalidade burguesa *ilustrada,* constituindo o monismo jurídico em monólogo, também alicerça a *conversa* litigiosa. *O esforço do pluralismo está voltado para a edificação de um espaço social de mediação que se contraponha aos extremos da fragmentação atomista e da ingerência desmesurada do Estado,*[214] contestando o Estado como fonte exclusiva de todo o direito, como núcleo único do poder político e reforçando o contexto local.

"Há que se designar o pluralismo jurídico como a multiplicidade de práticas jurídicas existentes num mesmo espaço sócio-político, interagidas por conflitos ou consensos, podendo ser ou não oficiais e tendo sua razão de ser nas necessidades existênciais, materiais e culturais."[215]

Compreendo a experiência relatada por *Boaventura de Sousa Santos* em "Pasárgada",[216] como uma aventura empírica que contempla a dimensão da diferença na perspectiva do pluralismo jurídico. A narração reduzida a termo pelo autor evidencia a criativa passagem do jurídico ao jurídico que rompe com a estreiteza do normativo apresentando-se ao pedagógico pelo diálogo contextual.

A positividade do conflito indica, assim, a potencialidade do diálogo, a dimensão pedagógica como forma de relacionamento e visibilidade do outro. A efetividade mediada pelos devires dos direitos humanos evolui na outridade.

Na outridade o pluralismo se manifesta; é o espaço da realização conjunta — em complexidade, nos termos expostos por *Edgar Morin*[217] — mediada pelos direitos humanos. A outridade pressupõe, assim, uma relação, necessária, com o outro caminhando-se para a autonomia e a emancipação. Como o percurso no qual o eu e o outro passeiam dialogicamente, a outridade refere-se a uma outra perspectiva da relação entre o direito e a sociedade, cujo enfoque narra a construção do nosso lugar em detrimento de uma alienação imposta e calcada em uma univocidade de sentido, na verticalidade reducionista do espaço público, na tutela de um individualismo que inibe a criatividade que se realiza na presença *com* outro.

O sentido de complexidade enfatizado por *Edgar Morin* lastreia o significado de **Complexus** — o que foi tecido junto. A complexidade transparece quando diferentes elementos são inseparáveis na constituição do todo *e há um tecido interdependente, interativo e inter-retroativo entre o objeto de conhecimento e seu contexto, as partes e o todo, o todo e as partes, as partes entre si. Por isso, a complexidade é a união entre a unidade e a multiplicidade.*[218]

---

(214) WOLKMER, Antonio Carlos. *Pluralismo Jurídico: Fundamentos de uma nova cultura no Direito,* p. 161.
(215) *Idem,* p. 195.
(216) SANTOS, Boaventura de Sousa. *O discurso e o poder.Ensaio sobre a sociologia da retórica jurídica.* Porto Alegre: Sergio Antonio Fabris Editor, 1988. A relação que estabeleço diz com as minhas reflexões isentado o autor de ter trabalhado, na forma em que exponho, a dimensão pedagógica do direito. O enfoque do autor, sociológico, vincula-se à questão do pluralismo jurídico, da *legalidade extra-oficial, extra-estatal.*
(217) MORIN, Edgar. *Ciência e Consciência.* 6ª ed. Trad. Maria D. Alexandre e Maria Alice Sampaio Doria. Rio de Janeiro: Bertrand Brasil, 2002.
(218) *Idem,* p. 38.

Desta forma, entendo que os devires dos direitos humanos se manifestam em outridade. Considerá-la, alicerça ao direito uma base dialógica sistematicamente solapada pela engenharia normativa da abstração, da coisificação da relação jurídica enfatizada, nesse contexto, a regulação em detrimento da perspectiva da autonomia e da emancipação.

O espaço da outridade, por pedagógico, despega-se da homogeneidade e da anomalia que a diferença pudesse verter, desprende-se, assim, de qualquer determinismo,[219] da concepção das relações sociais como um dado, naturalizada por sua imutabilidade.

A efetividade correlaciona-se, assim, com os aspectos econômico, político, sociológico, psicológico, afetivo, com as várias dimensões da pessoa; com as condições impositivas e as possibilidades de conter a exclusão. *E a complexidade não é só pensar o uno e o múltiplo conjuntamente; é também pensar conjuntamente o incerto e o certo, o lógico e o contraditório, e é a inclusão do observador na observação.*[220]

Interessante cabimento, a analogia com as ciências naturais, via pela qual se deu a corrida inglória do direito em busca da certeza, da verdade, da imutabilidade, da ordem e da segurança jurídicas pelo molde normativo à custa do diálogo. Em "O fim das certezas",[221] *Ilya Prigogine* traça as inquietações que questionaram a física clássica.

> "A ciência clássica privilegiava a ordem, a estabilidade, ao passo que em todos os níveis de observação reconhecemos agora o papel primordial das flutuações e da instabilidade (...) Essa formulação [os sistemas dinâmicos instáveis] quebra a simetria entre passado e futuro que a física tradicional afirmava, inclusive a mecânica quântica e a relatividade. Essa física tradicional unia conhecimento completo e certeza: desde que fossem dadas condições iniciais apropriadas, elas garantiam a previsibilidade do futuro e a possibilidade de retrodizer o passado. Desde que a instabilidade é incorporada, a significação das leis da natureza ganha um novo sentido. Doravante, elas exprimem *possibilidades*.
>
> (...)
>
> Tanto na dinâmica clássica quando na física quântica, as leis fundamentais exprimem agora *possibilidades* e não mais *certezas*.
>
> (...)
>
> A questão do tempo e do determinismo não se limita às ciências, mas está no centro do pensamento ocidental desde a origem do que chamamos de racio-

---

[219] Enfocando a historicidade da vida humana, Paulo Freire denega o determinismo em face das possibilidades permitidas ao homem conscientizado. Cf. FREIRE, Paulo. *Pedagogia do Oprimido*.
[220] MORIN, Edgar. *Ciência e consciência*, p. 206.
[221] PRIGOGINE, Ilya. *O fim das certezas: tempo, caos e as leis da natureza*. Trad. Roberto Leal Ferreira. São Paulo: Unesp, 1996, p. 12 e ss. Grifos meus.

nalidade e que situamos na época pré-socrática. Como conceber a criatividade humana ou como pensar a ética num mundo determinista? Esta questão traduz uma tensão profunda no interior de nossa tradição, que se pretende, ao mesmo tempo, promotora de um saber objetivo e afirmação do ideal humanista de responsabilidade e de liberdade [e no âmbito de um humanismo jurídico alicerçado no individualismo] (...) pensamos nos situar hoje num ponto crucial dessa aventura, no ponto de partida de uma nova racionalidade que não mais identifica ciência e certeza, probabilidade e ignorância.

(...)

Assistimos ao surgimento de uma ciência que não mais se limita a situações simplificadas, idealizadas[normatizadas], mas nos põe diante da complexidade do mundo real, uma ciência que permite que se viva a criatividade humana como a expressão singular de um traço fundamental comum a todos os níveis da natureza.

(...)

A concepção de uma natureza passiva, submetida a leis deterministas, é uma especificidade do Ocidente."

Dentro dessa organização, reproduzida arduamente no âmbito do direito, destaca-se a relevância do diálogo na construção de direitos que se afasta de uma atitude próxima da inércia e percebe-se em convivência com o outro. A outridade é o caminho, o outro é o diferente, a quem percebo quando dialogo narrativamente, a quem o conflito é comum, com quem construo uma solução não deserta normativamente. É também aquele a quem posso entender como deslocado, como fora do lugar. No espaço da outridade me relaciono com o outro, aquele que resulta coisificado — a quem se exclui — na tradicional relação jurídica institucionalizada, a qual, normativamente monista, não contempla o pluralismo.

O outro, assim como a exclusão, não é um dado, mas processos, devires, pessoas. Ambienta-se diametralmente oposto ao determinismo.

Edgar Morin[43] afirma que o determinismo não é passível de prova, que se trata de uma visão pobre da realidade, do mundo e que à racionalidade convergem tanto a certeza quanto a incerteza, portanto, a falibilidade, a indeterminação e a contingência tão caras à física clássica, são possibilidades. O *com*promisso com o outro exige, assim, a imprevisibilidade, a historicidade do tempo, que dispara, o abandono de uma mentalidade racional milimetricamente calculada.

A imposição do determinismo é resultado *da cisão na visão experimentalista, que extrai seus objetos de seus ambientes (a fim de se isolar a sua natureza), excluindo, por conseguinte, o ambiente.*

---

(222) MORIN, Edgar. *Ciência como consciência*, p. 197/207/230.

A manobra da ordem — dicotômica, regular, repetitiva, cadente, abstrata — veste-se *sob o aspecto único de lei anônima, impessoal e suprema, regendo todas as coisas no universo, lei que, por isso, constituía a verdade desse universo,* inviabilizando o diálogo com o mundo pela desconsideração do concreto.

Trazido à visibilidade pelo toque do diálogo mediado pelos direitos humanos, o outro remete às possibilidades de humanização do direito. *Humanização e desumanização, dentro da história, num contexto real, concreto, objetivo, são possibilidades dos homens como seres inconclusos e conscientes da sua inconclusão.(...) A desumanização, que não se verifica apenas nos que têm sua humanidade roubada, mas também (...) nos que a roubam, é distorção do* **ser mais**. *É distorção possível na história, mas não vocação histórica.*[223]

O seco deserto está tomando conta do planeta
Água doce bebível potável está acabando
Poluição, devastação, queimadas
Desequilíbrio mental
Desequilíbrio do meio ambiente
Segundo previsões dos cientistas
De padres, pastores, budistas
De ciganos, pai de Santos, Hare Krishna
O tempo vai secar
O sol vai cárcume
E água pra beber
Não vai ter
E água pra lavar
não vai dar
Água pra benzer
E água pra nadar
Nada, nada[224]

Freire[225] prossegue informando que somente a humanização relaciona-se com a vocação dos homens e se procede, a ausência indica a busca da liberdade, a injustiça, a alienação, a exploração, a sujeição, a passividade, o determinismo, o *ser menos*. A desumanização é mecanismo de despistamento da diferença, é traço do abandono da vida pela técnica encadernada do direito, onde longe é bem distante. A humanização, porque histórica, representa um compromisso com a mudança, com a narração, com a incompletude da vida.

No processo de desumanização, o outro e a diferença, enquanto anomalia e homogeneidade, estiveram identificados com a loucura, com a estranheza, com a cooptação, com a ausência, com o silêncio.

---

(223) FREIRE, Paulo. *Pedagogia do oprimido*, p. 30. Ao tratar da concepção problematizadora da educação, retomo a questão da humanização.
(224) Seu Jorge. *Hagua...*
(225) FREIRE, Paulo. *Pedagogia do Oprimido*, p. 30 e seguintes.

Mas, louco é quem me diz
E não é feliz, não é feliz...[226]

O outro se manifesta, então, como exclusão em determinismo, como o estrangeiro, o diferente, a erva daninha, para usar uma metáfora de *Bauman*.[227] O outro tem uma conotação de negação, aquele a quem se deve dominar e impor. O outro enquanto o outro pólo da igualdade.

Na verdade, a igualdade, enquanto homogeneização, percebe o outro fora de si: ser igual é deixar de ser, deixar de ser o outro ou ser o outro que definimos, preconcebemos, o outro fica, assim, desprovido dele mesmo. *Como seres marginalizados, "seres fora de" ou "à margem de", a solução (...) estaria que fossem "integrados", "incorporados" à sociedade sadia de onde um dia "partiram"(...) os chamados marginalizados (...) jamais estiveram* **fora de.** *Sempre estiverem* **dentro de**. *Dentro da estrutura que os transforma em* **seres para outro**. *Sua solução, pois, não está em* **integrar-se**, *em* **incorporar-se** *a esta estrutura que os oprime, mas em transformá-la para que possam fazer-se* **seres para si**.[228]

Em um contexto no qual se sobressai uma dinâmica pedagógica, a elipse do outro não satisfaz, ao contrário. Nesse sentido, ter um direito não se constitui em ter um direito *contra* o outro, mas, ter um direito que, em satisfação, realiza-se efetivamente em construção com o outro em uma perspectiva dialógica. Por isso, considera-se a positividade do conflito e não o litígio.

A concreta configuração do outro no diálogo rompe com a dicotômica construção da relação jurídica tradicional que objetiva as partes, para o juiz, e ao juiz, para o Estado (na dinâmica do juiz racional) enquanto processo de desumanização patrocinado pelo direito. A subjetividade, nesse sentido limada, é traduzida em termos de criatividade, de imprevisibilidade, de dinamicidade, de alteridade, de possibilidades, elementos tão caros ao direito nos limites descritivo-normativo.

A coisificação que qualifica uma estreita relação jurídica resumida, normativamente, no âmbito das relações sociais que estabelecemos, sustenta-se na dificuldade do reconhecimento do outro,[229] que se opera normalmente a partir do nosso enfoque, estático e preconceituoso, no desempenho dos nossos diversos papéis: de professor, juiz, terapeuta, promotor, administrador, político, médico, advogado, amigo, pai, mãe, irmão, irmã, etc.

---

(226) LEE, Rita e BAPTISTA, Arnaldo. *Balada do louco*.
(227) BAUMAN, Zygmunt. *Modernidade e ambivalência*. Trad. Marcus Penchel. Rio de Janeiro: Jorge Zahar Editor, 1999, p. 38.
(228) FREIRE, Paulo. *Pedagogia do oprimido*, p. 61. Grifos do autor. É coincidente com o processo de heteronomia que trata Castoriadis, no âmbito individual, em *A instituição imaginária da sociedade*. O processo de especificação de direitos conecta-se a essa perspectiva.
(229) Paulo Freire, na *Pedagogia do Oprimido*, faz uma distinção entre assimilação e reconhecimento. O salto para a autonomia, para emancipação se dá pelo reconhecimento. A corrida com barreiras representa a assimilação, momento em que o oprimido atua como o seu opressor. Relacionando com Castoriadis, em *A Instituição Imaginária da Sociedade*, seria a fase da heteronomia, do outro em mim.

A *transmodernidade* insere-se, assim, naquele contexto problematizador que trata Paulo Freire sobre a educação em sua obra,[230] como *um esforço para nos fazer sair de nossos lugares e para nos ajudar a sentir e pensar, fora dos lugares, outras realidades, todavia, não impostas. É uma saída fora do lugar com o outro para talvez nos encontrarmos com alguma nova eleição vital, para nossa existência. A sabedoria* **consiste em aprender a sair dos lugares, tratar de nos aceitar sem nenhum lugar, como autônomos.**[231]

No âmbito da efetividade, o outro encena — protagonizando — uma concepção contextual dos direitos humanos em sua evolução. Os direitos humanos trilham a outridade que os justifica, precedentemente, com a educação enquanto construção voltada para a autonomia e a emancipação e não para uma inclusão camuflada por valores padronizados. Uma inclusão que, conforme se verá, exclui originariamente.

O outro confere à outridade, enquanto espaço privilegiado do poético reconhecimento, da diferença, dos direitos humanos no *vazio* das lutas sociais,[232] o tom da cumplicidade, da potencialidade aguçada envolvendo dinamicidade, porvir, imprevisibilidade, contexto, contingência.

Não é à toa que entendo os que buscam caminho. Como busquei arduamente o meu! E como hoje busco com sofreguidão e aspereza o meu melhor modo de ser, o meu atalho, já que não ouso mais falar em caminho. Eu que tinha querido. O Caminho, com letra maiúscula, hoje me agarro ferozmente à procura de um modo de andar, de um passo certo. Mas o atalho com sombras refrescantes e reflexo de luz entre árvores, o atalho onde eu seja finalmente eu, isso não encontrei. Mas sei de uma coisa: meu caminho não sou eu, é outro, é os outros. Quando eu puder sentir plenamente o outro estarei salva e pensarei: eis o meu porto de chegada.[233]

A percepção do outro, portanto, não se harmoniza com a *exatidão* da categoria sujeito de direito, por normativa, universalista e individualista, trazendo todas as implicações que esse reconhecimento encerra na direção do diálogo e da efetividade de direitos.

Manifesta-se em pertinência, vincular a questão da alienação com a categoria sujeito de direito, especialmente porque escapar à alienação é processo que se faz em complexidade, isto é, junto com o outro.

Com destreza, o individualismo, centrando normativamente o indivíduo, destituiu-lhe a subjetividade. Considerando o conflito positivo, o diálogo pedagógico transborda o duplo movimento da outridade: o reconhecimento de si e o reconhecimento do outro e do mundo recíproca, afetiva e efetivamente[234]. A historicidade da outridade cria espaços de diálogo e reconhecimento do outro na sua condição de outro, de diferente, da discussão da diferença e o seu impacto social.

---

(230) Adiante, o enfoque sobre a natureza política da educação.
(231) FREIRE, Paulo. *Pedagogia do oprimido*, p. 209.
(232) O vazio das lutas sociais não se confunde com o vazio narrativo. Vazio aqui no sentido do devir, do fluxo histórico das relações que se estabelecem em uma perspectiva espaço-temporal e pedagógico-dinâmica. É, portanto, um espaço de construção de sentidos comunitariamente constituídos. O vazio das lutas sociais remete ao caráter emancipatório, processual, que Boaventura de Sousa Santos se refere em sua obra. A emancipação é sempre direcionada para a transformação do mundo.
(233) LISPECTOR, Clarice. Ob. cit., p. 66. "Em busca do outro".
(234) Esse movimento afasta-se da fase de *assimilação* identificada por Paulo Freire, na *Pedagogia do Oprimido*. Na assimilação não há, de fato, autonomia, uma vez que não resta desgarrada a figura do opressor reproduzida, em falsa perspectiva emancipatória, pelo oprimido.

Trata-se da transversalidade do pedagógico, que transcende a modernidade para a concretização dos direitos humanos sem se curvar a um molde, na perspectiva dos direitos humanos *com* educação.

O outro é diferente não somente porque *dista*, mas também porque é variável. O diálogo mediado pelos direitos humanos, aberto e pedagógico, traz as possibilidades de ampliação da humanização e do reconhecimento da heterogeneidade.

O direito exclui, pela lógica do sujeito de direito (adjudicação), a alteridade, na medida em que não percebe o outro.[235] Negligenciar a diferença reforça a tentativa de expurgar a complexidade, a incerteza, a incompletude do mundo. O racionalismo, que é dicotômico, pré-conceptual, unívoco, um monólogo, responde com habilidade à formação de uma sociedade *igualitária*.

> "Essa exterminação da Alteridade por (re)produção diferencial do outro — por produção do outro a partir de nossa identidade pessoal — coloca o Ocidente na curiosa vertigem de Babel.
>
> (...)
>
> Talvez por isso, o Ocidente — e nós — tratemos uma vez ou outra de esclarecer e limpar nossa consciência fratricida, *figurando e configurando* o Outro, não de qualquer maneira, mas a partir de nosso patrimônio, a partir de nossa Consciência Humanitária, isto é, como "vítima" — a ser socorrida, com a qual solidarizar-se, a ser liberada, à qual deve ser concedida a palavra, a ser integrada — ou como "culpável" — que deve ser desmascarada, denunciada, dissuadida, perseguida, expulsa e justiçada —; garantindo-nos assim o espetáculo de um Ocidente comprometido com "os direitos do homem" e com a humanização do mundo."[236]

Embora não os trate enquanto dicotomia, ordem e desordem são elementos que sustentam o discurso repressivo à diferença. Segundo *Edgar Morin*,[237] a desordem é macroconceito que não se opondo à ordem engloba diferentes realidades sempre em uma perspectiva de aleatoriedade, desaviso, instabilidade: *Ao mesmo tempo,*

---

(235) O questionamento justifica-se no fato de que a categoria sujeito de direito se reproduz em antagonismo, soterrando o diálogo em um jogo de soma zero, cujo resultado produz um vencedor e um vencido. Resta evidenciado o caráter litigioso dessa relação.

(236) PLACER, Fernando González. "O outro hoje: uma ausência permanentemente presente" *In* LARROSA, Jorge e SKLIAR, Carlos (Org.) *Habitantes de Babel: políticas poéticas da diferença*, p. 81.
As metáforas de Babel e da Consciência humanitária remetem a uma unanimidade que descaracteriza não somente o outro, mas, sobretudo, a nossa identidade que se forma através do outro. *Significar*, universalmente, o humano traz como resultado uma árida abstração que, por isso, descontextualizada.

(237) MORIN, Edgar. *Ciência com consciência*, p. 200/201. Transcrevo esse trecho interpretando-o no sentido de que a desordem justifica uma ordem normativa, abstrata e etérea, assim como a ameaça porque traduz aleatoriedade, incerteza. Remetendo a diferença à desordem obedeço, justamente, a essa lógica, a do banimento, da homogeneização, do conteúdo negativo, de destruição. Por isso, nesse cenário, não posso considerar a mínima existência do outro senão abduzido, o que faço comigo mesma nessa manobra que obsta o diálogo somente recuperado em uma ótica pedagógica.

presente na origem das organizações [átomos, núcleos, astros], ameaça-as incessantemente com a desintegração, ameaça que tanto vem do externo (acidente destrutivo) quanto do interno (aumento da entropia) (...) a idéia de desordem não é só ineliminável do universo, mas também necessária para concebê-lo em sua natureza e evolução.

Assim como não estabelece antagonismo com a ordem, a desordem nenhuma relação guarda com o caos. Verto-a, nesse sentido, a uma visão positiva, como a do conflito, que permite o desenvolvimento de uma nova concepção do direito e dos direitos humanos, a partir do reconhecimento de uma dimensão pedagógica que encerram.

Sobre a desordem,[(238)] informa *Roberto Lyra Filho*:

> "Falo em desordem, ao revés e principalmente, para assinalar que nenhuma ordem pode eternizar-se, mas alguma ordem permanece, a cada etapa, como resíduo do processo desordenador.
>
> Isto desloca o centro de interesse do que mais freqüentemente é focalizado, hoje (uma organização, uma estrutura) ou do que às vezes é visado, ainda agora, sem alternativa eficaz e viável (uma ruptura de toda ordem), para o real processo histórico de ordenação e desordenação. Porque temos, a qualquer momento, não o sistema de órgãos e funções operando conforme um padrão fixo (ou imobilizado, para as comodidades epistemológicas), mas o efetivo enlace de elementos movediços, que simultaneamente desenham a ordem transeunte e realizam a des-ordem, criativa de novos arranjos."

Georges Balandier[(239)] apresenta um quadro analítico-histórico da questão informando, inicialmente, que *a ordem e a desordem são indissociáveis, qualquer que seja o caminho que conduza de uma a outra, assim com são indissociáveis da história da racionalidade.*[(240)]

Retroagindo aos filósofos gregos, em Platão há uma concepção completa da ordem (Se o Espírito "colocou ordem em tudo", é preciso também mostrar (é o objeto da dialética) que "cada coisa em particular" se acha disposta, no arranjo do universo, "da melhor maneira possível"). Para a desordem, o filósofo a entende enquanto quebra da unidade, do acordo geral, e enquanto obscurecimento da realidade.

---

(238) LYRA FILHO, Roberto. *Desordem e processo: um posfácio explicativo*, p. 264. *In* LYRA, Doreodó Araújo (Org.). *Desordem e Processo: estudos sobre o Direito em homenagem a Roberto Lyra Filho.* Porto Alegre: Sergio Antonio Fabris, 1986.

(239) BALANDIER, Georges. *A Desordem: elogio do movimento.* Trad. Suzana Martins. Rio de Janeiro: Bertrand Brasil, 1997. O que segue baseia-se nas informações do autor, p. 45 e seguintes, a menos que se faça referência em outro sentido.

(240) A questão da desordem enfoca um outro papel *com* direitos humanos que se contrapõem à solidez que caracteriza a modernidade. Assim, compreendo que não há antagonismos ou oposição entre os termos, seja em uma perspectiva conceptual ou real, mas, sim, indicam fluxos, movimento. O antagonismo é antidialógico. Para o escopo pretendido, a desordem não guarda, de fato, qualquer conteúdo de oposição à ordem senão indica, justamente, uma movimentação constante, não contínua mecanicista, da sociedade e do direito.

Seguindo nessa análise, o autor destaca as escolas gregas: estóica e epicurista. Para os estóicos, a razão não deixa espaço para a desordem enquanto os epicuristas apreendem "os efeitos de ordem em um fundo de desordem" rompendo, dessa forma, com a consideração de que exista um mundo uno.

Já na era cristã, a partir do século XIV, a ordem remete a um mundo definido por sua regularidade dentro da sistemática de fixidez do universo e da disposição dos planetas.

"A ordem do mundo e a ordem dos homens parecem estreitamente ligadas; cada planeta tem uma responsabilidade, e a astrologia se torna um *médium*, um meio de comunicar e gerar o curso das existências individuais ou coletivas. Acomodar-se a um universo do qual o acaso é excluído parece ser a única possibilidade de reduzir o aleatório nos processos humanos."

Apoiando-se na mecânica newtoniana, a modernidade reforça a marginalização da desordem na evolução histórica do mundo.

"Um mundo definido pela sua ordem mecânica, cujas leis imutáveis comandam do exterior (como um plano) o desdobramento dos fenômenos, estranhos à história, sempre propício à aliança do homem com um Deus racional e inteligível, mas também à exploração pela sociedade "esclarecida" de seus poderes e de suas riquezas.

A afirmação de Newton — a natureza está intimamente ligada a si mesma [hermetismo] — permite conferir um poder explicativo *universal* às leis que ele formulou, à linguagem que exprime. A ordem natural nova se torna, por extensão, metáfora e tradução mítica, a forma de toda ordem. Da ordem do mundo à ordem dos homens em suas diversas manifestações (sobretudo morais e políticas), tudo se comunica e se equilibra [em imutabilidade]."

A discussão contemporânea acerca da desordem relaciona-se ao princípio da entropia, estudo conduzido na seara da termodinâmica que contempla uma perspectiva de movimento, de mudança, *de desordem*, que a mecânica clássica não alcança.

A mudança do modelo de referência é fecunda de novas metáforas empregadas na definição do homem e da sociedade; tal mudança conduz a uma avaliação (de grandes conseqüências) das concepções de ordem e desordem, e dos estados de equilíbrio. Nesse caso, ordem e desordem são processos complementares. *Eis uma linguagem estranha à mecânica; [segundo esta] o sistema evolui de uma vez por todas sobre uma dada trajetória, e guarda eternamente a lembrança de seu ponto de partida.*

No jogo comparativo entre as sociedades tradicionais e as modernas, não há dúvida de que ordem e desordem ocupam, nas primeiras, lugares definidos, bem demarcados, enquanto na modernidade — gerada, justamente, em um processo desordenador em face do feudalismo — a definição de lugares não cede à tradição que enrijece. Não significa dizer que a desordem tenha perdido ou ganho um caráter negativo ou positivo respectivamente. A racionalidade moderna é bastante demonstrativa da imutabilidade da vida, do enrijecimento da ordem, da naturalização da sociedade e seus reflexos quanto à simplificação do complexo.[241]

A rápida digressão feita com o auxílio de Balandier sobre a relação ordem-desordem respondeu a uma finalidade panorâmico-teórica sendo que não condiz com as considerações acerca da desordem que se pretende, já que se afasta, desde logo, de qualquer conotação negativa e desreguladora que o termo possa encerrar, assim como de qualquer aproximação com as ciências naturais pela consideração do caos. A desordem é, portanto, positiva. É uma possibilidade de transformação, de caráter pedagógico, com esteio nos direitos humanos.

Sua primeira manifestação não remete à anomalia. É um indicativo de que a mera formalização de direitos — especificamente dos direitos humanos — não lhes garante efetividade, ao contrário. A formalização pode conduzir — e por isso mesmo — a uma retórica vazia pela reprodução — nos espaços reservados classicamente à *solução* de conflitos — dos ditames, de espectro limitado, da modernidade. Os questionamentos relativos à modernidade, no sentido da desordem que contempla a diferença, trazem a crítica a alguns *valores*, como a abstração, a generalidade, a neutralidade, a imutabilidade, a universalidade, a homogeneidade, a ordem, a ausência de diálogo, portanto, do outro.

Falando, restritivamente, do direito, trata-se da concepção positivista que não contempla a diferença, já que se funda na ordem (normativa). Remeto, assim, à questão da ausência do diálogo.

A positivação dos direitos não se confunde com a concepção positivista que se desenvolve em uma perspectiva a-valorativa, neutral, portanto, e abstrata do direito assim como a crítica à concepção do direito enquanto norma — ao normativismo — não elide a consideração da positivação dos direitos.

O enfoque dado relaciona-se à limitação que a concepção positivista encerra. É possível relacionar a sua baixa intensidade emancipatória[242] à crise da modernidade nos termos em que *Boaventura de Sousa Santos* questiona quando analisa a tensão entre os pilares da regulação e da emancipação com a cooptação do segundo pelo primeiro.

---

(241) A criatividade da modernidade é discutida à luz de Boaventura de Sousa Santos dentro da tensão que se estabelece entre os pilares da regulação e emancipação, conforme descrito em *A crítica da razão indolente: contra o desperdício da experiência*.

(242) O termo *baixa intensidade* é colocado por Boaventura de Sousa Santos quando trata de uma globalização contra-hegemônica.

A idéia de desordem nessa análise recomenda com uma nova dimensão simbólica dos direitos humanos, a partir da consideração pedagógica do direito,[243] conferida pelos direitos humanos, e que permite o reconhecimento do outro, o espanto da diferença. Nesse sentido, redimensiona a autonomia[244] e a emancipação.

Ao referenciar a diferença torno possível observar de que forma o direito contemporiza com os novos sujeitos de direito,[245] considerando-se o contexto dos novos movimentos sociais,[246] como o outro do diálogo em uma perspectiva que contempla a discussão acerca da crise da modernidade.[247]

Os novos sujeitos de direito não estão sob a medida das categorias sujeito de direito e direito subjetivo, mas ainda questiono a verticalidade que atravessa a relação jurídica em que esse sujeito coletivo se manifesta. É observar se a positivação dos chamados direitos sociais correspondeu ao caráter de aprendizagem que analiso no que se refere à efetividade dos direitos humanos sem perder de vista as demandas sociais que os caracterizam.

Sob a expectativa dos novos movimentos sociais, *José Geraldo de Sousa Jr.* introduz a categoria sujeito de direito coletivo.[248] A presença do coletivo na subjetividade jurídica indica uma reorientação no paradigma da modernidade, que questiona a

---

(243) A dimensão pedagógica que se pretende característica dos direitos humanos e, em função destes, do direito, embora tenha no elemento comunicativo um dos seus indicativos não se apóia, teoricamente, em Jurgen Habermas. Habermas, ao tratar do processo comunicativo social, de uma racionalidade comunicativa, na ampliação, qualitativa, do espaço público em uma perspectiva argumentativa, considera, nesse sentido, o papel que cada locutor desempenha. O processo assenta a sua pretensão de validade nas seguintes esferas (não cumulativas): objetividade material (das coisas); social (das normas); e domínio da subjetividade (das vivências e emoções). No lastro, a Teoria do Agir Comunicativo. Cf. José Eduardo Elias Romão, *Direito e democracia no Brasil: a mediação entre faticidade, validade, tupinambás, gringos e orixás*, p. 119 (Dissertação de mestrado).

A crítica à razão instrumental proporciona o enfoque em uma outra perspectiva relativa a uma racionalidade dialógica, na qual eu analiso a dimensão pedagógica dos direitos humanos e do direito. A discussão que alinhavo até aqui demonstra que dentro de uma possibilidade de aprendizagem dialógica, a racionalidade contempla as emoções, no *embate* com o outro; na diferença, portanto, se efetivam os direitos.

(244) Naquele sentido de que fala José Geraldo de Sousa Jr., citando Marilena Chauí, de autônomos, a elaboração do próprio direito legítima e legalmente: *a liberdade como autonomia, designava os sujeitos capazes de dar a si mesmos a lei (autônomos)*. Cf. *Sociologia Jurídica: condições sociais e possibilidades teóricas*. Porto Alegre: Sérgio Fabris, 2002, p. 61.

Também José Jardim Rocha Jr. trata da questão da autonomia nesse sentido quando desenvolve a temática dos direitos humanos e do republicanismo. Cf. *Os direitos humanos como problema do direito positivo: apontamentos para uma análise deferente às demandas republicanistas do constitucionalismo*. (Dissertação de mestrado).

A autonomia também na sua dimensão social, conforme nos expõe Cornelius Castoriadis em sua obra *A instituição imaginária da sociedade*.

(245) A categoria *sujeito de direito* é preciosa para o direito moderno. Atuando em uma dimensão individualista, mecanicista e normativa, o direito moderno tem uma grande dificuldade de fazer a leitura a partir da complexidade social, *simplificada* pela modernidade. No sentido do sujeito de direito, o conflito torna-se litígio e o diálogo se reduz à técnica jurídica, à busca da verdade formal, a uma sentença prolatada. Cf. Stuart Hall. *A identidade cultural na pós-modernidade*.

(246) Fundamentando-se nos autores voltados a essa temática (Maria da Glória Gohn, Alberto Melucci, Boaventura de Sousa Santos, José Geraldo de Sousa Jr., Ilze Warren-Scherer, Alain Touraine, Stuart Hall, Antonio Carlos Wolkmer, entre outros) identifica-se a década de 70 como marco inicial dessa movimentação.

(247) No que se refere à crise da modernidade tem-se como referencial a abordagem desenvolvida por Boaventura de Sousa Santos. Isto porque a consideração de uma dimensão pedagógica do direito implica no rompimento com a racionalidade jurídica elaborada pela modernidade. Nesse sentido, há um deslocamento da análise focada na norma para aquela que considera o conflito, em sua dimensão positiva.

(248) SOUSA Jr., José Geraldo. *Sociologia jurídica: condições sociais e possibilidades teóricas*, p. 44/45.

redução encampada pelo formalismo legalista da complexidade social à normatividade. Aqui se misturam elementos relativos ao pluralismo jurídico e a reinserção da política no direito ampliando, assim, o jurídico. Essa perspectiva se coaduna àquela que desenvolvo no âmbito dos direitos humanos *com* educação remetendo-me ao sentido do vazio das lutas sociais.

> "Com efeito, a partir da constatação derivada dos estudos acerca dos novos movimentos sociais, desenvolveu-se a percepção, primeiramente elaborada pela literatura sociológica, de que o conjunto das formas de mobilização e organização das classes populares e das configurações de classes constituídas nesses movimentos, instauravam, efetivamente, práticas políticas novas, em condições de abrir espaços sociais inéditos e de revelar novos atores na cena política capazes de criar direitos.
>
> (...)
>
> A análise sociológica ressalta que a emergência do sujeito coletivo pode operar um processo pelo qual a carência social contida na reivindicação dos movimentos, é por eles percebida como negação de um direito, o que provoca uma luta para conquistá-lo."[249]

Citando *Marilena Chauí*, José Geraldo a deixa falar sobre a *novidade* desse sujeito coletivo e *o seu potencial protagonismo de sujeito instituinte de direitos*.[250] Uma das questões que desde logo salta aos olhos diz respeito à gestação desse sujeito, inserida no contexto dos movimentos sociais, como sujeito social, descolado de uma teoria prévia que o tenha estruturado. Diferentemente do sujeito moderno, o sujeito coletivo apresenta-se descentralizado — *despojado das duas marcas que caracterizam o advento da concepção burguesa da subjetividade: a individualidade solipsista ou monádica*[251] *como centro de onde partem ações livres e responsáveis e o sujeito como consciência individual soberana de onde irradiam idéias e representações, postas como objeto, domináveis pelo intelecto*. No âmbito do sujeito coletivo, a universalidade é mitigada questionando-se, por exemplo, a excelência da classe como categoria central da reivindicação emancipatória. Nesse sentido, refere-se ao alargamento da *rua*.

A presença do sujeito coletivo desnaturaliza, em certa medida, as relações sociais pontuando a travessia do determinismo para o condicionamento no sentido de ultrapassar repetições, assim construídas, pelo mecanismo da inércia narrativa. Um palmo. Que justifica o questionamento acerca da qualidade dessa participação e ratifica a relação que estabeleço entre efetividade de direitos e aprendizagem. A reprodução da verticalidade desenrolada com a positivação de tais direitos reitera

---

(249) *Idem*, p. 45/46.
(250) *Idem*, p. 47.
(251) Na verdade, o descarte do outro pelo foco extremado no eu e em suas sensações combinada com uma visão simplista da realidade.

uma eficácia jurídica que não sustenta um projeto de emancipação social que se pretende narrativa. Com respaldo nessa avaliação, estreitam-se tais direitos com a manifestação da especificação de direitos.

O olhar da política na lente dos movimentos sociais nos revela a inquietação criativa do sujeito coletivo em uma maratona que corta a fita, na chegada, dos limites de uma concepção individualista da subjetividade e que reforça a desconfiança na potencialidade emancipatória da verticalidade do sujeito de direito e do direito subjetivo.

Penso, entretanto, em uma plurissubjetividade que se torna visível e que se realiza concretamente a partir das demandas sociais que conscientiza a nossa existência. A intersubjetividade narrada nas relações *com* o outro.

Esse sujeito que narra o seu protagonismo *com* o outro é a pessoa de sentidos, uma alusão ao rompimento com uma subjetividade desencarnada da vida, do contexto, do *lugar* onde se constrói as múltiplas relações possíveis de complexidades impossíveis de se conter. A pessoa de sentidos, que não se contorce na caixinha de um sentido sétimo e derradeiro — de praxe feminino — mas, para além dele, se expande para a outridade, em uma vereda na qual se combinam a autonomia e a emancipação.

Digo sentidos, no plural, para que se perceba a sonoridade que se propaga em ondas canoras que ecoam a mais de um único reflexo ou somente do mero reflexo. São sentidos construídos com os sentidos do outro com o qual nos revelamos à visibilidade. Essas possibilidades que *des-cobrem* a desordem pedagógica dos direitos humanos, que sinalizam o ver sentido.

La lune qui se lève
Sur l'île de Gorée
C'est la même lune qui
Sur tout le monde se lève

Mais la lune de Gorée
A une couleur profonde
Qui n'existe pas du tout
Dans d'autres parts du monde

C'est la lune des esclaves
La lune de la douleur
Mais la peau qui se trouve
Sur les corps de Gorée
C'est la même peau qui couvre
Tous les hommes du monde
Mais la peau des esclaves
A une douleur profonde
Qui n'existe pas du tout

Chez d'autres hommes du monde
C'est la peau des esclaves
Un drapeau de Liberté[252]

---

(252) GIL, Gilberto e CAPINAN. *La lune de Gorée*.

A dimensão pedagógica que os direitos humanos conferem ao direito indica que vida é mudança, por isso, desordem, sinônimo de devir, fluxo, movimento, deslocamento, incertezas, relatividade, pluralismo, humanização. A desordem se desenha em um panorama de alteridade, de transversalidade *com* o outro. Pressupô-la significa desconstruir o cerco armado de ideologias (idéia, imagem e ação) que sustentam a anormalidade do outro, que corroboram a sua invisibilidade. A desconstrução se afeta por uma movimentação que focaliza o contextual, a partir do local que a reinvenção de sentidos desliga-se da homogeneidade e de uma concepção reducionista de cidadania: a liberdade e a igualdade revolucionárias atingiam um seleto grupo, no qual se destacava o masculino, o homem branco e proprietário qualificado como *humanidade*.

Procede, portanto, a relação entre a desordem e a visibilidade, assim como se afasta da idéia de universalidade,[253] já que propicia o reconhecimento de singularidades diferenciadas, parciais, mas não fragmentárias. Singularidades heterogêneas *mapeadas* na alteridade. A especificação de direitos desenvolvida no âmbito do formalismo é um indicativo da materialidade da diferença, embora na tina da igualdade com visibilidade distorcida.

O caráter pedagógico do direito, lastreado no devir desordenador dos direitos humanos, por meio da mediação do diálogo, permite a realização da operação do reconhecimento do *sendo ser* da exclusão. A realização emancipatória se perfaz pelo processo da escuta[254]: escutar ao outro e a si mesmo *com* horizontalidade.

A desordem, percebendo-se no diálogo, transparece o consenso construído, e não a imposição que caracteriza a resolução de conflitos na heteronomia, porque protagoniza a diferença, o outro. Ao tratar da questão do ordenamento jurídico, *José Geraldo de Sousa Jr.*[255] coloca uma questão vinculante:

> "Compreender, pois, a estrutura de um ordenamento como unidade hierarquizada de uma ordem jurídica sujeita a um monopólio de jurisdição ou designá-la a partir da competitividade de padrões em permanente negociação, resulta, em todo caso, em opção teórica e política de reconhecimento da validade e da legitimidade normativa desse modo produzida."

Por pedagógica, a desordem se incompatibiliza com o monólogo normativo típico nas instituições em que se operacionaliza o direito[256]. *Dizendo* o direito enquanto

---

(253) Busca-se desenvolver nesse sentido, a idéia de universalidades narrativas, porque construídas, contextualmente, por meio de um discurso mediado pelos direitos humanos.

(254) A escuta de que se fala tem um caráter qualificado. Escutar ao outro significa se posicionar, subjetiva e narrativamente, no conflito. Posicionar-se requer o abandono da neutralidade, do formalismo; requer engajamento diante das mutações sociais. Retomo, adiante, a escuta.

(255) SOUSA Jr., José Geraldo de. *Sociologia jurídica: condições sociais e possibilidades teóricas*, p. 37.

(256) Entendo que no monólogo jurídico, no âmbito do humanismo jurídico, fica em evidência o *julgar* em detrimento do caráter construtivo que permeia a argumentação dialógica em uma condição de transversalidade na efetividade de direitos. Fica também patente, nesse sentido, embora não seja o escopo da análise pretendida, a possibilidade de gestação de um novo saber jurídico, dentro de toda a sistemática de transformação que pressupõe a superação dos ditames da modernidade.

juiz racional, as decisões prolatadas são artificiais, insatisfatórias porque trabalhadas na lógica do conflito negativo, da estrutura angular que se estabelece entre partes e juiz que longe de uma aprendizagem por meio do diálogo com o outro — na própria escuta, inclusive — reconhece que a *decisão* não satisfaz, já que resultante mais de um procedimento antidialógico do judiciário do que, propriamente, do consenso construído pelo diálogo permeado pelos direitos humanos.

Perde-se, na perspectiva do *diálogo* formal, porque em uma só direção na origem e no resultado, nos termos do humanismo jurídico da categoria sujeito de direito, a possibilidade transformadora do direito por meio da efetividade de direitos. Não há problematização senão comunicados.

Desordem e diferença,[257] compatibilizadas, destoam das idéias de equilíbrio, de perfeição e de imutabilidade tão caras aos cânones iluministas, nos quais,

"A diferença [é] pensada como uma mancha no mundo, na medida em que os diferentes teimam em não se manterem dentro dos limites nítidos, precisos, com os quais o Iluminismo sonhou geometrizar o mundo.

A diferença entendida como aquilo que, sendo desviante e instável, estranho e efêmero, não se submete à repetição mas recoloca, a todo momento, o risco do caos, o perigo da queda, impedindo que o sujeito moderno se apazigúe no refúgio eterno de uma prometida maioridade."[258]

A rejeição da diferença — segundo uma amplitude estrutural — implica em negar a visibilidade. E o sentido da negação do caráter conflituoso e pedagógico da diferença reflete-se na ótica positiva do conflito.

Citando *Larrosa* e *Perez de Lara*, *Silvia Duschatzky* e *Carlos Skliar* informam que, *a alteridade do outro permanece como reabsorvida em nossa identidade e a reforça ainda mais; torna-se, se é possível, mais arrogante, mais segura e mais satisfeita de si mesma. A partir deste ponto vista, o louco confirma nossa razão; a criança, a nossa maturidade; o selvagem, nossa civilização; o marginalizado, nossa integração; o estrangeiro, nosso país; o deficiente, nossa normalidade.*[259]

Dentro de uma expectativa que enfoca o multiculturalismo,[260] a universalidade transmuta-se em universalismo e, nesse caso, pode assumir duas formas, a saber:

---

(257) Do latim, *differentia*. Qualidade de diferente; falta de semelhança ou igualdade; dessemelhança, dissimilitude; alteração, modificação; diversidade, disparidade, variedade; desconformidade, desarmonia, divergência. Cf. FERREIRA, Aurélio Buarque de Holanda. *Novo dicionário da língua portuguesa*. 1ª ed., 8ª impressão. Rio de Janeiro: Nova Fronteira, 1975.
(258) VEIGA-NETO, Alfredo. Incluir para excluir *In* LARROSA, Jorge e SKLIAR, Carlos. *Op. cit.*, p. 107.
(259) DUSCHATZKY, Silvia e SKLIAR, Carlos. O nome dos outros. Narrando a alteridade na cultura e na educação *In* LARROSA, Jorge e SKLIAR, Carlos. *Op. cit.*, p. 124.
(260) SANTOS, Boaventura de Sousa. "A construção multicultural da igualdade e da diferença". *Revista CES*. Coimbra. Oficina n. 135. Janeiro de 1999, p. 6 e 7. Até que informe o contrário, a análise sobre essa questão encontra guarida nesse autor.

o universalismo antidiferencialista, que opera pela negação das diferenças; e o universalismo diferencialista, que opera pela absolutização das diferenças. O universalismo é uma válvula de escape do capitalismo para minimizar a questão da exclusão social.

Negam-se as diferenças seguindo a norma da homogeneização que obsta a comparação pela destruição dos termos de comparação, uma prática eficientemente exercitada no âmbito da modernidade, da qual a dizimação patrocinada pela empreitada colonialista serve de ilustração. O antidiferencialismo se alimenta de hierarquizações enquanto o diferencialismo opera negando-as. Nos dois casos, há excessos: de semelhança e de diferenças. A especificação de sujeitos é uma alternativa antidiferencialista.

Tornam-se absolutas, as diferenças, no âmbito da norma do relativismo que torna incomparáveis diferenças pela ausência de critérios transculturais. *Quer um, quer outro processo permitem a aplicação de critérios abstractos de normalização sempre baseados numa diferença que tem poder social para negar todas as demais ou para as declarar incomparáveis e, portanto, inassimiláveis.*

> "O dispositivo ideológico do universalismo antidiferencialista foi accionado politicamente pelo princípio da cidadania e dos direitos humanos. O universalismo diferencialista foi accionado sempre em caso de recursos e quase sempre perante os fracassos mais óbvios do universalismo antidiferencialista. Por exemplo, a segregação em guettos quando a assimilação foi julgada ou condenável."

O caráter pedagógico que imprimo à discussão acerca da efetividade dos direitos humanos, isto é, a idéia de protagonismo narrativo manifesta-se por meio do conflito em temporalidade, traduzindo, para o direito, a sua inserção histórico-emancipatória. Enquanto elementos não convergentes, conflito e litígio assumem conteúdos distintos.[261] O menosprezo à diferença recupera-se na lógica do direito subjetivo, do sujeito de direito, no litígio, perdendo-se nesse contexto o conteúdo pedagógico que traduz o direito em emancipação. Porque conflituosa a diferença é positiva.

A problematização da diferença, dentro do âmbito da muda *cabra-cega* da modernidade, encaixa-se na arena de uma narração contra-hegemônica balizando a tensão em desequilíbrio entre os pilares da regulação e da emancipação. Uma boa imagem, talvez, fosse a Torre de Pisa, pendendo para a regulação. Ainda que ressalvando a descaracterização da regulação em face do impacto das globalizações sobre o Estado-nação, o desequilíbrio não se altera, do ponto de vista estrutural.

Nesse sentido, a igualdade *regulada* serve como cenografia daqueles que cegam inanimados a uma sujeição amordaçada. Justifica a cegueira como *uma questão privada entre a pessoa e os olhos com que nasceu.*[262]

---

(261) Nessa perspectiva, as relações sociais são objetivadas: tornam-se relações jurídicas, com o conteúdo normativo que tal consideração prospecta. Perde-se na saga litigiosa a perspectiva histórica (espaço-temporal) enfatizando o direito enquanto técnica linear de decisão inspirada na sanção.
(262) SARAMAGO, José. *Ensaio sobre a cegueira*, p. 38/39.

O conflito é um momento de demanda, não necessariamente divergente. É uma situação, um mote para o desencadeamento do potencial pedagógico que o direito pode vir a ter, *sendo*. Não recomenda, assim, uma relação angular calcada na igualdade formal que não apenas homogeneíza, mas, sobretudo, cala na heteronomia do silêncio.

Sendo assim, a exclusão a que se fez referência resulta de uma operação que visa a reduzir, *minando*, a diferença, sua visibilidade. Essa redução contempla a ausência do outro, é indicativa do outro fora do lugar.

Apresentada como um dado, como causalidade, essa operação naturaliza-se, representando em sua *precisão* sempre uma falsificação da realidade — imposta — um *banimento* da complexidade social, uma passividade narrativa, uma cegueira dialógica.

Isso não tem jeito
Foi tudo dito e feito
Agora não é tempo
Da gente se esconder
Tenho mais é que botar a boca no mundo
Como faz o tico-tico quando quer comer
Essa fome é vontade de viver
Chamar atenção pra você me ver![263]

Para *Boaventura de Sousa Santos*[264], a presença do Estado no que se refere à questão da exclusão consiste em distinguir as diferentes formas de exclusão para determinar qual delas deve ser objeto de assimilação ou, ao contrário, qual delas deve sofrer um processo de expulsão ou extermínio. Os critérios utilizados nesse encaminhamento adjetivam o louco ou o criminoso perigoso ou não perigoso, o imigrante; o povo indígena bárbaro e o assimilável; a etnia hibridizável e a que não o é; o desvio ou orientação sexual tolerável e intolerável; os civilizáveis e os incivilizáveis. *Ou seja, a exclusão combate-se por via de uma sociologia e antropologia diferencialista imaginária que opera por sucessivas especificações do mesmo universalismo diferencialista.*

A especificação de direitos, que se insere no âmbito de um universalismo antidiferencialista e que caminha no sentido da homogeneização, demonstra a inabilidade da modernidade na gestão da exclusão, sobretudo por conta do caráter de *localismo globalizado* que a modernidade manifesta. Sendo assim, as especificações se constituem enquanto políticas traduzidas em normatividade e abstração, sob a forma de lei.

---

[263] MATOGROSSO, Ney; MARCUCCI, Lee; SÉRIO, Luis e LEE, Rita. *Com a boca no mundo.*
[264] SANTOS, Boaventura de Sousa. "A construção multicultural da igualdade e da diferença". *Revista CES*. Coimbra. Oficina, n. 135. Janeiro de 1999, p. 19 e seguintes.

"A cidadania política é concebida como justificando a negação dos particularismos, das especificidades culturais, das necessidades e das aspirações vinculadas a micro-climas culturais, regionais, étnicos, raciais ou religiosos. A gestão da exclusão dá-se, pois, por via da assimilação prosseguida por uma ampla política cultural orientada para a homogeneização e a homogeneidade.

(...)

Em vez do direito à diferença, a política da homogeneidade cultural impôs o direito à indiferença. As especificidades ou diferenças na execução das políticas foram determinadas exclusivamente por critérios territoriais ou sócio-econômicos e nunca de outra ordem."[265]

Nesse contexto, a educação desempenha um importante papel, seja enquanto reprodutora da ordem verticalizada, seja enquanto contra-racionalidade, constituindo-se em um ato político narrativo. Os procedimentos de reinserção social, programas que têm por escopo a reeducação da comunidade visando à ampliação da cidadania devem ser analisados sob essa ótica para que não sirvam de instrumentos a reforçar a exclusão, para que não se constituam em ações de baixa intensidade emancipatória. Isto é, para que não sejam espelho d'água, mas que marquem a visibilidade.

A presença do dialógico na efetividade dos direitos humanos implica o reconhecimento de que os direitos são relacionais, plurissubjetivos, realizados no encontro com o outro, encontro qualificado pela aprendizagem, pelo potencial emancipatório que convém à humanização, mas veste mal as derivações do absoluto.

---

[265] *Idem, ibidem.*

Capítulo 4
CEGUEIRA MUDA:
ESSE FILME EU NÃO VI. ESSE FILME EU JÁ VI

Cada vez irei vendo menos, mesmo que não perca a vista tornar-me-ei mais e mais cega cada dia porque não terei quem me veja...[*]

Em "Ensaio sobre a Cegueira", *José Saramago*[266] nos conduz a uma caprichosa forma de cegueira, não patológica;[267] uma cegueira branca, na qual se vê tudo branco, uma espécie de brancura leitosa, espessa. O diagnóstico informa que os olhos se mantêm perfeitos, sem qualquer lesão: na córnea, na íris, na retina, na esclerótica, no cristalino, no nervo óptico. A inexplicável cegueira física justifica-se em outro tipo de invisibilidade, a cegueira social.

Nesse sentido, tratando da naturalização da vida, da sua redução e abandono enquanto dado[268], portanto abrigada pela tenda da imutabilidade, *Pablo Gentili*[269] nos traz um relato bastante ilustrativo:

"Naquela manhã, decidi sair com Mateo, meu pequeno filho, para fazer algumas compras. Depois de algumas quadras, Teo dormiu tranqüilamente em seu carrinho. Percebi que um de seus sapatos estava desamarrado e quase caindo. Decidi tirá-lo. Uma senhora elegante, o porteiro de um edifício, o porteiro do meu edifício, um surfista e as pessoas do supermercado me alertaram para a ausência do sapatinho. A suposta perda do sapato de Mateo não deixava de gerar mostras de solidariedade e alerta. Comecei a ser invadido por uma estranha sensação de mal-estar: O Rio de Janeiro é uma cidade de contrastes: o que faz do pé descalço de um menino de classe média motivo de atenção em uma cidade com centenas de meninos descalços, brutalmente descalços? Por que, em uma cidade com dezenas de famílias morando nas ruas, o pé superficialmente descalço de Mateo chamava mais atenção do que outros pés cuja ausência de sapatos é a marca inocultável da barbárie que nega os mais elementares direitos humanos a milhares de indivíduos?"

(*) SARAMAGO, José e MELODIA, Luis. *Ensaio sobre a cegueira. Esse filme eu já vi.*
(266) SARAMAGO, José. *Ensaio sobre a cegueira.* São Paulo: Companhia das letras, 1995.
(267) A patológica faz a leitura na ponta dos dedos, em *Braille*. A social requer bem mais que a *ponta* do olhar. Segundo Paulo Freire expõe em sua obra, o comprometimento responsável diante da nossa historicidade, criação e crescimento para e com liberdade, pudesse ser o colírio para essa cegueira.
(268) Antonio Cândido, ao tratar da *redução estrutural* remete-nos a esse questionamento. Cf. MELLO E SOUSA, Antonio Cândido de. *O discurso e a cidade.*
(269) GENTILI, Pablo e ALENCAR, Chico. *Educar na esperança em tempos de desencanto.* Um Sapato Perdido (ou quando os olhares *sabem* olhar), p. 27. Com adaptações.

A prosa de *Gentili* remete à questão da exclusão, da invisibilidade. Da espécie de cegueira, a social, que lastreia a pauta da diferença e da visibilidade que se vincula à nuclear análise da efetividade dos direitos humanos.

"A possibilidade de reconhecer ou perceber acontecimentos é uma forma de definir os limites sempre arbitrários entre o normal e o anormal, o aceito e o negado, o permitido e o proibido [Teo em relação aos **descalços** meninos de rua] (...) A anormalidade torna os acontecimentos visíveis, ao mesmo tempo em que a normalidade costuma ter a capacidade de ocultá-los. O normal se torna cotidiano. E a visibilidade do cotidiano se desvanece (insensível e indiferente) como produto da sua tendencial naturalização."[270]

Diante do exposto, posso dizer que a invisibilidade da diferença segue o seu curso *normal*. *Anormal* é a sua consideração. Portanto, a cegueira branca, conforme nos expõe *Saramago*, não é uma excepcionalidade, mas o fluxo *normal* de uma sociedade que homogeneíza por considerar anômala a diferença: *em nossas sociedades dualizadas, a exclusão é invisível aos nossos olhos (...) a invisibilidade é a marca mais visível dos processos de exclusão (...) a exclusão parece ter perdido a capacidade de produzir espanto e indignação em boa parte da sociedade*[271]. Nos outros e em nós outros.

A cegueira social, a que vê o filme negando-o que não o viu, projeta-se, assim, à invisibilidade por apelo à inércia, à passividade programada, reiterada, ao descomprometimento, ao monólogo normativo, elevados nos halteres da padronização, na naturalização.

Essa naturalização é que se faz discutir dentro de uma ação pedagógica, no âmbito dos direitos humanos *com* educação por conta da força narrativa que afloram. *Costuma-se até dizer que não há cegueiras, mas cegos, quando a experiência dos tempos não tem feito outra coisa que dizer-nos que não há cegos, mas cegueiras (...) Não sei, talvez um dia chegues a conhecer a razão, Queres que te diga o que penso, Diz, Penso que não cegamos, penso que estamos cegos, Cegos que vêem, Cegos que, vendo, não vêem*[272].

Na ponta do nariz, portanto, a etiqueta inadvertidamente esquecida para fora: a problematização da diferença ou a sua construção em torno de sua própria ausência, que cala.

A diferença aparece, assim, como assombração. É o espanto que primeiro se manifesta em face da temática da visibilidade: é que atinge os alicerces do conservadorismo, de uma visão bancária da realidade, da omissão política, da desumanização, de uma simplicidade igualitária que recusa a complexidade. Exclusão e diferença compõem, então, a partida da efetividade dos direitos humanos.

---

(270) *Idem*, p. 29. *Parece uma parábola, (...) o olho que se recusa a reconhecer a sua própria ausência.* SARAMAGO, José. Ob. cit., p. 129.
(271) *Idem, ibidem.*
(272) SARAMAGO, José. Ob. cit., p. 308 e 310. Esse é um curioso jogo da naturalização da vida. Durante a apresentação da dissertação, a professora Alejandra Pascual (doutora em direito/UFSC e professora da faculdade de direito/UnB) explicitou essa nuance da substancialização de acordo com Gentili. Nesse caso, normal e anormal tornam-se sinônimos, uma vez que se remetem ao mesmo contexto, qual seja, a invisibilidade das pessoas e da sua condição, as peripécias de uma díspare situação social balizada por iniqüidades.

Em entrevista concedida à "Revista Sindijus"[243], o ministro do tribunal superior do trabalho, *Carlos Alberto Reis de Paula*, discute a exclusão social focalizando as cotas para negros nas universidades brasileiras. A discussão permite-me tecer combinações com a existência consciente de que trata *Paulo Freire* no livro "Pedagogia do Oprimido" e a naturalização do processo de exclusão, como deixou explícito *Pablo Gentili*; expectativas que se vinculam à ação narrativa que venho reiterando no que se refere ao protagonismo plurissubjetivo de transformação do mundo desde o *lugar* da nossa inserção nele. Trata-se de uma inserção que alcança o *ser sendo* da nossa historicidade, desde a olaria à edificação sem que se conclua pela casa *pronta*.

Nesse sentido, o ministro aponta a discriminação como um fenômeno curioso, já que se dá de forma velada, inconsciente, natural. A naturalização é um processo de mão dupla que se refere tanto aos que discriminam quanto aos que se sentem discriminados. A percepção da condição de excluído expõe a força dos marginalizados, no sentido da sua conscientização, fato que ocorreu com os negros na sociedade brasileira: *Mas houve um despertar da consciência da negritude. A consciência negra é exatamente isso: os negros tomam consciência de que têm valores, de que têm um lugar a ocupar na sociedade.*

Reis de Paula prossegue questionando a possibilidade de uma sociedade assentar-se em valores, como a paz, em face de um grande contingente de marginalizados:

"A paz que exclui uma camada expressiva da sociedade é uma paz assentada num lamaçal. As pessoas dizem que vivemos em paz, mas vivemos em paz como? Com uma turma marginalizada. E quem é que quer viver em paz dessa maneira, com a paz só daqueles que se beneficiam desta organização da sociedade, dos bens da sociedade? Quando falo de bens da sociedade não estou falando só dos bens com valor monetário. Eu incluo todos os bens, os bens culturais, o lazer como um direito, de ter uma vida digna, de ter uma habitação digna".

A minha alma está armada
E apontada para a cara
do sossego
Pois paz sem voz,
Paz sem voz,
não é paz é medo
Às vezes eu falo com a vida
Às vezes é ela quem diz
Qual a paz que eu não
Quero conservar
Para tentar ser feliz
É pela paz que eu não quero seguir admitindo...[244]

---

(243) *Revista Sindijus*. Ano XIII, n. 19. Novembro de 2004, p. 10 a 13.
(244) YUKA, Marcelo e o Rappa. *Minha Alma (A paz que eu não quero)*.

O processo de naturalização da vida e das relações sociais lembra um velho assunto discutido nas salas do segundo grau, nas aulas de biologia — em nítida lembrança — da existência como resultado de um princípio ativo, isto é, de uma existência gerada do *nada,* em uma perspectiva que soa retumbante às margens do infinitivo, para me remeter a um cenário onde o descontexto assume todos os papéis, para me remeter a um cenário, a uma aberração, onde o descontexto assume todos os papéis.

A presença do outro é exigida desde a concepção, da geração da vida, portanto. A verticalidade e a horizontalidade dessa presença, ou seja, a qualidade narrativa do outro é que contemporiza a discussão acerca da efetividade de direitos e da exclusão, que nos decreta a ausência, o silêncio, a invisibilidade. Ao enfocar, restritamente, o outro no âmbito jurídico também percebo que a sua presença é antidialógica, já que o outro nesse espaço se apresenta como parte de um processo calcado na heteronomia, discurso preparado no *menu* do silêncio.

Discutindo o possível caráter emancipatório do direito, *Boaventura de Sousa Santos*[275] investe sobre o contrato social. Predominam, na crise da contratualização moderna, os processos excludentes (o pós-contratualismo e o pré-contratualismo) sobre os de caráter inclusivo. O pós-contratualismo enfoca, sem condições de regresso, a exclusão de grupos e interesses sociais anteriormente incluídos; o pré-contratualismo aborta as possibilidades de ascensão a grupos da semiperiferia e da periferia mundial. Em ambos os casos, essa descontinuidade dos direitos de cidadania vinculam-se à crise do Estado social.

A diferença abre-se também ao questionamento das *reservas* do espaço público empurrada que foi para a cautela do privado. Na órbita do multiculturalismo[276], *Andréa Semprini*[277], informa que não é possível discutir tais questões em um espaço público tradicional, apenas pelo *status* de cidadão.

Enquanto cidadão, ele [o indivíduo] se encontra num plano de igualdade absoluta com seus concidadãos, pois o espaço público é, por definição, neutro e homogêneo. Como diria *Taylor*, citado por *Semprini*, ele é "cego às diferenças".

> "As diferenças não são negadas. Elas são confinadas no interior de um espaço privado, que seria de algum modo o complemento, embora secundário, do espaço público. O aspecto particular da vida da pessoa — suas decisões morais, crenças religiosas, orientação sexual, comportamento, preferências —

---

(275) SANTOS, Boaventura de Sousa. Poderá o direito ser emancipatório? P. 18. *Revista Crítica de Ciências Sociais*. N. 65, Maio de 2003, p. 03 a 73.

(276) O multiculturalismo é tomado por mim, nesse momento, como indicativo de diferença. O conceito de cidadania sofreu um progressivo alargamento daquela concepção atomista centrada no direito de votar e ser votado. Em tempos de globalização já se faz referência a uma transcidadania. A questão do espaço público é discutida no capítulo 2.

(277) SEMPRINI, Andréa. *Multiculturalismo*. Trad. Laureano Pelegrin. São Paulo: Editora da Universidade do Sagrado Coração, p. 129 e 135/136. Meus destaques.

fica relegado à esfera privada de sua vida e constitui, por acumulação, a dimensão privada da vida social. Apenas aqueles comportamentos privados que comprometem o desempenho do indivíduo enquanto cidadão podem ser punidos. Existe uma grande tolerância e até um certo favorecimento para com as diferenças, embora tudo isso fique restrito à vida privada. Este confinamento é a condição *sine qua non* para que a esfera pública preserve sua *homogeneidade* e garanta um tratamento igualitário a todos os indivíduos aí reunidos."

Faz sentido empurrar para debaixo do tapete da sociedade civil, separada, em perspectiva polar, do Estado, a diferença, adquirindo esta, nesse espaço, um ar *pitoresco*, enquanto ao direito que regula o espaço público *transborda* a precisão, a perfeição, a neutralidade normativa, a normalidade, a regularidade, a ordem.

A afirmação da diferença, diz *Miroslav Milovic*, auxilia a pós-modernidade a pensar algo novo na filosofia ultrapassando o desértico pensamento metafísico, no qual as estruturas dominantes se repetem: *após o monólogo do sujeito moderno, parece que hoje temos o monólogo do indivíduo pós-moderno.*[278]

A representação cultural[279] tem sido a tela em muitas reflexões acerca da diferença. *Stuart Hall*, *Tomaz Tadeu da Silva* e *Boaventura de Sousa Santos* são apenas algumas citações.[280] Em voga, a relação entre identidade e diferença.

A questão multicultural em *Boaventura* desenvolve-se em torno de uma teoria da tradução, de uma hermenêutica diatópica e de uma sociologia das ausências. Com uma concepção multicultural dos direitos humanos, donde parte a sua reinvenção política e emancipatória o faz contextualizando globalização, fragmentação cultural e política de identidades que justifique *uma política progressista de direitos humanos em âmbito global e legitimidade local.*[281]

Em *Stuart Hall*, o enfoque é a subjetividade, a fragmentação do sujeito moderno em face da sua construída centralização, abstração e do seu atomismo. *A assim chamada* **crise de identidade** *é vista como parte de um processo mais amplo de mudança, que está deslocando as estruturas e processos centrais das sociedades modernas e abalando os quadros de referência que davam aos indivíduos uma ancoragem estável no mundo social (...) as velhas identidades (...) estão em declínio, fazendo surgir novas identidades e fragmentando o indivíduo moderno, até aqui visto como um sujeito unificado.*[282]

---

(278) MILOVIC, Miroslav. *Comunidade da diferença*. Rio de Janeiro: Relume Dumará; Ijuí, Rio Grande do Sul: Unijuí, 2004, p. 103

(279) Multiculturalismo, relativismo cultural, ocidentalização, eurocentrismo são algumas temáticas que se relacionam ao viés cultural.

(280) HALL, Stuart. *Da diáspora: identidade e mediações culturais*. Minas Gerais: UFMG, 2003. SILVA, Tomaz Tadeu da (Org.). *Identidade e diferença. A perspectiva dos estudos culturais*. SANTOS, Boaventura de Sousa (Org.). *Reconhecer para libertar Os caminhos do cosmopolitismo multicultural.*

(281) SANTOS, Boaventura de Sousa. "Por uma concepção multicultural dos direitos humanos". *Revista Crítica de Ciências Sociais*. N. 48, junho de 1997, p. 13.

(282) HALL, Stuart. *A identidade cultural na pós-modernidade*, p. 7. Destaques do autor.

Diferença e identidade são mutuamente determinadas na análise que *Tomaz Tadeu da Silva*[283] faz da questão porque entre elas se estabelece uma estreita relação. A afirmação de uma identidade revela a diferença de uma *não identidade* referencial: se sou brasileiro é porque há outros que *não* são brasileiros. O autor faz ainda conexões com a teoria da linguagem: identidade e diferença são atos de criação lingüística, não são, portanto, elementos naturalizados, essências, mas constituem relações de poder. *A afirmação da identidade e a marcação da diferença implicam, sempre, as operações de incluir e excluir. (...) A identidade e a diferença se traduzem, assim, em declarações sobre quem pertence e sobre quem não pertence, sobre quem esta incluído e quem está excluído.*

Disse acima, que a diferença e a exclusão compõem a partida da efetividade de direitos. Penso que esclarecer a representação da exclusão torna-se necessário evitando-se que a gangorra entre incluir e excluir caia na arapuca do binarismo a enredar a modernidade[284].

A exclusão tem um lado positivo, porquanto abre espaço para o diálogo. Essa conectividade se evidencia em face do vazio das lutas sociais e contemporiza essência e dinamicidade. Nesses termos, a exclusão não é somente aquela que *sendo é,* em essência, mas a que *é sendo,* a que está por vir, em um processo que combina, inevitavelmente, temporalidade e processo histórico, portanto remetido à dinâmica social. Nesse sentido, da historicidade, é dialógica porque partícipe de um processo de inserção no mundo.

A problematização da diferença em um contexto em que a exclusão estrela é, portanto, uma penetração qualificada de um comprometimento *com* o mundo, que revela mais que um Estado naturalizado, *um estar fora*. Traduz um sentido de *estar sendo,* para utilizar uma expressão de *Paulo Freire,* no mundo, no responsável empenho do diálogo para a mudança social. A exclusão é um indicativo de demandas construídas socialmente.

A modernidade, entretanto, ao se desenvolver ao longo e ao largo do princípio da igualdade, da presença nuclear do indivíduo, da universalidade, solapa a diferença, esconde, atrás das cortinas, o outro. Estabelecendo uma equivalência entre a igualdade e a diferença, a racionalidade moderna tem por escopo elidir, marginalizar e excluir o diferente, a diferença.[285]

"O marxismo, como o liberalismo, não conheceu a diferença. Só soubemos criar solidariedade entre iguais, por exemplo, entre trabalhadores, mas e

---

(283) SILVA, Tomaz Tadeu da (Org.). *Identidade e diferença. A perspectiva dos estudos culturais*, p. 76 e 82.

(284) Se estou, há quem não esteja necessariamente, como elemento e situação estáticos.

(285) O questionamento acerca do irrealizável princípio formal no qual a igualdade se alicerça — onde todos são iguais perante a lei — demonstrou o grande fosso quanto ao salto para a realidade. Bem assim, notabilizou a sua incompatibilidade com a diferença. Na verdade, torná-los equivalentes remete à elisão da diferença: sendo todos iguais, a diferença é descartada; aquelas de caráter irredutível, seguindo a lógica da igualdade, respondem ao apelo de padronização sendo, portanto, encostadas, marginalizadas, excluídas como anômalas, não aceitáveis, aberrações. A igualdade, nesses termos, dista de uma perspectiva emancipatória coadunando-se com um reducionismo não compatível com uma sociedade plural, multicultural, dialógica, pedagógica, narrativa. A alteridade, nesse sentido trabalhada pelo direito, por paradoxal, remete à homogeneidade, reflexo do eu mesmo em elisão do outro, a quem se aprisiona no labirinto da invisibilidade. Do novelo trata o pedagógico.

entre trabalhadores e mulheres? Entre trabalhadores e índios? Trabalhadores e homossexuais? A nossa lógica não soube realmente criar equivalência entre o princípio da igualdade e o da diferença. Isto é difícil. Mas as pessoas não querem apenas ser iguais, também querem ser diferentes, há áreas em que a gente quer ser igual, mas em outra não. Essa **equivalência** dos dois princípios vai levar ao conceito da cidadania multicultural, que começamos a ter com as minorias étnicas, os povos indígenas, o movimento negro. As pessoas querem pertencer, mas querem ser diferentes. É necessário um multiculturalismo que crie novas formas de hibridação, de interação de diferentes culturas. Cada cultura é que deve definir até onde quer se integrar."[286]

Amartya Sen,[287] questionando-se acerca da igualdade, o faz a partir da pergunta *Igualdade de quê?* Trata-se, na verdade, das variáveis focais, porquanto a igualdade é sempre igualdade em relação: à renda, à riqueza, à felicidade, à liberdade, à oportunidade, à satisfação de necessidades de uma pessoa. O autor encara, assim, a diversidade humana como fundamental para a discussão da igualdade, como elemento que não deve ser ignorado porque, vinculadas a um caráter empírico, as heterogeneidades humanas consideradas é que fazem a igualdade diferenciar-se de um espaço para o outro. *Se toda pessoa fosse parecidíssima com cada uma das outras, uma causa importante dessas dissonâncias desapareceria. Se os* **rankings** *de igualdade em espaços diferentes coincidissem, seria então menos importante dispor de uma resposta clara para a questão: igualdade de quê? A diversidade generalizada dos seres humanos acentua a necessidade de lidar com a diversidade de foco na avaliação da igualdade.*[288]

Sen consegue compatibilizar igualdade e diferença, sem, contudo, entendê-las equivalente e, mais, sem considerar que a diferença, em seu processo de reconhecimento conduza à igualdade, ainda que artificiosa, como a especificação de direitos deixa à mostra. A *igualdade de quê* demonstra a desigualdade em algum outro canto a partir da variável focal escolhida, mas não *responde* ao reconhecimento da diferença. Se a igualdade emancipa não o faz pela sujeição da diferença senão sob um falso bronzeamento, pelo eficaz recurso à invisibilidade, pela alienação.

A questão me ocorreu da seguinte forma: considerada a renda como uma variável focal, estabeleço uma comparação entre a produção em um contexto de propriedade coletiva e em outro, que se coaduna com a propriedade privada. Ao final, é possível que a renda, bruta, equivalha-se mantendo-se distintas as concepções de propriedade. Entretanto, ainda é possível detectar desigualdade quanto à repartição dessa renda, haja vista tratar-se em um dos pólos de propriedade coletiva. Manteve-se inalterada, entretanto, a condição de coletiva de titularidade da propriedade.

---

(286) SANTOS, Boaventura de Sousa. "Teoria e Debate". Fundação Perseu Abramo. N. 48, jun./jul./ago. 2001. *In* SANT'ANNA, Alayde Avelar F. "O direito de ser diferente: processo de singularização com uma aposta da vida contra a exclusão". *Educando para os direitos humanos*, p. 175. Grifo meu.
(287) SEN, Amartya Kumar. *Desigualdade Reexaminada*. Trad. Ricardo Doninelli Mendes. São Paulo: Record, 2001. O autor, prêmio nobel de economia, senta a sua análise em torno de uma concepção individualista com alguns parâmetros os quais a *capacidade* centraliza. O corte temático centrado na ciência econômica não obsta sua inserção na problematização da diferença nos termos aqui expostos.
(288) *Idem*, p. 31 e 33.

A ilustração que explicitei acima, a partir das reflexões com *Sen*, reforça o questionamento que norteia as minhas ponderações acerca da independência da diferença em relação à igualdade e a forma como a igualdade ficou apartada de uma perspectiva emancipatória que poderia vigorar. Essa baixa intensidade, isto é, o decréscimo de um potencial emancipatório muita relação guarda com o desequilíbrio dos pilares, pendendo para a regulação, de que trata *Boaventura* em seus escritos, conforme já tive a oportunidade de demonstrar. Ainda retomo esse ponto.

Desse modo, ser igual não é *não ser* diferente, assim como afirmar a diferença não é passaporte carimbado para a igualdade. A diferença é a visibilidade produzida dialeticamente no movimento de inclusão e de exclusão que descortina o diálogo. A reflexão sobre a diferença é uma narração política que explicita a nossa atuação no mundo, que nos educa na vereda do *ser sendo*. A singularidade da pessoa em face da sua sexualidade[289], etnia, gênero, nacionalidade, aptidões físicas e intelectuais, sentimentos e outros parâmetros inserem-se nesse complexo cenário da vida social.[290]

Nesse sentido, ainda com aporte em *Sen*, a idéia de igualdade, naquele sentido de homogeneidade, de mesmice, é obstada sob um duplo aspecto, a saber: a heterogeneidade básica dos seres humanos e a multiplicidade de variáveis que servem de lastro ao julgamento da igualdade. A relatividade da igualdade (não é universal, portanto), então, flexibiliza-a em torno da diversidade humana. Segundo o autor, a retórica da igualdade encerrada na máxima de que todos os homens são iguais é um desvio destas diferenças, *ao esconder o fato de que a igual consideração de todos pode demandar um tratamento bastante desigual em favor dos que estão em desvantagem.*[291] Entretanto, não se pode, a partir daí, estabelecer equivalência entre igualdade e diferença, pondo que uma — a igualdade — *resolve* o reconhecimento da outra — a diferença — fazendo-a, como em um movimento das placas tectônicas, mergulhar na igualdade. Visualizo possível, a partir da diferença, verificar as razões das variáveis focais para a desigualdade em outro ponto.

---

(289) O movimento feminista que é uma divisória no que se refere à heterogeneidade do mundo e da imposição de uma concepção violentamente padronizada, entre outros aspectos, legou-nos a construção política do feminino e do masculino que não estabelecem reciprocidade com o *ser* biológico macho e fêmea. É corrente notar que os autores que se debruçam sobre novas possibilidades de vislumbrar o mundo se conectem com as reflexões do movimento feminista.

(290) O vaticanólogo italiano Giancarlo Zizola, assim explicita o papel do novo papa da igreja católica, substituto de João Paulo II: *o problema crucial a ser enfrentado pelo próximo papa (...) é mais amplo. Trata-se de achar uma resposta da Igreja às exigências da globalização. A igreja encontra-se diante da necessidade de sair do seu berço europeu, do ponto de vista cultural, político e teológico, e de levar a mensagem do Evangelho a universos com tradição religiosa e espiritual diferentes. Nesse quadro de mediação entre o catolicismo e outras culturas, entra o direito das igrejas locais de elaborar uma teologia e uma cristologia mais adequadas às histórias das várias comunidades (...) O documento sobre as igrejas orientais abriu um diálogo respeitoso com elas, fundado na concepção de ecumenismo como pluralidade de visões cristãs e no reconhecimento do valor das tradições litúrgicas, espirituais e hierárquicas dessas igrejas irmãs.* Cf. *Revista Veja*. Edição 19000 — ano 38 — n. 15, 13 de abril de 2005, p. 14. "A igreja precisa de oficina".

(291) Ob. cit., p. 29. Por exemplo, oportunidades iguais podem resultar em rendas bastante desiguais. Rendas iguais podem associa-se a diferenças significativas na riqueza. Riquezas iguais podem coexistir com graus de felicidade bem diferentes. A igualdade de felicidade pode estar associada a graus bastante diferentes de satisfação de necessidades. Uma igual satisfação de necessidades pode estar associada a diferentes liberdades de escolha. E assim por diante, p. 31.

Em um caminho que abarca o multiculturalismo emancipatório, *Boaventura de Sousa Santos*[292] destaca a tensão entre a igualdade e a diferença respectivamente relacionada à redistribuição e ao reconhecimento. No sentido de reinventar os direitos humanos enquanto direitos multiculturais, questiona a universalidade ocidental, uma vez que *a afirmação da igualdade com base em pressupostos universalistas como os que determinam as concepções ocidentais, individualistas, dos direitos humanos, conduz à descaracterização e negação das identidades, das culturas e das experiências históricas diferenciadas, especialmente a recusa do reconhecimento dos direitos coletivos.* Em contrapartida, o autor também observa que *a afirmação da diferença* **por si só** *pode servir de justificativa para a discriminação, exclusão ou inferiorização, em nome de direitos coletivos e de especificidades culturais.*

Por conta desse quadro, o autor desenvolve a tese de que *as políticas emancipatórias e a invenção de novas cidadanias jogam-se no terreno da tensão entre igualdade e diferença, entre a exigência de reconhecimento e o imperativo da redistribuição.* A resposta dada a essa controvérsia *é defender a igualdade sempre que a diferença gerar inferioridade, e defender a diferença sempre que a igualdade implicar descaracterização.*

A especificação de direitos engendrada a partir da problematização da diferença — assim dito porque a diferença é algo que *existe*, no sentido fático[293] que se manifesta, entretanto, a reflexão que possibilita estreita-se com a sua construção no embate das relações sócio-políticas que se desdobram na *com*-vivência social — exemplificada, no âmbito do direito internacional dos direitos humanos, com as disposições relativas à condição da mulher, da criança, dos deficientes, dos refugiados, assim como, em reflexo, as previsões constitucionais no espaço territorial de cada Estado[294] reverenciam a igualdade em detrimento da diferença, obedecendo a lógica da igualdade formal[295], cujo imediato resultado é tratar a diferença enquanto litígio, isto é, despositivar sua problematização conflituosa, portanto em uma condução antidialógica e na órbita do sujeito de direito. Na seara da especificação, por curioso ou por mais evidente — ressente-se a caminhada para a outridade.

Observando a disposição de *Boaventura de Sousa Santos*, *defender a igualdade sempre que a diferença gerar inferioridade, e defender a diferença sempre que a igualdade implicar descaracterização*, resguardo-a nessa perspectiva, da especificação de direitos, na qual

---

(292) SANTOS, Boaventura de Sousa (Org.). *Reconhecer para libertar: os caminhos do cosmopolitismo multicultural*, p. 63.
(293) Que não se confunde com o substancializado, mas o *existindo* em devir.
(294) No Brasil, acresce-se a tutela indígena, a questão das terras dos remanescentes de quilombos, a proteção do menor e da mulher no ambiente de trabalho, a tutela do idoso.
(295) Durante a apresentação no XIII encontro nacional do CONPEDI, o congresso brasileiro de pós-graduação em direito, que se realizou em Florianópolis, no período de 03 a 05 de novembro de 2004, indaguei acerca do alcance do retórico *todos são iguais*. Tive a oportunidade de retomar essa questão conversando com Luisa de Marillac Pantoja — promotora de justiça do Distrito Federal e Territórios e mestranda em direito e estado pela universidade de Brasília — justamente com foco em Amartya Sen. Acabamos por concluir que o limite da igualdade formal é a legalidade, exemplificada com a questão do registro civil. A obviedade da conclusão teve por escopo reforçar a relatividade da igualdade, igualdade segundo uma variável focal, assim como para lhe considerar o caráter contextual evitando-se o logro, sem reflexão, das redes do direito natural, porque mesmo nesse caso trata-se de uma construção contextualizada historicamente e não um princípio ativo, como que surgido do nada. O CONPEDI é o conselho nacional de pesquisa e pós-graduação em direito.

a potencialidade emancipatória termina reduzida por conta do formalismo que reproduz. A equivalência que o autor percebe entre igualdade e diferença também reforça o meu entendimento, abrigada no multiculturalismo que não me ampara.

A especificação de direitos é um instrumento que *emancipa* nos estritos limites da regulação, com um instrumental que faz se perder a aprendizagem necessária ao processo narrativo de transformação da sociedade. Formalmente regulada, cai nas malhas de uma objetivada relação angular que se reproduz — em sua objetivação — a outros espaços depositários, como a escola, a igreja, a família, as manifestações artísticas, a mídia.

Direitos, assim, especificados, ilusoriamente *apaziguam* a irredutível diferença. Pela especificação não deixam de ser diferentes. Entram na órbita do direito subjetivo, verticalizam a comunicação, emplacam a litigiosidade. As diferenças etárias, de gênero, de etnia subsistem. A especificação tenciona uma situação de desigualdade iminente que precisa ser ajustada observando-se a *igualdade de quê*. Falta-lhes o complemento da aprendizagem, da percepção do *ser sendo* narrativo no mundo.

A diferença, então, inicia o diálogo trazendo *à rua*, por exemplo, a reflexão sobre o papel dos idosos na sociedade — a partir daquela especificação. Portanto, não é a especificação *em si,* como artifício de igualdade, que salta para o diálogo, mas a sua contextualização, reconhecendo a diferença e os diferentes que a protagonizam.

Os direitos humanos não podem se apartar do enlace pedagógico, do *mostrar o caminho*, em expansões marítimas, em *trekking* radicais, em saltos para a vida. E é esse pulsar da realidade, em gerúndio, que comporta, pedagogicamente, a autonomia e a emancipação.

Enquanto visibilidade, permitindo a consideração do outro, a diferença esculpe o caminho da outridade, que é dialógico, manifestando-se no ritmo da dinâmica complexidade social, fugindo às amarras do enclausuramento normativo.

Pensar a outridade no direito é preenchê-lo da perspectiva pedagógica liberando-o da apreensão normativa que caracteriza a *homogênea* modernidade[296]. É a introdução do diálogo, a possibilidade de comunicação.

> "A Modernidade construiu, neste sentido, várias estratégias de regulação e de controle da alteridade que, só em princípio, podem parecer sutis variações dentro de uma mesma narrativa. Entre elas a não visibilidade do outro: sua transformação em sujeito *ausente*, quer dizer, a ausência das diferenças ao pensar a cultura; delimitação e limitação de suas perturbações; sua invenção, para que dependa das traduções *oficiais*; sua permanente e perversa localização do lado externo e do lado interno dos discursos e práticas institucionais estabelecidas, vigiando permanentemente as fronteiras — isto é, a *ética* perversa da relação inclusão/exclusão —; sua oposição a totalidades de normalidade por meio

---

(296) As referências ao normativo indicam uma determinada concepção, um paradigma, extrapolando a noção de ordenamento jurídico e da norma em sentido estrito.

de uma lógica binária; sua imersão e sujeição aos estereótipos; sua fabricação e sua utilização, para assegurar e garantir as identidades fixas, centradas, homogêneas, estáveis etc."[297]

Nesse palco, a sofisticação da construção do princípio da igualdade em uma forjada equivalência com a diferença, percurso que ao obstar o diálogo inviabiliza a aparição do outro — a sua visibilidade — é cenário de uma narração sem sujeitos, no qual também desfilam, em destaque, as suntuosas alegorias do individualismo e da universalidade.

O pedagógico abre alas, assim, para a aquarela em direção ao outro, à diferença, à efetividade de direitos.

A diferença na igualdade é excludente e traduzindo-se no âmbito do discurso dos direitos humanos, igualdade e liberdade impõem uma determinada visão de humanidade, ocidentalizada.

"As formas de narrar a alteridade são, ao fim e ao cabo, formas de tradução e de representação que diluem os conflitos e que delimitam os espaços por onde transitar com relativa calma. Mas se a cultura é (...) um território de diferenças que precisa de permanentes traduções, o problema crucial é quem traduz a quem (ou quem representa a quem) e através de quais significados políticos. Disso resulta que a tradução e representação dos outros está atravessada por uma busca permanente de eufemismo, melhores (ou piores) formas de denominar a alteridade. Não obstante, essas formas não são neutras nem opacas e geram conseqüências na vida cotidiana desses outros."[298]

Se a igualdade faz o jogo do esconde-esconde, descabido reconhecê-la equivalente à diferença. Tratando essa questão, *Antonio Flávio Pierucci*, formula a seguinte certeza: *a certeza de que os seres humanos não são iguais porque não nascem iguais e portanto não podem ser tratados como iguais.*[299]

A conciliação tornou-se uma opção em *Edgar Morin*: *a riqueza da humanidade reside na sua diversidade criadora, mas a fonte de sua criatividade está em sua unidade geradora, que é o humano.*[300]

---

(297) DUSCHATZKY, Silvia e SKLIAR, Carlos. "O nome dos outros. Narrando a alteridade na cultura e na educação". *In* LARROSA, Jorge e SKLIAR, Carlos. Ob. cit., p. 121.
(298) *Idem*, p. 122. Somente na construção de uma sociedade de *iguais*, segundo o princípio da igualdade, poder-se-ia ter dado azo à discriminação, quaisquer que sejam os seus tipos. Constituem-se em sistemáticas violações de direitos que expandem os seus tentáculos, ainda que de forma implícita, mas sem dúvida direta, sobre aspectos da vida pública e privada da diferença, do diferente. Somente sob o princípio da igualdade se poderia confundir construção da igualdade com elisão da diferença. Aplausos ao individualismo e à universalidade. A casa pode não estar muito cheia, embora os ingressos possam ser adquiridos por *metade do preço*.
(299) PIERUCCI, Antonio Flavio. *Ciladas da diferença*. São Paulo: USP, 1999. Referindo-se à idéia de *abstrata nudez* desenvolvida por Hannah Arendth no livro *As origens do totalitarismo*, o autor reflete acerca das ciladas da igualdade: "A abstrata nudez de ser apenas homem, nada mais", revertida para o universalismo igualitário, para a igualdade universal. O homem universal é o resultado histórico de um desnudamento: ele surge historicamente quando despojado do valor de suas diferenças culturais. Quando desvalorizado *em sua diferença*. Assim, a *diferença judaica* justifica o holocausto e não a *igual* condição *abstrata* humana do homem, p. 19/21.
(300) MORIN, Edgar. *Os sete saberes necessários à educação*, p. 65. Apresenta-se necessário preencher de sentido o *humano*. A história tem demonstrado que esse não é um conceito pacífico. Na antiguidade clássica, Esparta, cidade-estado grega, costumava sacrificar os bebês defeituosos por inumanos, a escravidão reduziu o humano a coisa, alguns grupos indígenas também lançam mão do sacrifício de bebês fêmeas, assim como os orientais, atitudes, reitero, contextualizadas. Da mesma forma, as recentes guerras étnicas também traduzem a temática da humanidade.

A diferença, enquanto resultado do diálogo pedagogicamente mediado pelos direitos humanos, destoa das pretensões emancipatórias da modernidade[301], indispõe-se com a circularidade normativa, *esconde-se* da cumbuca da igualdade não lhe sendo a outra face. Eis o artifício.

O reconhecimento da igualdade é, nesse sentido, saber da diferença para elidi-la; saber da diferença pela igualdade senão para negá-la, diferença rejeitada pelo seu reconhecimento fático, simulada em especificações, sujeições, hierarquizações e negatividade, diferença excludente.

"A diversidade é algo vivido, experimentado e percebido, gozado ou sofrido na vida quotidiana: na imediatez do dado sensível ao mesmo tempo que mediante códigos de diferenciação que implicam classificações, organizam avaliações, secretam hierarquizações, desencadeiam subordinações. A tal ponto, que querer defender as diferenças sobre uma base igualitária acaba sendo tarefa dificílima em termos práticos, ainda que aparentemente menos difícil em termos teóricos. É sobretudo na hora da divulgação que esta idéia tropeça neste seu jeito indisfarçável de quadratura do círculo."[302]

Enquanto tática da modernidade, a igualdade homogeneíza. Por isso, em juízo, as partes que *são iguais*, não dialogam, mas litigam; não transparecem visibilidade (onde o outro aparece narrando o seu protagonismo), não saltam para a realidade, prisioneiras da arredia norma.

Destituídos da perspectiva dialógica, os direitos humanos reproduzem a coerência da igualdade servindo mais à regulação do que a emancipação[303], uma lógica abstrata, atomista, desconsiderando nesse contexto a complexidade dos vínculos sociais, acoitando invasões nos jardins, blindando a criatividade.

> *Na primeira noite*
> *Eles aproximam-se e colhem uma flor do nosso jardim*
> *E não dizemos nada.*
> *Na segunda noite, já não se escondem*
> *Pisam nossas flores, matam nosso cão e não dizemos nada*
> *Até que, um dia,*
> *O mais frágil deles entra sozinho em nossa casa,*
> *Rouba nossa luz, e, conhecendo o nosso medo*
> *Arranca-nos a voz da garganta*
> *E já não podemos dizer mais nada!*[304]

---

(301) Da homogeneização, da regulação, da especificação de direitos.
(302) *Idem*, p. 33.
(303) O desequilíbrio entre os pilares da regulação e da emancipação que sustentam a modernidade, segundo Boaventura de Sousa Santos. Cf. *A crítica da razão indolente. Contra o desperdício da experiência*.
(304) *No caminho com Maiakovsky*. Disponível no *site* http//www.google.com.br. Acesso em 12.2.2005.

Segundo *Antonio Flavio Pierucci*[305], a concepção encontrada na doutrina dos *Droits de l'Homme* e nas constituições políticas modernas simplifica a complexidade do ser humano e dos mecanismos da vida social. Nesse sentido, descompromete o homem da sua comunidade de origem, à qual lhe é devida sua diferença histórica. *A violência revolucionária, legitimada pela teoria, e a conseqüência lógica de uma filosofia abstrata que tira do coração do homem os sentimentos mais elementares de compaixão, os laços identitários, as raízes comunitárias.*

As pretensões emancipatórias da modernidade estão sempre vinculadas ao gigantismo da regulação, à possibilidade de controle, ao chamamento da ordem e da segurança jurídicas, à verticalidade angular. Sem se deter em discussões ou pretensões dialógicas, desloca-se a ação para a diferença em omissão, para a marginalização e anomalia, pondo-a em escanteio, sem chances para um gol olímpico.

Mediada pelos direitos humanos, a diferença denota o seu caráter político. Descola-se, nesse sentido, uma sua cilada, qual seja, a naturalização, sua consideração enquanto dado: nessa perspectiva, desconstitui, fragmenta, desvincula, destroça, monopoliza, padroniza, elimina, regula, ordena, exclui, priva, causa mal-estar, abala a auto-estima em uma progressão geométrica de assunção a todo tipo de heteronomia. O que não pode ser igualado, porque diferença irredutível, emudece, esquece-se, marginaliza-se, torna-se monólogo em um cenário de passividade narrativa.

"Diferenças coletivas ou grupais são componentes inevitáveis das sociedades humanas, resultantes de um processo de estratificação que, segundo *Ralph Dahrendorf*, é sempre um processo dúplice, de diferenciação e avaliação. Ao se pôr a diferença, no ato mesmo de notá-la ou reconhecê-la, ei-la desde logo valorizada ou desvalorizada, apreciada ou depreciada, prezada ou desprezada. Porquanto não há diferença, nos quadros culturais de qualquer sociedade, que não esteja sendo operada pelo *valor*, como *diferença de valor*. A diferença socialmente partilhada recebe sempre-já um sinal positivo [exibir] (a nossa diferença, viva a diferença!) ou negativo [esconder] (a diferença dos outros, do Outro)."[306]

Coaduna-se, assim, com o espaço aberto dos direitos humanos, como pauta de uma perene dinâmica social introduzindo na prática jurídico-política, *a rua*.[307] A diferença apresenta-se, então, em transgressão, afastando-se de uma excludente maquete da arquitetura moderna: igualitária. Recusa-se, nesses termos, a *abstrata nudez* calcada na generalidade e abstração contextual de uma suposta humanidade universal que, na verdade, hierarquiza e sujeita na mesma medida que impõe uma visão ocidentalizada da vida e, para não se esgueirar da discussão, dos direitos humanos.[308]

---

(305) PIERUCCI, Antonio Flávio. Ob. cit., p. 23.
(306) *Idem*, p. 105.
(307) A rua é expressão indicativa de pluralismo que utilizo no sentido desenvolvido por Roberto Lyra Filho, no direito achado na rua. *Aparecer aos olhos de todos*. Cf. *Dicionário Houaiss da Língua Portuguesa*.
(308) Na perspectiva de *localismo globalizado* de que trata Boaventura de Sousa Santos.

"O que os sujeitos têm em comum não é mais o domínio abstrato definido pela universalidade efetiva da espécie, ou mesmo pela vontade geral, própria à nação moderna, que inclui os trabalhadores de todas as categorias e confunde sexos e idades, mas sim aquilo que faz do grupo "natural" o portador de uma diferença significativa — de cor, de sexo, de origem, de sangue...[309]"

Dentro desse parâmetro, perfeitamente cabível o questionamento da democracia formal, pela restrição, calcada na mística mitológica da igualdade formal burguesa — "todos nascem livres e iguais" — geradora de *neutros* cidadãos de sociedades concretamente desiguais: cidadania convencional — abstrata e igual. O concreto rachou: pela inviabilidade de se perder o novelo da diferença.[310]

A manobra da sociedade moderna construída –modernidade cartesiana — é preencher a natureza humana, considerada um dado, com a determinação de um conteúdo pasteurizador que nega, reiteradamente, por anormal, a diferença. Seus reflexos no direito remetem a uma concepção normativa da realidade.

Conforme *Antonio Flávio Pierucci*,[311]

"Foi — e ainda hoje continua sendo — através desse procedimento de fazer abstração de todas as diferenças que os sentidos captam empiricamente, que se tornou possível incluir todo o mundo, todo o mundo mesmo, na figura "neutra", geral, do cidadão, do sujeito abstrato do direito. O grande movimento da modernização política e cultural, (...), concretizou-se aos poucos no acesso sempre mais expandido à cidadania política, com um grande desígnio de "equalização" político-formal de todos os sujeitos individuais. Isto implicava que todos os corpos e todos os portadores de interesses deveriam participar ativamente, e legitimamente, no processo de criação das obrigações jurídicas e de normas válidas *para todos*."

O reequilíbrio dos pilares, no que se refere à regulação, recomenda, para *Boaventura de Sousa Santos*, em sua obra já citada, a recuperação do princípio da comunidade, no qual se insere a questão da solidariedade, na horizontalidade das relações. Nesse sentido, é que a regulação está para a emancipação, direcionando-se para o plural, para a rua.

---

(309) PIERUCCI, Antonio Flávio. Ob. cit., p. 110. Uma diferença que se narra.
(310) O tricolor lema da revolução francesa, liberdade, igualdade e fraternidade, carrega historicamente seu sentido de ruptura com o *ancien régime*. Mesmo lá, a revolução reconhecia seus agraciados: brancos, homens, proprietários. A historicidade da igualdade não lhe nega a derrocada de uma entravada e entrevada sociedade estamental. Reconhecer-lhe um ar histórico não lhe poupa questionamentos: a igualdade se perdeu no vão da regulação. Nesses termos, dedicada *senhor formal*, não se conteve à autonomia. É, justamente, essa amarração à ordem, ao imobilismo, ao *status quo* que se problematiza na discussão que a diferença protagoniza.
(311) Ob. cit., p. 112. A categoria sujeito de direito remete à abstração tempo-espacial porque uma categoria formal não dialógica que se desenvolve na ausência do outro, na presença do silêncio.

A autonomia, enquanto amadurecimento do ser para si, é processo, é vir a ser. Não ocorre em data marcada. É nesse sentido que uma pedagogia da autonomia tem de estar centrada em experiências estimuladoras da decisão e da responsabilidade (...) em experiências respeitosas da liberdade.[312] Essa elaboração se desenvolve nos espaços de horizontalidade, nos quais a solidariedade se manifesta.

Sustentar o discurso da diferença é se ater ao conteúdo de equivalência à igualdade e o que isso representa dentro de um contexto cultural em que a diferença é construída a partir de vínculos sociais. Enfoque pedagógico, a diferença agrega-se a uma concepção que se traduz no caráter emancipatório dos direitos humanos — efetividade dialógica. Em diferença enraíza-se a visibilidade do outro.

O entrelaçamento narrativo que se estabelece entre esses elementos: a diferença, o outro, a desordem, o diálogo, represados no silêncio excludente da modernidade, pela cegueira, são liberados pela comporta pedagógica que pode resgatar para o direito um caráter emancipatório que não lhe é inerente enquanto dado, mas que é resultado da sua inserção nas demandas sociais.

A aprendizagem, com a diferença, elucidativa da cegueira branca, é elemento inerente à efetividade comunicativa que se realiza fora dos pressupostos da igualdade formal e da natureza litigiosa do conflito. Se há aprendizagem na efetividade angular — coloco em pauta — e não apenas se há efetividade.

Alerto porque autonomia e emancipação são pertinentes à efetividade *com* aprendizagem, na qual as faixas foram cortadas e os laços desamarrados para o diálogo. Nesse sentido se encaixa, a discussão acerca da igualdade, no resgate da comunicabilidade no direito que tem por mote a visibilidade que a diferença propicia.

A visibilidade do outro, que em uma perspectiva pedagógica é um duplo olhar porque a visibilidade do outro é, ao mesmo tempo, a minha visibilidade, é um processo ativo, reflexivo e autoreflexivo. Trata-se do protagonismo narrativo que precede, o seu entendimento, o do significado de narração nesse contexto.

A narração é, semanticamente, ação[313]. Em estreita juridicidade, talvez a narração pudesse ser comissiva, não fosse a comissão, em sentido amplo, também omissão (que poderia cegar). Assim, preferi a narração para, em um primeiro momento, qualificar a atuação — protagonizando — no diálogo problematizador. A narração, desse modo, diz com a condição de agente.

Para *Amartya Sen*, agente — em sua acepção mais antiga e grandiosa — é *alguém que age e ocasiona mudanças e cujas realizações podem ser julgadas de acordo com seus próprios valores e objetivos, independentemente de as avaliarmos ou não também segundo algum*

---

(312) FREIRE, Paulo. *Pedagogia da autonomia*, p. 107.
(313) Ação, processo ou efeito de narrar. Cf. *Dicionário Houaiss da língua portuguesa*.

critério externo.[314] Destaca, a educação enquanto qualificativo desse agir, posto que a *educação permite que sejamos seres sociais mais completos, pondo em prática nossas volições, interagindo com o mundo em que vivemos e influenciando esse mundo em uma atitude narrativa.*[315]

É questionável essa independência a que *Sen* faz referência se formos considerar a *instituição imaginária da sociedade,* conforme expõe *Cornelius Castoriadis*[316]. Segundo esse autor, a autonomia individual possui uma dimensão social que relativiza, a favor dos elementos externos, essa liberdade. É indisfarçável a matiz kantiana que aflora na obra de Sen.[317]

Destacar um papel narrativo no traçado da aprendizagem decorrente da efetividade de direitos não dispensa a atuação do Estado. O que se torna apropriado é problematizar o seu papel, já que o Estado não é uma entidade abstrata, mas reflete as relações de poder que circulam na sociedade onde está estruturado. Nesse sentido, *Boaventura de Sousa Santos* analisa a perspectiva de reinvenção emancipatória do Estado inserido em demandas globalizadas[318].

Referenciando *Paulo Freire*, que ao tratar da ação política no escopo de uma educação problematizadora nela identifica uma ação e uma reflexão, a narração que aqui trato também se constitui nesses elementos, acrescidos da auto-reflexão, a auto-reflexividade que *Boaventura* faz menção questionando o conhecimento da modernidade.[319]

Entretanto, o potencial de ação, reflexão e auto-reflexão não é mero ato político, mas, sobretudo, ato fundamentalmente político, porquanto,

"Não se muda a história apenas com qualidade política. É preciso igualmente qualidade formal, que expresse a competência técnica de manejar o conhecimento. (...) A capacidade de intervenção inovadora provem do conhecimento porque este possui o aguilhão do questionamento, sobretudo em sua versão pós-moderna. O que a educação agrega sobretudo é o direcionamento ético/utópico, que é o sentido das coisas.[320]

---

(314) SEN, Amartya Kumar. *Desenvolvimento com liberdade.* Trad. Laura Teixeira Motta. São Paulo: Companhia das Letras, 2000, p. 33. O autor focaliza essa atuação do indivíduo, no espaço público, dentro de uma perspectiva liberal, ou seja, interagindo no mercado, como participante de ações de caráter econômico, social e político, coletivamente ou atomizado em quaisquer esferas.

(315) *Idem*, p. 29.

(316) CASTORIADIS, Cornelius. *A instituição imaginária da sociedade.* Rio de Janeiro: Paz e Terra, 2000.

(317) A autonomia em Kant é volitiva, em face da capacidade do homem em se autodeterminar observando uma legislação de natureza moral nesse campo estabelecida sem a interferência de fatores exógenos.

(318) Cf. *A reinvenção emancipatória do estado.* Disponível no *site* http//www.ces.fe.un.pt/publicações/rccsactual.html. Acesso em 12 de novembro de 2003.

(319) Cf. SANTOS, Boaventura de Sousa. *Introdução a uma ciência pós-moderna.*

(320) DEMO, Pedro. *Ironias da educação. Mudança e contos sobre mudança,* p. 65.

Para o escopo pretendido, considero que o potencial emancipatório dos direitos humanos desperta e fortalece a capacidade narrativa. De certo, a atitude narrativa não se encontra descolada de uma ação política, ação, reflexão e auto-reflexão, como disse, problematizadora da nossa situação histórica no mundo com a perspectiva qualitativa de transformá-lo, de torná-lo visível em sua heterogeneidade, alargando o espaço público para além da quadratura circular da modernidade.

Compõe-se, então, a narração, para a visibilidade. Não poderia, assim, amordaçar o diálogo, a horizontalidade, por todas as razões que já vimos até aqui. Vê-la paralisada somente se, acoimada, a camisa de força lhe obstasse liberar os sentidos da cegueira muda ou, se, pela igualdade, restasse-lhe o vazio narrativo,[321] a irreflexividade.

A narração é, assim, relacional, integra o devir dos direitos humanos, a conscientização do mundo. O reconhecimento da minha presença no mundo me inspira ao reconhecimento do outro, já que autonomia e emancipação estreitam a transversalidade da dimensão social.

"Respeitar a diferença não pode significar *deixar que o outro seja como eu sou* ou *deixar que o outro seja diferente de mim tal como eu sou diferente (do outro)*, mas deixar que o outro seja como eu *não sou*, deixar que ele seja esse outro que *não pode* ser eu, que eu não posso ser, que não pode se um (outro) eu...."[322]

O outro é a criatividade do diálogo, é o desaparecimento da igualdade, o *procura-se* da diferença, sua edificação, seu *radier*[323]. O seu desnudamento não é universalizado, mas contextual, narrativo.

A construção da narração se perfaz, como os demais elementos da diferença, na problematização do mundo, na sua temporalidade e historicidade, na vivência dos direitos humanos. Não é, portanto, uma abstração, nem um caminho virtual, mas pode revelá-lo, tal como uma *matrix,* naquele sentido que me instiga, da instituição simbólica narrada por Castoriadis.

Autonomia e emancipação são dois elementos recorrentes quando se analisa as possibilidades de efetivação de direitos. A questão é reforçada quando a elas se acopla uma concepção pedagógica dos direitos humanos, quando se encontram vinculadas à educação, entendida como ação política. Ação, reflexão e auto-reflexão. A educação é, pois, uma narração consciente e direcionada para a transformação social, para a efetividade de direitos.

A presença da educação bancária envolve-se, assim, na dimensão social da autonomia, a qual *Castoriadis* se revolve. *Todo este mundo histórico-cultural, produto da práxis*

---

(321) O vazio narrativo, que não se confunde com o das lutas sociais (abertura para a dinamicidade das demandas sociais), é a passividade, a inércia. Seria, como ilustração, sentar-se, de costas, para a janela, aberta, e *ver* através dela, silenciosamente, o tempo passar, imóvel, sem nem mesmo se dar conta de que respira.
(322) PARDO, Jose Luis. *El sujeto inevitable. In* SILVA, Tomaz Tadeu. Ob. cit., p. 101. Destaques do autor.
(323) Radier, espécie de fundação para construções de pequeno porte. *Houaiss Dicionário da Língua Portuguesa*. Rio de Janeiro: Objetiva, 2004.

humana, se volta sobre o homem, condicionando-o. Criado por ele, o homem não pode, sem dúvida, fugir dele. Não pode fugir do condicionamento de sua própria produção(324). O condicionamento, que é histórico, remete-nos a novas demandas no devir criativo de modificar o mundo. Esse condicionamento, que não se confunde com o determinismo, é que limita e expande a autonomia individual.

A metáfora da cegueira presta-se a demonstrativo do alijamento que caracteriza uma atuação bancária(325) em face do mundo.

> "O medo cega (...), São palavras certas, já éramos cegos no momento em que cegámos, o medo nos cegou, o medo nos fará continuar cegos (...) Quantos cegos serão precisos para fazer uma cegueira. (...) E tu, como queres tu que continue a olhar para estas misérias, tê-las permanentemente diante dos olhos, e não mexer um dedo para ajudar. (...) Se tu pudesses ver o que eu sou obrigada a ver, quererias estar cego..."(326)

O medo paralisa a narração. O medo, aqui me refiro à alienação, à muda *cabra cega*, à passividade diante das questões do mundo no qual nos inserimos todos. Autonomia e emancipação não são, assim, dados, mas elaboração dialógica, construção de sentidos com o outro *na* rua, *com* a rua, conosco mesmo *nessa* rua.

Tô na rua...
Tô na rua...
Tô na rua fim de semana,
Não venha me pôr medo,
Eu já saio um rochedo
Se essa rua, se essa rua fosse minha...(327)

A autonomia atomista, centralizada no sujeito, é questionada por *Cornelius Castoriadis*(328) porque nela identifica uma dimensão social. O autor trabalha em uma perspectiva psicanalítica. A heteronomia se manifesta, em um primeiro momento, no que o autor identifica *o outro em mim*. Mas também, estima o impacto social que se trata da *instituição imaginária da sociedade*.

A verdade própria do sujeito é sempre participação a uma verdade que o ultrapassa, que se enraíza finalmente na sociedade e na história, mesmo quando o sujeito realiza a sua autonomia.(329)

---

(324) FREIRE, Paulo. *Pedagogia do oprimido*, p. 82. Cf. CASTORIADIS, Cornelius. *A instituição imaginária da sociedade*.
(325) A problematização da educação no cerne da efetividade dos direitos humanos encontra respaldo na obra de Paulo Freire, conforme será esclarecido no capítulo seguinte.
(326) SARAMAGO, José. Ob. cit., p. 131/135/195. Com adaptações.
(327) Trecho da música *Esse filme eu já vi*, composição de Luis Melodia e Renato Piau. Parte de uma cantiga de minha infância.
(328) CASTORIADIS, Cornelius. *A instituição imaginária da sociedade*. Trad. Guy Reynaud. 5ª ed. Rio de Janeiro: Paz e Terra, 2000.
O "outro" da relação angular, cala diante do senso ordinário do direito; tomando de assalto, o "outro" encarcerado no microconsciente da relação meramente normativa, silencia na verticalidade do diálogo.
(329) *Idem*, p. 129.

As nossas *independências* esbarram nas maquinações simbólicas construídas socialmente, do peso arbitrário das instituições. A autonomia, portanto, não é um processo isolado, mas depende de nossa inserção no mundo, da nossa visibilidade, questionando a sua simbologia, problematizando-o. Nesse sentido, é que se pode falar em emancipação.

A autonomia representa o comando do consciente sobre o inconsciente: *Se à autonomia, à legislação ou à regulação por si mesmo, opomos a heteronomia, a legislação ou a regulação pelo outro, a autonomia é minha lei, oposta à regulação pelo inconsciente que é uma lei outra, a lei de outro que não eu.*[330]

A discussão da autonomia individual leva, necessariamente, à reflexão acerca da autonomia social. O outro se descobre visível na heteronomia individual, na heteronomia da sociedade simbólica, mas também no processo emancipatório daí decorrente. *Em que sentido podemos dizer que a regulação pelo inconsciente é a lei do outro? De qual outro? De um outro literal, não de um "outro Eu", desconhecido, mas de um outro em mim. (...) A autonomia torna-se então: meu discurso deve tomar o lugar do discurso do Outro, de um discurso estranho que está em mim e me domina: fala por mim.*[331] A autonomia é um processo que se dá sempre em presença do outro, uma intersubjetividade que vai mais além do indivíduo.

Segundo *Castoriadis*, a heteronomia define — em distorção — para o indivíduo tanto a realidade quanto o seu desejo. Nessa operação, as decisões, automáticas, são inconscientes. A alienação se manifesta para além da operação de autonomia do sujeito, impregnada de *institucionalidade*.

A autonomia despe o véu da heteronomia em seu duplo aspecto, individual e social. Esse desvelamento inicia-se quando o *ego* toma o lugar do *id* que simboliza a presença da heteronomia. Nesse sentido, o *ego* torna-se *instância de decisão*. Essa é, portanto, uma mudança de qualitativa narração, porquanto *o inconsciente é o discurso do Outro*.

"O *Ego* é aqui o consciente em geral. O *Id* representando o inconsciente no sentido mais amplo. *Ego*, consciência e vontade, deve tomar o lugar das forças obscuras, que, "em mim", dominam, agem por mim. Essas forças não são simplesmente as puras pulsões; são também, e sobretudo, as forças de formação e de repressão inconscientes, o Superego e o Eu inconsciente."[332]

Desta forma, a desalienação é, também, um duplo acerto. Está, como a autonomia, no centro da transformação, no re-equilíbrio da tensão criativa entre a regulação e a emancipação. A autonomia estabelece, assim, uma nova relação, um novo discurso com o outro[333].

---

(330) *Idem, ibidem.*
(331) CASTORIADIS, Cornelius. Ob. cit., p. 124. Grifos meus. A subjetividade que *não é* pela heteronomia remete à passividade bancária de Paulo Freire, na atuação por meio de alguém, que o carisma exemplifica.
(332) *Idem*, p. 123. Com adaptações.
(333) O autor informa que não há coincidência entre o *eu* da autonomia e o *eu penso* "descarteano", uma vez que o discurso do outro *habita* a minha mente.

A problematização dessa condição de sujeição, a desconstrução desse imaginário castrador — que distorce o real encarado como se assim fosse, que dita, de fora, um sujeito credível —, desenvolve-se no âmbito de uma educação narrativa, de uma educação que combina o ato de conhecer com uma correlata ação política desalienada. É narrativa porque crítica ação política qualificada na aprendizagem. A criticidade do histórico desfile *no* mundo, *com* a rua.

> "As pessoas são isso *e* outra coisa, porém em sua vida individual a luta é monstruosamente desigual, pois o outro fator (a tendência para a autonomia) deve enfrentar todo o peso da sociedade instituída. Se é essencial lembrar que a heteronomia deve cada vez encontrar também as suas condições em cada explorado, ela deve encontrá-las também nas estruturas sociais (...) Eis porque aquele que diz querer a autonomia recusando a revolução das instituições não sabe nem o que diz nem o que quer."[334]

A discussão da diferença perpassa essa dialética do individual e imaginário debulhado por *Castoriadis*. E permite inferir porque o formalismo — e nesse caso, me refiro ao processo de especificação de direitos — não alcança a aprendizagem boiando, como náufrago, na superfície da efetividade, da ausência presente em uma concepção normativa — a verticalidade dialógica. E serve de ilustração a essa inquietação, mais uma vez, a discriminação[335].

Efetividade e aprendizagem são elementos que não se descolam em uma concepção pedagógica de direitos humanos. Esclareço que nos limites do palco angular questiono a extensão da efetividade, justamente, por faltar-lhe o caráter comunicativo, mas não há negação de que a efetividade ocorra. Fica a dever a amarração com a autonomia e emancipação, salto que se abre com a aprendizagem. Por outro lado, alarguemos o entendimento da verticalidade angular para outros fóruns que não o público estatal. Tratemos de considerar também, como exemplos, a família, a igreja, a fábrica, o mato, a casa, a fazenda, o carnaval, a mídia.

Lastreando a especificação de direitos, a discussão sobre a diferença (assimilação e diluição), para que se entenda que *uma coisa é uma coisa, outra coisa é outra coisa,* para *não ser* por causa da igualdade. Sob o estatuto da igualdade racial, a noite trará o negro como culpado, o dia, como suspeito; ao estatuto do idoso faltarão assentos; o estatuto da criança e do adolescente confundirá infância com FEBEM e os aviõezinhos serão menos que brinquedos de criança.

> "Os outros, no entanto, não estão na escola, mas no currículo. Desse modo, o objetivo é ensinar acerca da diversidade cultural e não a da alteridade educação [educação como um ato político]. Os outros estão ao alcance da mão, porém longe, marcados em foros, pinturas, músicas, teatros, bandeiras, festas

---
(334) *Idem*, p. 132, nota 41.
(335) Discriminação é categoria vinculada à diferença. O termo é utilizado no sentido da invisibilidade.

escolares etc. (...) Será impossível a tarefa de educar na diferença? Felizmente, é impossível educar se acreditamos que isto implica formatar por completo a alteridade, ou regular sem resistência alguma, o pensamento, a língua e a sensibilidade."[336]

Apenas ilustrações que me ocorreram para que não se confunda pedagogia crítica com tolerância, um artifício liberal para *não* notificar a diferença, para dispensar a sua problematização como um processo de construção. Para que se salte de uma conduta curricular para a efetividade na aprendizagem.

A especificação é mecanismo construído na pirâmide do princípio da igualdade sem que se note, nessa seara, que nem mesmo a igualdade é igualdade senão sob um determinado ponto de vista, conforme *Amartya Sen* expõe sem lançar mão do enigma da esfinge.

A ressalva se faz importante porque não se pode confundir especificação com diferença supondo uma equivalência que esta possa ter com a igualdade. A reflexão acerca da diferença subsiste a esse processo considerando-se aspectos, entre outros, relativos à faixa etária, gênero, etnia, cultura, bem como aqueles relativos à construção simbólica da sociedade. A especificação responde, assim, a demandas de desigualdades e não à consideração da diferença, marginalizada.

Sou um homem invisível. Não, não sou um fantasma como os que assombravam Edgar Allan Poe; nem um desses ectoplasmas de filme de Hollywood. Sou um homem de substância, de carne e osso, fibras e líquidos — talvez se possa até dizer que possuo uma mente. Sou invisível, compreendam, simplesmente porque as pessoas se recusam a me ver. Tal como essas cabeças sem corpo que às vezes são exibidas nos mafuás de circo, estou, por assim dizer, cercado de espelhos de vidro duro e deformante. Quem se aproxima de mim vê apenas o que me cerca, a si mesmo, ou os inventos de sua própria imaginação — na verdade, tudo e qualquer coisa, menos eu.[337]

Visibilidade e invisibilidade atravessam a tensão recorrente na expectativa da efetividade de direitos. São elementos que compõem a conjunção entre direitos humanos *e* educação. Curiosamente, no livro *Vigiar e Punir, Michel Foucault*,[338] ao trabalhar, com Bentham, o espaço do *Panóptico,* nos toca acerca de uma visibilidade que se constitui como um decreto da invisibilidade. O outro aparece, então, por desaparecer. A visibilidade é a condição *sine qua non* para a sua invisibilidade.

A atraiçoada pontualidade talvez possa ser traduzida valendo-nos de *Pierucci*, ou seja, identificando nessa construção de pátio e torre, vãos e janelas, divisórias e silêncios, uma cilada da diferença. De uma outra forma, talvez, a construção, na verdade, reforça margens *poluídas* pela diferença, onde o *panóptico* realiza o papel de draga.

---

(336) SKLIAR, Carlos e DUSCHATKY, Silvia. "O nome dos outros. Narrando a alteridade na cultura e na educação". *In* LARROSA, Jorge e SKLIAR, Carlos. (Org.). *Habitantes de Babel.*Belo Horizonte: Autêntica, 2001, p. 133/137.
(337) Ralph Ellison citado por Ivair Augusto Alves dos Santos. "Ações Afirmativas: farol de expectativas". *In* SOUSA Jr., José Geraldo *et alii* (Org.). *Educando para os direitos humanos. Pautas pedagógicas para a cidadania na universidade*, p. 154.
(338) FOUCAULT, Michel. *Vigiar e Punir. A história da violência nas prisões.* 26ª ed. Petrópolis: Vozes, 2002.

A visibilidade nesse contexto reitera e justifica a exclusão, na medida em que, pendendo para a regulação reforça a ordem e o controle. Outro *aparece* para a sua invisibilidade. *A visibilidade é uma armadilha.*[339]

"Todos os mecanismos de poder que, ainda em nossos dias, são dispostos em torno do anormal, para marcá-lo como para modificá-lo, compõem essas duas formas de que longinquamente derivam mecanismos dualistas de exclusão: normal e do anormal para fazer funcionar controles (...) Os controles de poder atual trabalham ainda com dicotomias."

A disposição espacial do *panóptico* revela, na horizontalidade, da quartinha para a quartinha, a invisibilidade; na verticalidade, da quartinha para torre, a visibilidade. Entretanto, esse jogo redunda em um único esforço: a invisibilidade. Tanto a fática, do vigia para com o enquadrado; quanto a imaginária, do enquadrado para com o vigia. *Bentham* traduz essa dinâmica por meio do visível e do inverificável.

O visível se dá na presença da torre enquanto o inverificável na subjetividade, na certeza do espio, ainda que, de fato, não se esteja sendo observado. Trata-se, evidentemente, de um controle sofisticado balizado e realimentado pela *mise-en-scène* do visível e do invisível. Sua visibilidade, nesse caso, sustenta a sua exclusão, enfatiza o controle.

Confundem-se, então, a visibilidade e o controle. Não remetem à temática sobre a qual reflito de que a visibilidade do outro suporta um tal caráter de aprendizagem construído *com* a efetividade de direitos. Para *vigiar e punir* exagero pensar em diálogo.

"[o prisioneiro] É visto, mas não vê; objeto de uma informação, nunca sujeito numa comunicação. A disposição de seu quarto, em frente da torre central, lhe impõe uma invisibilidade axial; mas as divisões do anel, essas celas bem separadas, implicam uma invisibilidade lateral. E esta é a garantia da ordem. (...) A multidão, massa compacta, local de múltiplas trocas, individualidades que se fundem, efeito coletivo, é abolida em proveito de uma coleção de individualidades separadas. (...) Daí o efeito mais importante do Panóptico: induzir no detento um estado consciente e permanente de visibilidade que assegura o funcionamento automático do poder [que empurra para a invisibilidade]."[340]

A dupla visibilidade, da torre para com o excluído e deste para com a sua própria exposição; ao mesmo tempo, a invisibilidade horizontal tornada possível pela incomunicabilidade das quartinhas, faz questionar a qualidade do outro nesse processo, nos termos em que tive a oportunidade de atentar na fala de *Reis de Paula*.

---

(339) *Idem*, p. 166.
(340) *Idem, ibidem.*

Nesse cenário, a visibilidade não é o passaporte para a autonomia e a emancipação, senão para a sujeição, como *Foucault* informa.

"Quem está submetido a um campo de visibilidade, e sabe disso, retoma por sua conta as limitações do poder, fá-las funcionar espontaneamente sobre si mesmo; inscreve-se em si a relação de poder na qual ele desempenha simultaneamente os dois papéis: torna-se o princípio de sua própria sujeição."[341]

Retomo, então, a questão da visibilidade do outro, enquanto diálogos de sentidos de um mundo que tem redores e que se elabora discutindo a diferença.

O embalar na rede da diferença constrói a ponderação que compassa a questão da regulação e da emancipação. É o quebranto do monismo, da verticalidade antidialógica recuperando-se a arena da transversalidade plural. É a práxis, a narração, é o *como fazer que visa ao outro ou os outros como seres autônomos*.[342] É nessa perspectiva que se pode contar com a relação entre direitos humanos *e* educação, na qual se concebam uma pluralidade de opções.

Por ser de lá
Do sertão, lá do cerrado
Lá do interior, do mato
Da caatinga, do roçado
Eu quase não saio
Eu quase não tenho amigo
Eu quase não consigo
Ficar na cidade
Sem viver contrariado
Por ser de lá
Na certa, por isso mesmo
Não gosto de cama mole
Não sei comer sem torresmo
Eu quase não falo
Eu quase não sei de nada
Sou como rês desgarrada
Nessa multidão boiada
Caminhando a esmo[343]

---

(341) *Idem*, p. 168.
(342) *Idem*, p. 129, nota 34.
(343) *Lamento do Sertanejo (Forró do Dominguinhos)*. Composição de Dominguinhos e Gilberto Gil.

Capítulo 5

Nessa lonjura, a rua é uma maravilha...
Ninguém vai para o poço

Se vira, menino, que a vida é à vera
É prova dos nove, é um jogo de cão
Se vira, menino, você tá sozinho
E todo mato é espinho
Pro teu destino ladrão
Precisa do Pai, precisa do Filho, precisa do Espírito Santo
Do Espírito Santo
Da Virgem Maria, da tia, da vizinha
Ou então de quem pariu esse país
Me diga quem viu
Me diga quem pariu esse país
Dos braços abertos, do céu anil
Me diga quem te pariu![(*)]

A visibilidade da diferença baliza a efetividade dos direitos humanos e a educação em uma relação de complexidade que aponta para uma ação política de existência problematizadora, porque histórica, no mundo.

Considero pertinente a distinção feita por *Paulo Freire* entre a educação bancária e a educação problematizadora, no sentido de narrar a presença dos direitos humanos nos espaços da autonomia e da emancipação, águas de março entre o *sendo ser* e o *ser sendo*, entre o imobilismo e a narração.

A cegueira muda contextualiza-se no âmbito de uma educação bancária, garante do processo de desumanização conduzido em um circuito oval pela modernidade. Por ela decreta-se a invisibilidade, a ausência, o poço, *o retrato do artista quando coisa*.[(344)]

"A modernidade começa com a afirmação cartesiana da ciência que representa o mundo. O mundo desencantado não fala mais a linguagem da filosofia, com pensavam os gregos; tampouco fala a linguagem divina, como pensavam os religiosos, mas fala a linguagem da ciência e da matemática. Pensando assim Descartes reifica o mundo no sentido epistemológico, o que traz conseqüências dramáticas.(...) Hoje a clonagem científica é só mais um exem-

---

[(*)] Texto de Daniela Mercury integrado à música Eletrodoméstico, composição de Marcelo Yuka e Falcão (O Rappa).
(344) Manuel de Barros e Luis Melodia.

plo da situação na qual a reprodução da vida é ligada à ciência e não mais à própria vida. A vida, ou melhor, o concreto, o particular estão, com a modernidade enveredando por um caminho sem saída."[345]

Até aqui vim demonstrando os limites de uma concepção formalista no que se refere à efetividade dos direitos humanos. Realizei nesse contexto, a parceria com o pedagógico percorrendo a aprendizagem.

A pura identificação entre direito e Estado, que se insere no desequilíbrio entre os pilares da regulação e da emancipação, surpreende-nos quando o Estado arrebata para si o monopólio da criação e aplicação do direito.

O necessário reconhecimento de direitos na formatação de um ordenamento jurídico compõe a cidadania, mas não a encerra, senão reduzida, a essa operação. Assim como o espaço público se expande para além do estatal, o jurídico não se limita a uma cidadania tutelada.

Assim, a concretização dos direitos humanos concorre para o desvelamento e o deslumbramento da rua, como espaços qualificados de inserção narrativa, mediante a prática educativa.

No âmbito de uma educação problematizadora protagonizam o diálogo e a diferença, o outro e a narração, a rua e a quizumba (conflito), a horizontalidade. A reflexão a partir desses elementos constrói a aprendizagem do *ser sendo* no mundo, dos direitos humanos *com* educação.

A trajetória que revela e concatena esse enredo que nos iça do poço, da *cara feia* ao nível da autonomia e emancipação se estrada nas tensões da modernidade, especificamente a que recomenda os pilares da emancipação e da regulação conforme expõe *Boaventura de Sousa Santos*.[346]

De acordo com *Boaventura*, a cooptação do pilar da emancipação pelo da regulação solapou o potencial emancipatório da modernidade, cujos reflexos, para o escopo pretendido, se maximizam — numa linguagem apropriadamente da eficiência — pela baixa intensidade do caráter pedagógico que se verifica na efetividade dos direitos humanos e que estrela o processo de desumanização que marca a condição bancária que se espia, atualmente, no mundo. O *descumprimento* das promessas causa, assim, o mal-estar que afeta a modernidade.

"A absorção da emancipação pela regulação — fruto da hipercientificização da emancipação combinada com a hipermercadorização da regulação —, neutralizou eficazmente os receios outrora associados à perspectiva de uma transformação social profunda e de futuros alternativos."[347]

---

(345) MIROSLAV, Milovic. Ob. cit., p. 23.

(346) No texto *Por uma concepção multicultural de direitos humanos*, o autor identifica outras duas tensões dialéticas na modernidade, para além da regulação e emancipação. Trata-se daquela que se estabelece entre o Estado e a sociedade civil concentrada no monismo estatal; e a que confronta Estado e globalização que questiona o modelo político fincado no Estado-nação, p. 12/ 13.

(347) SANTOS, Boaventura de Sousa. *A crítica da razão indolente. Contra o desperdício da experiência*, p. 57.

Por outro lado, o autor também informa que, embora a emancipação não tenha sido promovida, conforme a expectativa revolucionária inicial, a regulação também sofreu revezes por conta da crise do Estado-nação em face do acelerado processo de globalização.

O referencial problematizador[348] que centra a análise que propus acerca da possível aprendizagem com vistas à emancipação e autonomia, se lastreia na recomposição proposta pelo autor, dos pilares, no sentido de evidenciar, na regulação, o pluralismo jurídico, a rua, a visibilidade por meio do princípio da comunidade; bem assim, quanto à emancipação, construir um humanismo relacional, cujo foco abandona o homem atomizado e abstrato, que atua não somente descolado do mundo, mas de si e do outro, em uma credibilidade na *infalível* potência do *sendo ser* que homogeneíza; considerando-o em sua visibilidade, existência narrativa concreta, em transversalidade com o mundo, com o outro e consigo mesmo nesse sentido.

A ênfase na racionalidade estético-expressiva das artes e da literatura destoa, completamente, da desumanizadora racionalidade cientificista engendrada na modernidade e focaliza a afetividade da pessoa inserida em um contexto social elétrico, histórico, dinâmico, comunicativo.

No estrito âmbito do direito, questiono a banalização do humanismo jurídico que rodopia em torno das categorias sujeito de direito e direito subjetivo, antidialógicas e verticalizadas, insensíveis e narcisistas, que encarnam a litigiosidade do conflito em busca de uma regularidade *de outro mundo,* qualquer um que aceite o imobilismo como regra, onde a *meia volta* da ciranda não alcance a *volta e meia vamos dar* da cirandinha.

Hoje eu atingi o reino das imagens, o reino da despalavra.
Daqui vem que todas as coisas podem ter qualidades humanas.
Daqui vem que todas as coisas podem ter qualidades de pássaros.
Daqui vem que todas as pedras podem ter qualidade de sapo.
Daqui vem que todos os poetas podem ter qualidade de árvore.

Daqui vem que todos os poetas podem arborizar os pássaros.
Daqui vem que todos os poetas podem humanizar as águas.
Daqui vem que os poetas devem aumentar o mundo com as suas metáforas.
Que os poetas podem ser pré-coisas, pré-vermes, podem ser pré-musgos.
Daqui vem que os poetas podem compreender o mundo sem conceitos.
Que os poetas podem refazer o mundo por imagens, por eflúvios, por afeto[349].

Desenvolvendo as suas perspectivas com relação a uma educação para a liberação, Paulo Freire[350] faz a distinção entre a educação bancária e a educação problematizadora.

---

(348) Em acordo com a educação problematizadora de que trata Paulo Freire em sua obra.
(349) BARROS, Manoel de. "Despalavra". *Ensaios Fotográficos.* Rio de Janeiro: Record, 2003.
(350) FREIRE, Paulo. *Pedagogia do Oprimido.*

Historicidade e comunicabilidade demarcam os limites entre as duas. Nuclear é a sua consideração, que aqui também assumo, de que mais que um ato de conhecimento, sendo também isso, a educação é uma ação política na direção do *ser sendo* no mundo.Enquanto ação política, a educação impende para uma ação de transformação *do* mundo, um agir narrativo, isto é, uma ação e uma reflexão, à qual acrescentei uma auto-reflexão. A ação educativa é, pois, narrativa.

A construção da visibilidade se afigura e se expande no espaço de uma educação problematizadora, positivamente, creditório que é da horizontalidade do diálogo. Caminha-se nesse passo a lonjura da outridade, o caminho da humanização que se descola de uma concepção narcisista do sujeito voltando-se para a pessoa de sentidos inserida no seu contexto a partir do conteúdo transversal que atravessa a comunicabilidade.

> "Hacer de los derechos humanos un contenido y un objetivo transversal significa buscar consensos sociales. Em otras palabras, la decisión de transversalizar los derechos humanos debe necesariamente ser el resultado de las deliberaciones y opiniones de educadores, padres de família, miembros de la comunidade, de las Iglesias, corrientes de opinión política, empresários, estudiantes, grêmios de professores, etc. Cada uno debe pronunciarse al respecto, hacer su aporte , entregar su visión de mundo y de sociedad."[351]

A transversalidade indica o rompimento com o isolamento do indivíduo trazendo-o, com autonomia, em emancipação, ao rumo da outridade que o faz não apenas perceber-se, mas fazê-lo para além do seu espelho d'água, mais adiante de seu *próprio*[352] unidirecional reflexo: *Nesse matagal sem fim, nessa estrada, nesse rio seco: Não quer saber de mim. Mas, e você o que faz, Que não repara no chão, Por onde tem que passar, E pisa o meu coração...*[353]

A educação problematizadora se afasta de uma concepção litigiosa do conflito permitindo-se o diálogo *com* a aprendizagem, posicionando-se diametralmente distante da desumanização que caracteriza o excludente normativismo e a educação bancária. Desconstitui a relação do saber como um poder sobre o outro — um receptáculo — insistindo na visibilidade.

Edgar Morin,[354] identificando os quatro pilares da educação contemporânea — aprender a ser, a fazer, a viver juntos e a conhecer — que atuam reunidos, informa que a viabilidade da educação se vincula a uma educação integral do ser humano, dirigida à sua totalidade aberta, no que tece uma crítica à especialização do conhecimento: *De fato, ser especialista em tudo, é não ser especialista em nada.* E citando *Raymond*

---

(351) MAGENDZO, Abraham. "Los derechos humanos. Um objetivo transversal del curriculum". *Revista do Instituto Interamericano de Derechos Humanos.* Série *Estudos Básicos de Derechos Humanos.* Vol. 36, Tomo IX, p. 227 a 247, p. 227
(352) Grifo *próprio* em função das conexões feitas com Castoriadis no âmbito da autonomia individual.
(353) *Retrato da vida.* Djavan e Dominguinhos. Com adaptações.
(354) MORIN, Edgar. *Os sete saberes necessários à educação do futuro.* Trad. Catarina Eleonara F. da Silva e Jeanne Sawaya. 3ª ed. São Paulo: Cortez; Brasília, DF: UNESCO, 2001, p. 17

Aron, que dizia *que é próprio do trabalho de um especialista saber tudo sobre um campo extremamente reduzido, ou seja, quase nada.*[355] Dessa forma, a especialização encontra-se na linha direta da abstração.

No âmbito da problematização do ato de conhecer e da sua inserção dinâmica no mundo que o elabora insere-se a resistência da concepção bancária ao relativismo[356] do conhecimento,

> "O conhecimento, sob forma de palavra, de idéia, de teoria, é o fruto de uma tradução/reconstrução por meio da linguagem e do pensamento e, por conseguinte, está sujeito ao erro. Este conhecimento, ao mesmo tempo tradução e reconstrução, comporta a interpretação, o que introduz o risco do erro na subjetividade do conhecedor, de sua visão do mundo e de seus princípios de conhecimento".

Expressa em um enfoque problematizador, a educação é edificada nos pilares da originalidade, cooperação e erguida com o cimento da solidariedade; sem compartilhamento, o conhecimento é vazio e perigoso: da fissura do átomo à bomba atômica.[357]

Focalizando a educação problematizadora, *Pedro Demo*[358] o faz com foco na pobreza política. Essa a questão que o autor prioriza quando se trata de relacionar direitos humanos *com* educação.

> "Pior que a fome, é não saber que a fome é imposta e representa fonte de privilégios para alguns. A própria idéia de "direitos humanos" atesta este enfoque, porque, no fundo, indica horizonte de dignidade para além da relação material, embora esta sempre venha necessariamente incluída. É certamente muito contraditório que os direitos humanos sejam troféu das sociedades liberais capitalistas, como é intrigante ao extremo que os Estados Unidos se apresentem como garante dos direitos humanos num mundo, mas, mesmo assim, na dialética das contradições históricas permanece o fato de que a qualidade de vida não se reduz à comida."

Dentro de uma perspectiva bancária, então, o problema da pobreza justifica-se como um olhar para fora, determinada por fatores exógenos, s*em perceber que pobreza é processo histórico produzido, mantido e cultivado. Não chega a idéia crucial de que, para sair da pobreza, é mister, primeiro, compreender que se trata de injustiça e de imposição social, e, segundo, de desenhar projeto próprio de solução, no qual a peça fundamental seja o próprio pobre.*[359]

---

(355) MORIN, Edgar, PENA-VEGA, Alfredo e PAILLARD, Bernard. *Diálogo sobre o conhecimento*. Trad. Maria Alice Araripe Doria. São Paulo: Cortez, 2004, p. 59.
(356) Com a devida ponderação de que o relativismo também pode servir a princípios absolutistas, que aqui contesta. MORIN, Edgar. *Os setes saberes necessários à educação do futuro*, p. 20.
(357) GENTILI, Pablo e ALENCAR, Chico. *Educar na esperança em tempos de desencanto*. 4ª ed. Rio de Janeiro: Vozes, 2003, p. 103.
(358) DEMO, Pedro. Pobreza política, direitos humanos e educação. *In* SOUSA Jr., José Geraldo de *et alli*. (Org.). *Educando para os direitos humanos*. Porto Alegre, Síntese, 2004, p. 35 a 54, p. 35.
(359) *Idem*, p. 36.

Enquanto comunicados, a educação tipificada como bancária descaracteriza o agir narrativo. Retomarei essa questão assim que explicite o caráter bancário da educação.

Será, que será, que será, que será?
Que essa minha estúpida retórica,
Terá que soar
Terá que se ouvir
Por mais mil anos...[360]

A cegueira, à qual *José Saramago* se referiu, não patológica, mas social, elabora-se e constrói-se em um ambiente propiciado por um reiterado sentido arquivista da educação bancária. Longe de relacional, o conteúdo depositário polariza e reproduz o ato de conhecer em uma dimensão mecânica de automatização dos envolvidos. Essa dispersão da realidade, valorizada pela *superioridade* do dono do poder, na verdade, atinge a ambos os pólos, alienados no contexto de uma sociedade instituída. É o ambiente no qual se configura a passagem incólume do tempo, a exclusão, a a-historicidade, o vazio narrativo, a perda de Pandora.[361] Trata-se da curiosa capacidade de coexistirem presença e ausência no mundo. *Na verdade, seria incompreensível se a consciência de minha presença no mundo não significasse já a impossibilidade de minha ausência na construção da própria presença.*[362]

Como ação política, a educação se afasta da neutralidade. A educação bancária, descolando-se do contexto social, desconstitui possibilidades confundindo condicionamento com determinismo histórico. Dentro dessa lógica, é uma educação *instituída*[363] — burocrática, nos termos de *Paulo Freire*[364] — e assim se reproduz, podando as manifestações do sopro da vida, isto é, abandonando-se a um tecnicismo fragmentário que nenhuma margem dá a qualquer movimento ou intenção emancipatória.

A leitura de mundo que se desenha, nesse sentido, é limitada e, sendo assim, limito-me também à estreiteza que a objetivação me sucede. Caminhando nos limites impostos reduzo o espectro de visibilidade e se não falo, não escuto, senão assimilo, adaptando-me ao mundo ao invés de transformá-lo.

Observo essa tendência na técnica de decisão jurídica, na qual se pergunta a respeito da norma: *voluntas legis* ou *voluntas legislatoris*. O melhor texto, segundo *Paulo Freire*,[365] é o que transcende, portanto, aquele que se põe em aberto remetendo-nos

---

(360) VELOSO, Caetano. *Podres Poderes.*

(361) A primeira mulher, feita de barro por Hefesto, deus do fogo, por ordem de Zeus; recebeu de Atena o sopro da vida e, dos outros deuses, todos os encantos, donde o seu nome, fecunda. Cf. *Dicionário Houaiss da Língua Portuguesa*, p. 2.116.

(362) FREIRE, Paulo. *Pedagogia da autonomia*. 29ª ed. Rio de Janeiro: Paz e Terra, 2004.

(363) Remetendo-me a Cornelius Castoriadis.

(364) ... *mas pelo poder invisível da domesticação alienante que alcança a eficiência extraordinária no que venho chamando "burocratização da mente". Um Estado refinado de estranheza, de "autodemissão" da mente, do corpo consciente, de conformismo do indivíduo, de acomodação diante de situações consideradas fatalisticamente como imutáveis (...) É a posição (...) de quem entende e vive a História como* **determinismo** *e não como* **possibilidade**. Cf. *Pedagogia da autonomia*, p. 114. Grifos do autor.

(365) FREIRE, Paulo. *Pedagogia dos sonhos impossíveis*. São Paulo: Unesp, 2001, p. 73.

à incompletude do processo histórico. Um texto pode se dar por completo dentro de um determinado ponto de vista, de uma variável focal. Em um outro contexto desnuda-se a sua incompletude. Planeja-se uma viagem contra o tempo, mas, ele, salta!

Vou andar, vou voar
Pra ver o mundo
Nem que eu bebesse o mar
Encheria o que eu tenho de fundo...[366]

Repetindo-se em depósitos, a educação bancária remete-nos à temática da exclusão e contraria a dinâmica do contextual, conforme discuti no capítulo 2, bem assim tende à naturalização da vida decretando, assim como *Gentili* narrou, a invisibilidade.

De certo, de tudo que venho compartilhando até aqui, a neutralidade da educação não se compatibiliza com o diálogo. Hierarquizando a relação pedagógica não se dá ouvidos ao outro. Pondo-se em destaque, prolatando situações ao invés de — intervindo — transformá-las narrativamente, reforça-se a eficácia em detrimento da efetividade.[367]

Buscando eficiência, no rastro da desumanização, que seria uma *inserção* descontextualizada na vida, a educação bancária se especializa, fragmentando-se, constituindo-se a despeito da transversalidade e da complexidade trabalhada em Morin. *A desconsideração total pela* **formação** *integral do ser humano e a sua redução a puro* **treino** *fortalecem a maneira autoritária de falar de cima para baixo [verticalidade].*[368]

Dentro desse contexto — retomando uma referência anterior — que nos coloca as múltiplas possibilidades de metamorfoses que as relações sociais podem sofrer, a narração resta prejudicada. Recorro, mais uma vez, a *Paulo Freire*,[369] quando trata da *distração* em relação à rua nas posturas de acomodação e adaptação típicas da arte do depósito. Nesse sentido, não há que se falar da narração na forma até aqui destacada: a narração enquanto ação, reflexão e auto-reflexão. Narração que se combina com a ação educativa, em um influir *ser sendo* no mundo.

É bastante observável a forma como há uma adequação entre o mecanismo de depósito e a relação angular — dentro de uma avaliação especificamente estrita do jurídico — entre as que já apontei, que propicia aquele processo de coisificação da relação jurídica.

Demasiadas palavras
Fraco impulso de vida
Travada a mente na ideologia

---

(366) Djavan. *Seduzir*.
(367) A efetividade, quando referida, conduz à aprendizagem *com* os direitos humanos.
(368) FREIRE, Paulo. *Pedagogia da autonomia*, p. 115. Grifos do autor.
(369) *Idem*, p. 76.

E o corpo não agia
Como se o coração tivesse antes que optar
Entre o inseto e o inseticida.[370]

Contextualizando o papel da educação no cenário neoliberal, *Gentili*, informa que, *o neoliberalismo precisa — em primeiro lugar, ainda que não unicamente — despolitizar a educação — educação para os direitos humanos — dando-lhe um novo significado como mercadoria para garantir, assim, o triunfo de suas estratégias mercantilizantes e o necessário consenso em torno delas.*[371] O autor critica o enfoque nos aspectos relativos ao mercado: competitividade, eficiência, mensurabilidade e a lucratividade, todos elementos constituintes de um novo consenso *nas barbas* do neocapitalismo.

o neoliberal
sonha um admirável
mundo fixo
de argentários e multinacionais
terratenentes terrapotentes
coronéis políticos
milenaristas (cooptados) do
perpétuo
status quo:
um mundo privé
palácio de cristal
à prova de balas:
bunker blau
durando para sempre — festa
estática
(ainda que sustente sobre
fictas
palafitas
e estas sobre uma lata
de lixo)[372]

Os efeitos desumanizadores do neoliberalismo são também discutidos por *Sueli Carneiro*[373]. Segundo a autora, o avanço de uma globalização neoliberal — predatória e injusta — amplia o niilismo que traz como resultados o endurecimento de corações e mentes, a desqualificação da solidariedade e a ridicularização de valores que governaram a modernidade. Na lógica de um mundo onde somente há lugar

---
(370) VELOSO, Caetano. *Eclipse oculto*.
(371) GENTILI, Pablo. "Adeus à escola pública. A desordem neoliberal, a violência do mercado e o destino da educação das maiorias". *In* GENTILI, Pablo (Org.). *Pedagogia da exclusão. Crítica ao neoliberalismo em educação*.
(372) CAMPOS, Haroldo de. "Poema Inédito". *In Folha de São Paulo*, 12.6.1998.
(373) CARNEIRO, Sueli. BUARQUE, Chico. *Jornal Irohin*. Brasília, ano X, n. 8. Dez./Jan. 2004-2005, p. 20. Meu destaque.

para *vencedores*, a força do dinheiro que fundamenta uma existência privilegiada impõe-se sobre a ética. Porque não há espaço para **todos,** os *vencidos* compõem o grupo dos descartáveis. *Livres de uma ética humanista e de uma consciência moral, os donos do poder manifestam suas razões mais profundas cada vez com menor pejo, porque a moral da época permite que o poder expresse com crueza absoluta seu desejo de permanência exclusivista.*

A aprendizagem que se pretende *com* os direitos humanos extrapola os parcos limites do formalismo, contexto no qual uma atitude bancária se desenvolve. Universalidade e individualismo são elementos que complementam esse *estar de fora* do mundo, um *sendo ser* que contrai a história e o tempo em caixas douradas que, a despeito do esplendor, aparenta. Na educação bancária, minucioso silêncio de um diálogo sem conflito.

No lastro da discussão sobre o caráter pedagógico da efetividade dos direitos humanos, que casa a questão no plano de uma educação problematizadora, não neutral e positiva, discute-se o humanismo ou, melhor, a humanização.

Esse o momento em que aflora as ranhuras do humanismo jurídico. A humanização que toca nessa nossa discussão tem por escopo desconectar-se da abstração e centralidade que caracterizam o individualismo, o argumento que possibilitou universalizar a cidadania como fenômeno linear no tempo e no espaço.

A humanização que transborda expectativas de autonomia e emancipação se dá pela inserção consciente no plano concreto da realidade. É uma atitude que se organiza nos espaços das demandas sociais e tem como alcance a visibilidade *convivida*. A humanização é, portanto, narrativa — ação e reação qualitativamente concatenadas para a mudança.

Essa trajetória de mudança insere-se no âmbito de uma educação problematizadora compreendendo que ação pedagógica e ação política atuam em complementaridade recíproca.

"[a educação problematizadora] é futuridade revolucionária.(...) Daí que corresponda a condição dos homens como seres históricos e a sua historicidade.(...) Daí que se identifique com o movimento permanente em que se acham inscritos os homens, como seres que se sabem inconclusos; movimento que é histórico e que tem o seu ponto de partida, o seu sujeito, o seu objetivo."[374]

A educação problematizadora não é um dado, não é por si, emancipatória, lembrando aqui o que *Boaventura de Sousa Santos*[375] elabora com relação ao direito. *No fim e ao cabo, o direito não pode ser nem emancipatório, nem não-emancipatório, porque emancipatórios são os movimentos, as organizações e os grupos cosmopolitas subalternos que recorrem à lei para levar suas lutas por diante.*

---

(374) FREIRE, Paulo. *Pedagogia do oprimido.* p. 73.
(375) SANTOS, Boaventura de Sousa. Poderá o direito ser emancipatório?, p. 71. Como formas contra-hegemônicas emancipatórias, o autor elenca o cosmopolitismo e o patrimônio comum da humanidade.

O potencial transformador dos direitos humanos e da educação, combinados em direitos humanos *com* educação, relaciona-se *com* a aprendizagem. Aprender a estar no mundo, a *ser sendo* debruçando-se sobre o vivo cotidiano e fazer *fazendo* traduzir a regulação na rua, contemporizando *com* ela, criando e recriando, desenhando e redesenhando *croquis* esvoaçantes na historicidade dos múltiplos enlaces porvir.

Pedro Demo,[376] também nessa perspectiva emancipatória, trata de recomendar uma aprendizagem reconstrutiva, que é intersubjetiva e tem como desafio o aprender protagonizando a relação e não a verticalidade da presença do professor. O enfoque aqui também é o da ação política historicamente constituída.

Problematizar, portanto, é se colocar no mundo conscientemente, agindo intersubjetivamente, já que autonomia e emancipação são movimentos que se perfazem no conflituoso diálogo, para além do espelho d'água até o transluzir instigante da visibilidade.

Ontem um menino que brincava me falou
Ele é semente do amanhã
Para não ter medo que este tempo vai passar
Não se desespere e nem pare de sonhar
Nunca se entregue, nasça com as manhãs
Deixe a luz do sol brilhar no céu do seu olhar
Fé na vida, fé no homem, fé no que virá
Nós podemos tudo, nós podemos mais
Vamos lá fazer o que será...[377]

Sem dúvida, o que venho discutindo remete àquela busca de sentido, ou melhor, de um outro sentido e de outros sentidos para a regulação e a emancipação que, na leitura dos abusos do tecnicismo e dos excessos da ciência, convergem para a desumanização da vida, em nome de um reducionismo que limita o progresso à tecnologia, investindo-a no imaginário do bem-estar.

A efusão de celulares — a cada dia novos modelos que logo vão nos fazer viajar puxando-nos pela tela de cristal líquido — convive com imensas áreas onde grassa a pobreza extrema, pobreza em sentido amplo; cenário no qual o Brasil se insere. A automatização lastreia-se no aumento das filas em banco, no crescimento das taxas de desemprego e dos índices de violência dessa situação decorrente.

Na verdade, o enfoque não é na automatização mesma, mas na sua concepção e nas suas conseqüências, o que pode ser compreendido na assimetria entre a capa-

---

(376) DEMO, Pedro. Ob. cit., p. 44.
(377) Gonzaguinha. *Nunca pare de sonhar*.

cidade de agir e a capacidade de prever, conforme *Boaventura* expõe.[378] A noção de progresso se impõe em face da excessiva capacidade de agir em relação à prevenção; enquanto aquela que se dá com o déficit em prever as conseqüências remete à exigência de mais progresso.

Esse outro sentido traz o protagonismo do homem concreto, relacional e dialógico, para o qual o pedagógico *mostra o caminho*, o *tomar tento* do ao redor percebendo-se nesse contexto. A partir dessa realização, dessa visibilidade recíproca — de si mesmo em relação ao mundo e deste, o mundo com os seus integrantes, consigo — demanda no sentido da emancipação, um movimento participativo que o integra no rumo das decisões no que *Boaventura de Sousa Santos*[379] denomina de autoridade compartilhada.

Na realidade, o questionamento acerca da falência do potencial emancipatório — se houve — da modernidade, aponta para a construção de uma nova concepção de sociedade, em que as contradições saiam do campo minado da anomalia sinalizando para a dinâmica de um contexto de diversidades transversais. Sociedade na qual fantoches e marionetes componham o lúdico e não determinem a ignorância estrutural do *estar fora* do mundo, da invisibilidade da rua, da exclusão naturalizada.

A agenda, assim exposta, recupera e revitaliza a ação política no âmbito da educação retirando-lhe a máscara de ferro do tecnicismo, batendo no ritmo de um outro humanismo, de uma nova racionalidade, afetiva, efetiva e pedagógico-narrativa, no que compasso com a racionalidade das artes e da literatura que *Boaventura* nos traz.

> "Hoje, mais do que nunca, há razões de sobra para afirmar que um outro mundo é necessário, urgente e possível. Um mundo que começa a ser engendrado nas lutas e ações dos movimentos sociais e populares, nas multidões que escrevem a história nascente deste século nos protestos, nas marchas, nas manifestações contra o globalitarismo excludente, em Seattle, em Praga, Niza, Dakar, Porto Alegre, Quebec, Gênova..."[380]

Problematizadora, a educação dialoga com a complexidade social. Por meio dela, busca-se desconstruir, criar, alargar espaços de discussão, onde a contextualização temática da exclusão, em suas mais variantes matizes, mazelas e percalços, vise à desnaturalização da realidade, isto é, a percepção do movimento histórico de que somos todos partícipes. A partir dessa nossa inserção no mundo, no que reitero chamar autonomia e emancipação, qualifica-se a participação no sentido de que transformar, e em que medida, depende da visibilidade que temos, conquistando, desde o local onde estamos inseridos.

---

(378) Cf. *A crítica da razão indolente. Contra o desperdício da experiência.*
(379) *Idem.*
(380) GENTILI, Pablo e ALENCAR, Chico. *Op. cit.*, p. 21.

A questão é se permitir discorrer sobre as *justificativas* do achatamento da diferença, da normalização da marginalização e da pobreza, da ignorância do *ser sendo* vital que nos coloca, ativamente, no mundo, no palco, e não na arquibancada, como meros espectadores.

> "Em nossas sociedades fragmentadas, os efeitos da concentração de riquezas e a ampliação de misérias, diluem-se diante da percepção cotidiana, não somente como conseqüência da frivolidade discursiva dos meios de comunicação de massas (com sua inesgotável capacidade de banalizar o que é importante e sacralizar o que é trivial), mas também pela própria força adquirida por tudo aquilo que se torna cotidiano; ou seja, "normal"."[381]

Desta forma, visualizamos, mais uma vez, a intersecção entre os direitos humanos e a educação no que concerne à efetividade. A linha condutora dessa junção é a aprendizagem desde a nossa lente, o nosso telescópio. Se a nossa objetiva estiver desfocada, ou com o foco para fora, nos distanciamos da narração e reforçamos a linearidade do tempo. Lentes contextualizadas qualificam a nossa participação e preenchem de sentido a nossa pessoa histórica, relacional, narrativa, visível.

Essa observação é importante, porque é corrente o entendimento de que, dentro de uma perspectiva qualificada como pedagógica, a relação que se estabelece entre direitos humanos e educação tem por escopo, apenas, dar conhecimento acerca da legislação especializada, comumente os instrumentos de direito internacional. A questão não diz, somente, com o caráter legalista dessa instrução, afinal é necessário dar ciência dos instrumentos disponíveis em face da violação de direitos.

Contudo, mais que esse efeito de resultado, torna-se premente — o que extrapola a questão preventiva, mas, com ela adita — a aproximação dos direitos humanos, enquanto *coisa nossa,* porquanto sentido desde o nosso local.

Tratando-se do papel que as instituições, enquanto fóruns, possam realizar no que se refere à efetividade dos direitos humanos, à construção da cidadania, esse aspecto torna-se relevante, especificamente no que tange ao processo de objetivação, coisificação, naturalização das relações humanas.

Uma nova postura exige o rompimento com aquele didatismo bancário reproduzido em escala mitótica, tratando-se da concretização de direitos, na verdade, menos aprendizagem que adjudicação, mais pressa que efetividade.

Olá como vai
Eu vou indo e você tudo bem
Tudo bem eu vou indo
Correndo pegar o meu lugar
No futuro e você

---

(381) *Idem*, p. 29.

Quanto tempo, pois é quanto tempo
Me perdoe a pressa
É a alma dos nossos negócios
Qual, não tem de quê
Eu também só ando a cem

Pra semana prometo talvez nos vejamos
Tanta coisa que eu tinha a dizer
Eu também tenho algo a dizer
Mas me foge à lembrança
Por favor, telefone eu preciso saber
Alguma coisa rapidamente
O sinal
Eu procuro você
Vai abrir, vai abrir
Por favor não esqueça, não esqueça
Não esqueço[382]

Isto porque os direitos devem, necessariamente, integrar a vida concreta das pessoas em relação, no diálogo de reconhecimento do outro, no trajeto da visibilidade.

A educação problematizadora, justamente, alça-se além do *aparente* formalismo que, corriqueiramente, reproduz-se no âmbito da prática educadora. É um chamamento reiterado de posicionamento em face do mundo, mas, adianta-se, não sem comprometimento. A ação política conscientizadora é paulatina e constante sem que se dê trela ao descolamento da realidade do nosso local. Nesse contexto, há que se apegar à distinção já referida entre condicionamento e determinismo em face do movimento histórico que traduz a pessoa em sua trajetória social. Isto por conta daquela dimensão social, *instituída,* que se revela no processo de autonomia do indivíduo, conforme nos coloca *Cornelius Castoriadis* em obra já citada.

> "Na perspectiva formalista, a cidadania é **concedida** (o indivíduo se torna cidadão na medida em que lhes são atribuídos direitos de diverso tipo) (...) [em contrapartida], a cidadania substantiva é sempre um espaço aberto, uma construção comum, nunca um estado final. Dito de outra forma, os valores e as atitudes que definem a cidadania são resultado de uma ação social em movimento constante, na qual consensos e dissensos se sobrepõem de uma forma complexa..."[383]

Remo Entelman,[384] ao desenvolver sua teoria do conflito, já indicava a inabilidade do direito em resolver a maioria dos conflitos que se apresentam, especialmente

---

(382) *Sinal fechado.* Paulinho da Viola. Com adaptações.
(383) GENTILI, Pablo e ALENCAR, Chico. Ob. cit., p. 73. Grifo do autor.
(384) ENTELMAN, Remo F. *Teoria de conflictos. Hacia um nuevo paradigma.* Barcelona: Gedisa, 2002, p. 30.

porque a maior parte deles estão focados no eixo do permitido, não do proibido. Justamente nesse sentido, compreende-se a importância de uma atitude problematizadora diante das múltiplas circunstâncias que possam ocorrer no âmbito das relações multipessoais. Também alerta para a forma violenta e não pacífica da resolução dos conflitos no âmbito normativo. Essa observação reflete os limites do diálogo — no antagonismo — conforme preleciona *Paulo Freire*.[385] Entre antagônicos não há diálogo, portanto, não há escuta.

O sentido da escuta é bastante relevante, especialmente em um contexto de racionalidade, cujo legado é a verdade absoluta. Essa invariabilidade e imobilismo, da qual um ordenamento jurídico hermeticamente fechado exemplifica, está inserida no contexto de assimilação dentro do pilar da emancipação, do direito, da ética, da moral e das artes pela ciência.

Em termos práticos, temos o monismo jurídico e a dogmática jurídica. A estatização, a mercadorização e o cientificismo estão na verve de uma racionalidade que visa a simplificar a complexidade social. E o silêncio recomenda-se como um excelente desamparo. Uma divisa entre o instruir bancário e o educar problematizador, entre uma ação parasitária e uma ação política, entre a ampliação do espaço público e uma despolitização tutelada, entre o espelho d'água e visibilidade, entre a certeza e a incerteza, entre o adormecer e o despertar, entre o determinismo e o histórico, entre o previsto e o imprevisto, entre o certo e o errado.

Não se trata, evidente, de um rol de dicotomias inspiradas na modernidade, mas, antes, uma atitude visando a conhecer o mundo em que me insiro e as pessoas com quem me relaciono, a minha posição no mundo, a minha diferença, a minha visibilidade e o meu reflexo.

Não sou nada.
Nunca serei nada.
Não posso querer ser nada.
À parte isso, tenho em mim todos os sonhos do mundo

Com o mistério das coisas por baixo das pedras e dos seres

(...) quando havia gente [na rua] era igual à outra [gente]

A aprendizagem que me deram
Desci dela pela janela das traseiras da casa

Em que hei de pensar?

E há tantos que pensam ser a mesma coisa que não pode haver tantos!
Conquistamos todo o mundo antes de nos levantar da cama
Mas acordamos e ele é opaco,
Levantamo-nos e ele é alheio,

---

(385) FREIRE, Paulo, GADOTTI, Moacir e GUIMARÃES, Sergio. *Pedagogia, diálogo e conflito*, p. 17.

Conheceram-me logo por quem não era
(...) quis tirar a máscara,
Quando a tirei e me vi ao espelho...[386]

Edgar Morin,[387] faz a distinção entre racionalidade e racionalização. A primeira, por aberta, dialoga com o real que lhe resiste e protege contra o erro e a ilusão. Ao contrário, a racionalização, por fechada pode conduzir a erro e a ilusão. A racionalização é mecânica e determinista. Fora do escopo da afetividade e da subjetividade, a racionalidade é irracional.

O engessamento fabricado à luz da verdade impede o re-fazendo da mutabilidade social, daí porque as relações jurídicas são litigiosas — em essência — reprodutoras de pinturas rupestres ou, ao menos, resistentes com elas ao polimorfismo que a dinâmica da rua gera. A racionalidade moderna, como projeto global, com escapismos do tempo, tratou de elaborar universalidade e atomismo de princípios e direitos que pudessem ser aplicados a nenhum tempo e a nenhum lugar.

O resgate da escuta nesse projeto dialógico em que se funda a efetividade dos direitos humanos é mais um recurso que enlaça educação, pedagogia, direito e aprendizagem. O ultrapasso da cegueira muda aflora a escuta, porquanto tanto aquele que não fala, quanto o que não escuta, quanto o que não vê estão naturalizados no silêncio, na desumanização, no depósito. Estão presos a um contexto de verticalidade: recepção, imposição de lições, distribuição de tarefas, determinação de limites, em prejuízo da politextualidade do social.

A escuta no estrito âmbito jurídico também se incompatibiliza com a relação angular, em que a exigibilidade de um direito tem como contrapartida um dever correlato, mas não a solidariedade.

A faixa daquilo que não é proibido, é permitido, deixa, para fora do direito — em uma concepção normativa — uma série de conflitos outros que por estarem excluídos desse limite não deixaram de se revelar em convivência social. Assim, dentro de um limitadíssimo espectro normativo, a diferença silencia e não se faz escutar. Isto porque os espaços educativos são espaços da outridade. Falta ao direito, nesse sentido, o compromisso com a transformação da sociedade; falta-lhe, essencialmente, o caráter emancipatório que tento visualizar na relação pedagógica que se estabelece entre direitos humanos e educação.

A necessária contextualização à qual venho fazendo referência, bem como o *ser sendo* de estar no mundo remete à separação entre a natureza e a pessoa humana. Para objetivá-la e lhe criar leis imutáveis e gerais, como um dado, passivo, *fora de mim*, promoveu-se a separação total entre homem e natureza, entre homem e sociedade.

---

(386) PESSOA, Fernando. "Poemas de Álvaro de Campos". *Tabacaria*. Disponível no *site* http://www.insite.com.br/art/pessoa/ficcoes/acampos/456.html. Acesso em 29 de maio de 2007. Com adaptações.
(387) MORIN, Edgar. *Os sete saberes necessários à educação do futuro*, p. 23.

"Para educar en derechos humanos es fundamental partir de la realidad, esto es de las características, necesidades, intereses y problemas de las personas con las que trabajamos, así como de su experiência de vida, sus posibilidades y sus limitaciones, y de las características del contexto sócio-economico y cultural em el que desenvuelven. Creer que todas las personas son iguales y que los procesos educativos se pueden desarrollar indistintamente con cualquier grupo y cualquier tiempo y lugar, es desconocer su individualidad y su diversidad, negandoles su condición de personas.

(...)

Debemos asumir que son los educandos los protagonistas del proceso de aprendizaje, y que incorporando la experimentacion, la busqueda de informacion, el debate y todas las alternativas metodológicas que permitan la participaion libre y responsable de las personas, se estará educando em derechos humanos."[388]

O direito, ao enredar-se à norma reproduz essa manobra de *retirante* do homem do mundo. O ordenamento jurídico é essa tentativa de verter a vida para o normativo e, a partir de lá, controlar os seus excessos ou déficits. O diálogo às cegas, surdo e mudo, insensível, que se trava nos espaços da racionalidade moderna, nos quais o direito se insere, aninha-se a essa perspectiva.

A escuta é, portanto, uma *disponibilidade permanente por parte do sujeito que escuta para a abertura à fala do outro, ao gesto do outro, às diferenças do outro (...) A verdadeira escuta não diminui em mim, em nada, a capacidade de exercer o direito de discordar, de me opor, de me posicionar.*[389] Sem escuta, resta o monólogo, a monotonia, a verticalidade. Abandona-se a transformação fincando o pé na imposição.

A educação, enquanto ato político de intervenção, contemporiza com os direitos humanos esse diálogo com o outro, a partir da incompletude, da ânsia, do girar dos acontecimentos na geografia e na história, na sociologia e na mecatrônica, no direito e na religião, na matemática e na lingüística, no português e na informática, na mídia e na massa, no eu e no outro, nos folguedos e nos palácios, no canto e na cantiga, na água e no vinho, no corpo e na alma, na rua e na vida.

O sujeito que se abre ao mundo e aos outros inaugura com o seu gesto a relação dialógica em que se confirma como inquietação e curiosidade, como inconclusão em permanente movimento na História.[390] Ouvindo, soltamos a nossa voz, megafone em cada mão, em uma relação de reciprocidade. *Se não aprendermos como ouvir essas vozes, na verdade não aprendemos realmente como falar. Apenas aqueles que ouvem, falam. Aqueles que não ouvem acabam apenas por gritar, vociferando a linguagem ao impor suas idéias.*[391]

---

(388) MUJICA, Rosa Maria. "La metodologia de la educación en los derechos humanos". *Revista IIDH* — Edición Especial sobre Educação en Derechos Humanos, n. 36, Julio./diciembre 2002, p. 341 a 364.
(389) FREIRE, Paulo. *Pedagogia da autonomia*, p. 119.
(390) *Idem*, p. 136.
(391) FREIRE, Paulo. *Pedagogia dos sonhos possíveis*, p. 59.

De certo, a passagem de uma visão de mundo bancária para a problematizadora não se perfaz como um passe de mágica. Como em todo o processo que venho discutindo até aqui, também o engajamento em uma condição de autonomia e emancipação requer o abandono de uma atitude curricular para a do pensar crítico. A perspectiva dos direitos humanos *com* educação perpassa essa construção.

> "Diz-se a um cego, Estás livre, abre-se-lhe a porta que o separava do mundo, Vai, estás livre, tornamos a dizer-lhe, e ele não vai, ficou ali parado no meio da rua, ele e os outros, estão assustados, não sabem para onde ir, é que não há comparação entre viver num labirinto racional, como é, por definição, um manicômio, e aventurar-se, sem mão de guia nem trela de cão, no labirinto dementado da cidade, onde a memória para nada servirá, pois apenas será capaz de mostrar a imagem dos lugares e não os caminhos para lá chegar."[392]

Autonomia e emancipação são, assim, movimentos contínuos, perenes, que se compreendem na incompletude das relações sociais que se desenvolvem num espaço-tempo concreto. Ambas são indicativas de uma atitude constante de inserção no mundo, de se tornar visível o mundo ultrapassando a exclusão.

> "Assoma o fenômeno da ignorância, não no sentido educativo-cultural, a que, hermeneuticamente falando, ninguém é propriamente ignorante. (...) Falamos aqui da ignorância produzida socialmente como tática de manutenção da ordem vigente e que faz do pobre típica massa de manobra (...) Não é apenas alienado, sobretudo ignora que é alienado".[393]

A intervenção sobre a qual falo diz respeito àquelas que, como *Castoriadis*, *instituídas*, nos dá uma idéia deformada de nós mesmos, dos outros e do conjunto social em que circulamos. Que nos faz estar em movimento constante para a autonomia e emancipação, para fugir ao desencanto produzido pelo individualismo.

A educação, nesse sentido, enquanto mais que um ato de cognição, como uma ação política tem essa função de deixar à mostra o mundo multifacetado, a diversidade, as possibilidades e as condições de mudança, de contemporizar e exercitar a inovação. De conectar o homem à sua realidade. De torná-lo visível, a si mesmo, ao mundo, aos outros. Não que a educação esteja em terras de gigantes, mas entendendo-se que a prática educativa porque intersubjetiva e transversal pode, não de *per si*, mas no âmbito das lutas sociais galgar esse salto para a autonomia, respondendo aos desafios que a questão da diferença impõe no contexto dos direitos humanos *com* educação.

À medida que se comprometem com a questão da emancipação, as pessoas vão se tornando conscientes da sua historicidade e do seu agir narrativo no que se refere a uma outra configuração dentro do espaço onde escreve a sua trajetória.

---

(392) SARAMAGO, José. Ob. cit., p. 211.
(393) DEMO, Pedro,. Ob. cit., p. 36.

Na narrativa de *Saramago*,[394] ele descreve situações limites da sujeição do homem, ao mesmo tempo que elucida o cenário individualista que o capitalismo produz. A propósito, *Boaventura de Sousa Santos*[395] credita ao desenvolvimento do capitalismo, ainda que não originariamente, o desequilíbrio nos pilares da modernidade.

"[Naquele cenário] Proclamavam-se ali os princípios fundamentais dos grandes sistemas organizados, a propriedade privada, o livre câmbio, o mercado, a bolsa, a taxação fiscal, o juro, a apropriação, a desapropriação, a produção, distribuição, o consumo, o abastecimento e o desabastecimento, a riqueza e a pobreza, a comunicação, a repressão e a delinqüência, as lotarias, os edifícios prisionais, o código penal, o código civil, o código de estradas, o dicionário, a lista de telefones, as redes de prostituição, as fábricas de material de guerra, as forças armadas, os cemitérios, a polícia, o contrabando, as drogas, os tráficos ilícitos permitidos, a investigação farmacêutica, o jogo, o preço das curas e dos funerais, a justiça, o empréstimo, os partidos políticos, as eleições, os parlamentos, os governos, o pensamento convexo, o côncavo, o plano, o vertical, o inclinado, o concentrado, o disperso, o fugido, a ablação das cordas vocais, a morte da palavra.

(...)

As imagens não vêem, Engano teu, as imagens vêem como os olhos que as vêem, só agora a cegueira é para todos."

Ao tratar da questão dos direitos humanos e da educação, *Paulo Freire*, em *Pedagogia dos Sonhos Possíveis*, preenche-os de materialidade. Para ele trata-se de direitos básicos, relativos ao direito de comer, de dormir, de vestir, de pensar, perguntar, caminhar, o direito de estar *com*, o direito de estar *contra*, enfim, os direitos que nos retirem de um determinismo abstrato, do espectro da desumanização e nos alce ao mundo, narrativamente.

No direito, os reflexos de uma tal possibilidade dizem respeito ao desenlace das rédeas do normativismo, inserindo-se, também ele, na realidade que o constituiu, deixando de ser o *instituído* de *Castoriadis* para ser, no âmbito de uma perspectiva problematizadora, instrumento de emancipação.

Abrigar a questão da visibilidade, da diferença, do diálogo torna-se um desafio para mentes programadas para repetir, arquivar, denunciar a história, aquecer a ordem, reproduzir o velho, encaixotar o novo.

Agora, achegue-se, não se trata de *esperar* o direito, mas compor *com* ele e *nele* as demandas sociais qualificadas pelo diálogo narrativo no sentido de transformar, de uma vivência concreta do *ser sendo*. O direito tem de ir aos lugares onde o povo está.

---

(394) Ob. cit., p. 295 e 302.
(395) Cf. *A crítica da razão indolente. Contra o desperdício da experiência.*

"O saber fundamental continua a ser a capacidade de desvelar a razão de ser do mundo e esse é um saber que não é superior nem inferior aos outros saberes, mas é um saber que elucida, é um saber que desoculta, ao lado da formação tecnológica (...) E é esse o saber político que a gente tem que criar, cavar, construir, produzir para que a pós-modernidade democrática, a pós-modernidade progressista se instale e esse instaure contra a força e o poder da outra pós-modernidade que é reacionária."[396]

Entre uma concepção de mundo bancária e uma concepção problematizadora, entre a sólida imutabilidade do infinitivo e a líquida performance do gerúndio, trabalho a narração — enquanto ação, reflexão e autorreflexão — na *batida* da efetividade dos direitos humanos *com* educação, uma perspectiva pedagógica *pautada no afeto, na transferência e na criticidade, permitindo um processo de aprendizagem livre e criativo,* conforme explicita Nair Bicalho.[397] Nesse contexto *bailam*, em compassos diferentes, em diferentes passos *com* a diferença, o *sendo ser* e o *ser sendo*.

Distante de uma construção dicotômica, infinitivo e gerúndio transparecem em uma abordagem conceptual — e não morfossintática nem ancorada na teoria da linguagem —, como *a saia da mulata que não quer mais rodar, mas eis que chegou roda viva empurrando a viola para lá...*

Tem dias que a gente se sente
Como quem partiu ou morreu
A gente estancou de repente
Ou foi o mundo então que cresceu
A gente quer ter voz ativa
No nosso destino mandar

Mas eis que chega a roda viva
E carrega o destino pra lá

Roda mundo, roda-gigante
Roda moinho, roda pião
O tempo rodou num instante
Nas voltas do meu coração

A gente vai contra a corrente
Até não poder resistir
Na volta do barco é que sente
O quanto deixou de cumprir
Faz tempo que a gente cultiva
A mais linda roseira que há

---

(396) FREIRE, Paulo. *Pedagogia dos sonhos possíveis*, p. 214.
(397) SOUSA, Nair Heloisa Bicalho de. "Cidadania planetária: um projeto plural, solidário e participativo", *In* SOUSA, José Geraldo de *et alii* (Org.). *Educando para os direitos humanos. Pautas pedagógicas para a cidadania na universidade*, p. 24.

Mas eis que chega a roda viva
E carrega a roseira pra lá

A roda da saia, a mulata
Não quer mais rodar, não senhor
Não posso fazer serenata
A roda de samba acabou
A gente toma a iniciativa
Viola na rua, a cantar

Mas eis que chega a roda viva
E carrega a viola pra lá

O samba, a viola, a roseira
Um dia a fogueira queimou
Foi tudo ilusão passageira
Que a brisa primeira levou
No peito a saudade cativa
Faz força pro tempo parar
Mas eis que chega a roda viva
E carrega a saudade pra lá
Roda mundo[(398)]

    Aconchegando-se à minha análise, *sendo ser* e *ser sendo* faz extravasar[(399)] a pessoa de sentidos *com* o outro que se expande para além daquela verticalidade tutelar do Estado e da horizontalidade mercadológica que tritura as possibilidades solidárias, que tipificam o sujeito de direito e o direito subjetivo.

    Mas, se uso metafórica e conceptualmente o infinitivo (cujo núcleo, estanque, traz um termo que não se flexiona) e o gerúndio, busco, no mínimo, um esteio na gramática para que não pareçam corpos desconexos, disléxicos e atomizados no limbo.

    Segundo *Joaquim Matoso Câmara Junior*[(400)], *o infinitivo é uma forma verbo-nominal que corresponde à apresentação do processo* **em si mesmo** *em vez de sê-lo em função de um dado momento de sua realização*. É, justamente, esse *estar* suspenso no tempo e no espaço, que o infinitivo deixa supor, que o remete ao *sendo ser*, isto é, declara-se do sujeito um infinitivo predicado que o amarra às estacas no chão, descontextualiza-o em um sentido único ou em um sem sentido. É um pouco o efeito da *redução estrutural* da qual fala *Antonio Cândido*[(401)], a qual retornarei com mais vagar.

---

(398) BUARQUE, Chico. *Roda Viva*.
(399) Transbordar ou fazendo transbordar (um líquido). Cf. *Dicionário Houaiss da língua portuguesa*, p. 1.293.
(400) CAMARA Jr., Joaquim Matoso. *Dicionário de lingüística e gramática da língua portuguesa*. 21ª ed. Petrópolis: Vozes, 1998, p. 145. Meus destaques.
(401) MELLO E SOUZA, Antonio Cândido de. *O discurso e a cidade*. 3ª ed. São Paulo: Duas Cidades; Rio de Janeiro: Ouro sobre Azul, 2004.

O gerúndio, que declara o predicado dos sentidos construídos do *ser sendo com* o outro, nos explica *Celso Cunha* e *Luis Cintra*[402]. Segundo esses autores, *o* **aspecto inacabado** *do gerúndio permite-lhe exprimir a idéia de* **progressão indefinida**.

Essa quebrança[403] que contemporiza a efetividade de direitos desenha, com a pena da narração da pessoa de sentidos, a visibilidade de uma existência comprometida *com* o outro no mundo e *com* o mundo, a partir do *lugar* de sua presença consciente.

O que eu procuro demonstrar aludindo a esses dois tempos verbais, para além do seu conteúdo e significado gramaticais, porque, afinal, a construção conceptual para essa reflexão precedeu a investigação morfossintática, condiz com o descolamento da pessoa da sua realidade reproduzindo, de cima para baixo, a univocidade racional de uma cegueira muda que se estreita nas fronteiras do *sendo ser* e as possibilidades, vertendo para a aprendizagem, do *ser sendo*. Definitivamente, se estende para um contexto que ultrapassa meros trocadilhos.

Para qualificar o meu mergulho na questão, retomo *Antonio Cândido*, em obra referida, tentando vincular a sua análise da *redução estrutural* ao contexto que aqui me ocupo. Conectei-o com a conduta do infinitivo porquanto, o autor, busca analisar como o texto deslocado da realidade, mas construído com alguns elementos dela retirados, torna-se, para o leitor, realidade.

Conversando com o meu orientador sobre esse ponto, o professor *José Geraldo*, exemplifiquei com a vinculação ideológica à Constituição, isto é, no que se refere ao sentimento de *fazer parte* desse documento, de estarmos, *todos,* nele incluídos. E as restrições de uma *redução estrutural* e dos limites do infinitivo se sobrepõem à concretização de tais direitos constitucionais, ou seja, corroboram a discussão acerca da efetividade de direitos, no caso a distância entre o direito e a realidade, entre a prescrição e a realização convergindo, evidentemente, para a proposta pedagógica da efetividade dos direitos humanos. E estaríamos, mais uma vez, no campo da verticalidade e da horizontalidade das relações.

A *redução estrutural*, à qual *Antonio Cândido* se refere, é *o processo por cujo intermédio a realidade do mundo e do ser se torna, na narrativa ficcional, componente de uma estrutura literária, permitindo que esta seja estudada* **em si mesma**, *como algo autônomo*. O autor prossegue informando que tem por *propósito fazer uma crítica integradora capaz de mostrar de que maneira a narrativa se constitui a partir de materiais não literários, manipulados a fim de se tornarem aspectos de uma organização estética regida pelas suas próprias leis, não as da natureza, da sociedade ou do ser. No entanto, natureza, sociedade e ser parecem presentes em cada página, tanto assim que o leitor tem a impressão de estar em contacto com realidades vitais, de estar aprendendo, participando, aceitando ou negando, como se estivesse envolvido nos problemas que eles suscitam. Esta dimensão é com certeza a mais importante da literatura do ponto de vista do*

---

(402) CUNHA, Celso e CINTRA, Luis F. L. *Nova gramática do português contemporâneo*. 2ª ed. Rio de Janeiro: Nova Fronteira, 2002, p. 481. Meus destaques.

(403) Choque de ondas contra rochedos. Cf. *Dicionário Houaiss da língua portuguesa*, p. 2.351.

leitor, sendo resultado mais tangível do trabalho do escrever. O crítico deve tê-la constantemente em vista, embora lhe caiba sobretudo averiguar quais foram os recursos utilizados para criar a impressão de verdade.(404)

As asserções de *Cândido* me fizeram refletir sobre a normatividade enquanto estratégia de leitura das relações sociais e da estreiteza da dogmática jurídica(405) como instrumento que possa combinar aprendizagem e efetividade de direitos. E incluo nessas reflexões o caráter emancipatório da especificação de direitos para o escopo da visibilidade do outro e da discussão que lhe é correlata, qual seja, a da diferença.

> "De fato, uma das ambições do crítico é mostrar como o recado do escritor se constrói a partir do mundo, mas gera um mundo novo, cujas leis fazem sentir melhor a realidade originária. Se conseguir realizar essa ambição, ele poderá superar o valo entre **social e estético**, ou entre **psicológico e estético**, mediante um esforço mais fundo de compreensão do processo que gera a singularidade do texto."(406)

Com o infinitivo enfoco o *ler* o texto: circulam cheiros de a-historicidade como folhas secas de uma inércia narrativa. *Construindo* o texto liberam-se os aromas da historicidade, soltos das arapucas da passividade determinista, da invisibilidade programada(407). É nesse sentido que se justificam o *sendo ser* e o *ser sendo,* em que o segundo, do gerúndio, estrela o protagonismo da narração, a *apropriação* consciente do mundo na construção de sentidos, outros, novos, recriados, produzidos, efetivados em parceria *com* alguém no fuzuê das demandas sociais.

Sendo ser nos qualificamos pelo infinitivo em reiteradas práticas que reforçam a nossa exclusão, *sendo ser* ausências e silêncios, como brinquedos que batem e voltam, desnorteados, em paredões universais, em chuvas lineares, que não molham, em campos que não florescem, em desertos de palavras. Vazia a casa caiada, envolta, nada. *Assum preto* solto na gaiola.

Tudo em vorta é só beleza
Sol de Abril e a mata em frô
Mas Assum Preto, cego dos óio
Num vendo a luz, ai, canta de dor
Tarvez por ignorança
Ou mardade das pió
Furaro os óio do Assum Preto
Pra ele assim, ai, cantá de mió

---

(404) Ob. cit., p. 9. Meus destaques.
(405) Refiro-me, mais uma vez, aos limites das categorias sujeito de direito e direito subjetivo.
(406) *Idem, ibidem*. Destaques do autor.
(407) As reflexões sobre as implicações do infinitivo e do gerúndio para o escopo da efetividade de direitos foram também compartilhadas com Ronaldo *Buster* Vieira.

Assum Preto veve sorto
Mas num pode avuá
Mil vez a sina de uma gaiola
Desde que o céu, ai, pudesse oiá
Assum Preto, o meu cantar
É tão triste como o teu
Também roubaro o meu amor
Que era a luz, ai, dos óios meus
Também roubaro o meu amor
Que era a luz, ai, dos óios meus.[408]

Contemporizando com os meus referencias, o *sendo ser* transparece em Castoriadis, na precisão da dimensão social da autonomia, enquanto o ego não *assalta* o superego; assim como em *Paulo Freire*, na passagem do determinismo para o condicionamento, quando o oprimido reproduz o opressor enganado quanto à sua emancipação e autonomia[409]. Seria a capacidade de convencimento de um texto, conforme expõe *Antonio Cândido*, menos em razão da sua referência ao mundo exterior do que de sua organização própria.[410]

O *ser sendo*, que qualifica no gerúndio a ação da pessoa de sentidos, representa o rompimento com uma atitude que no infinitivo complica-se com a certeza, com a verdade, com a imutabilidade, com o depositário, com a regulação, com a univocidade, exigindo a sua superação e a caminhada na historicidade consciente *com* o outro, na brisa de bons ventos da *rua* que trazem a interação da diferença, constituída nos sopros de sentidos que a existência consciente narra no âmbito de práticas coletivas, em que as diferenças explodem, mas sem leitura tornam-se inaceitáveis. A rua que não apenas transpira direitos, mas também faz desfilar frescas tintas de uma forte demão da exclusão social.

Com essa denotação, os direitos humanos *com* educação apontam para um outro humanismo, dialógico e cheio de sentidos, no qual a diferença se configure enquanto visibilidade, fora do contexto de alienação e de adaptação, mas, ao contrário, em parceria com a autonomia e emancipação dos compromissados.

Emancipação como um conjunto de lutas, inconclusas, porque históricas. A autonomia formada *não mais de sujeitos de uma "cidadania regulada", presos à formalidade do voto delegativo, mas de "sujeitos em relação", numa dinâmica de alteridade com o outro, com a comunidade, com o poder político, objetivando a solução de seus problemas, de suas carências e do reconhecimento de seus direitos*[411]. Nesse contexto, a narração substitui-se à delegação.

---

(408) GONZAGA, Luiz e TEIXEIRA, Humberto. *Assum Preto*.
(409) Um exemplo bastante típico é o da chave do carro. Embora bolsas e bolsos grandes, elas costumam balançar ao vento, nas mãos do condutor(a). Logo, quem não tem um veículo e o adquire também costuma reproduzir esse hábito, como que para *mostrar* que também tem um, ou melhor, que **agora** tem um carro.
(410) Cf. *A instituição imaginária da sociedade, Pedagogia do oprimido e o Discurso e a cidade* respectivamente.
(411) WOLKMER, Antonio Carlos. Ob. cit., p. 63.

Com megafone na mão, os direitos humanos *com* a educação problematizadora constroem a efetividade *com* e *como* aprendizagem, o *toma tento* da inserção transformadora no mundo e *com* ele para a autonomia e a emancipação.

O seu olhar lá fora
O seu olhar no céu
O seu olhar demora
O seu olhar no meu
Onde a brasa mora
E devora o breu
Onde a chuva molha
O que se escondeu
O seu olhar agora
O seu olhar nasceu
O seu olhar me olha
O seu olhar é seu

Transitas em mim com leveza,
É um prazer te ver
Começastes a nascer pra várias vidas
Beijos meu capim santo
Beijos meu amor
Ó bonita criatura,
Eu à tua procura[412]

O seu olhar seu olhar melhora
Melhora o meu[413]

---

(412) MELODIA, Luis. *Lorena*.
(413) ANTUNES, Arnaldo e TATIT, Paulo. *Seu olhar*.

II
Conto com Canto

Olho d'água. A vida é líquida
Ah, o todo se dignifica quando a vida é líquida.
E bebendo, Vida, recusamos o sólido
E rio, rio, e remendo
Meu casaco rosso tecido de açucena.
Se dedutiva e líquida, a Vida é plena.
Vem. Liquidifica o mundo.[*]

    Ser sendo. A discussão a respeito da efetividade dos direitos humanos é fio condutor que traça expectativas que se deslocam de uma pasmaceira narrativa, em que a máxima do *sendo ser* se manifesta, até o traquejo criativo que se perfaz no nosso reconhecimento como pessoas de sentidos no mundo.

    Essa nossa presença no mundo não é meramente essencialista e atomizada, mas, antes, correlacional, prazerosa, intersubjetiva, transversal. Nesse sentido, remete-nos ao diálogo mediado pela visibilidade do outro, por horizontalidades de sentidos múltiplos, por verticalidades balizadas pelo *lugar* que as atravessa.

    O estalo motivador da temática dos direitos humanos diz respeito aos limites para a sua efetivação no que concerne à sua formalização. Cruzaram-se expectativas que realçavam a incompatibilidade entre o dito e o praticado, entre a teoria e a *práxis*, entre a essência e a existência, entre o direito e a realidade, entre o infinitivo e o gerúndio, entre o *sendo ser* e o *ser sendo*.

    A intervenção da aprendizagem nesse contexto requereu traçar um outro perfil para o direito sobre o qual se fala, alargando-o de uma perspectiva normativa para lhe alcançar enquanto vivência, contemporizando ordem e desordem, sem, contudo, construir antagonismos dicotômicos, mas, sobretudo, para remetê-lo ao *local* em que é apropriado narrativamente.

    Traduzir juridicamente a visibilidade, a diferença e o diferente; pretender o diálogo no equilíbrio entre a regulação e a emancipação exige uma outra leitura do

---

(*) HILST, Hilda. *Do desejo*. São Paulo: Globo, 2004, p. 99. Com adaptações.

humanismo jurídico, recomenda o abandono de uma visão bancária da realidade, isto é, o abandono de um normativismo abstrato, por isso restrito, que sustenta uma dialogicidade angular cega e muda, um diálogo da invisibilidade.

É só pensar em você
Que muda o dia
Minha alegria dá pra ver
Não dá pra esconder
Se a chuva cai
E o sol não sai
Penso em você
Vontade de viver mais
Em paz com o mundo e consigo[414]

A assimetria entre os pilares da regulação e da emancipação que deu precedência, na regulação ao Estado e ao mercado, e na emancipação à ciência, operação na qual a dogmática jurídica sustentou a sua elaboração, reforçou a diluição da criatividade e dos sentimentos — tornando árido o terreno da poesia — no âmbito de um individualismo e de uma universalidade de subjetividades destituídas.

Uma outra composição que restabeleça o equilíbrio entre esses pilares condiz com a possibilidade concreta de intervenção no mundo pelas pessoas e seus sentidos, ultrapassando a imposição e a dominação, desordenando-se em problematização da realidade, uma realidade concreta, que se manifesta no tempo e no espaço, no desenvolvimento histórico, no *ser sendo*.

Como compreendo que na efetividade dos direitos humanos participa um processo pedagógico de inserção no mundo, combinando-os com a educação, e por isso falo em direitos humanos *com* educação, o conflito não tem uma natureza litigiosa que nos remeta àquela crua relação angular que caracteriza a modernidade do humanismo jurídico, mas, ao contrário, é o ponto de partida para o diálogo com o outro. O conflito, nesses termos, marca o caminho da outridade, da visibilidade *com* e *do* outro.

Para discutir a presença do outro na narrativa da efetividade de direitos fiz algumas considerações acerca da igualdade afastando-me de uma qualquer equivalência que se possa tecer entre esta e a diferença.

Na verdade, a ênfase no procedimento da regulação comprometeu o potencial emancipatório que a modernidade tivesse como proposta ou, ao menos, indica a baixa intensidade desse processo. Os ditames do mercado em um contexto de globalização, que nos remete ao diagnóstico de crise do Estado, não nos aparta das conseqüências que a cooptação da emancipação pela regulação gerou.

---

[414] CÉSAR, Chico. *Pensar em você*. Com adaptações.

O mergulho do direito na dogmática jurídica, isto é, o seu processo de cientificização, assim como a apropriação da regulação pelo Estado, o monismo jurídico, fez por confundir o jurídico com o direito.

Para a finalidade pretendida de efetivar direitos dentro de uma perspectiva pedagógica, a regulação e a emancipação atuam em reciprocidade, resgatando-se a comunidade, ampliando-se narrativamente a cidadania e redimensionando o direito para além de uma concepção normativa.

É nesse sentido que reconheço a pouca habilidade da igualdade para enfrentar a questão da diferença e da visibilidade do outro. Dentro de uma perspectiva formal, a igualdade nos conduz a uma relação angular antidialógica, cujo resultado, dentro da dinâmica de um jogo de soma zero, fala-nos de vencedores e perdedores, mas não em aprendizado.

Os direitos humanos enquanto espaço das demandas e lutas sociais têm um compromisso com a autonomia e a emancipação, com a inserção narrativa da pessoa no *lugar* onde estabelece as suas relações, na verdade, inter-relações. Essa atitude, que não pode ser determinista, tem o escopo de transpor os condicionamentos para que se concretize, historicamente, em transformação do *status quo*.

A igualdade por ser dentro de um referencial, portanto, correspondendo a uma determinada variável, está a traduzir, em algum ponto, a exclusão. Trabalhar, em equivalência, a igualdade e a diferença é justificar a exclusão do(a) diferente, é naturalizar a exclusão, é torná-la normal, um artifício bem articulado no âmbito de uma sociedade que se apóia no individualismo e na universalidade de direitos.

Nesse sentido, a igualdade, se cobre a cabeça deixa à mostra os pés, se cobre os pés não alivia para a cabeça. Isso porque não há igualdade universal, senão observando-se um determinado parâmetro e dentro dele já se manifestam as incongruências. Assim, se focalizo a análise em um determinado patamar salarial dentro desse grupo eleito posso verificar disparidades, inclusive na destinação dessa renda.

Junto à igualdade formal, cujo resultado já evidenciei, a modernidade protagonizou a leitura da igualdade material a partir do processo de especificação de direitos. Uma observação se faz necessária nesse ponto.

A demanda por igualdade material insere-se no contexto da questão social e no reconhecimento dos limites de uma igualdade processual. Nos limites do formal, a igualdade conecta-se com a liberdade balizando a atuação do Estado na proteção dos direitos e na tutela do seu exercício. À igualdade formal, assim, responde a lógica das categorias direito subjetivo e sujeito de direito.

A mágica da modernidade, muito bem executada, diz respeito à leitura da igualdade material, que se poderia dizer, a forma como uma sociedade capitalista gere o fenômeno da exclusão.

A especificação de direitos, lastreada no contexto da demanda por igualdade material, tem a sua leitura feita no âmbito da lógica da igualdade formal, porquanto confunde igualdade e diferença como faces de uma mesma moeda. Decretando, por paradoxal, a invisibilidade dentro de um discurso que tem como pano de fundo a visibilidade. Um pouco, a visão do *panóptico*.

Explico. A especificação de direitos, embora alcance a dimensão do outro o faz em relação a uma variável focal, portanto, inserida no contexto da igualdade. Trata-se de uma interpretação formal dentro de uma perspectiva de igualdade material. É nesse sentido que, sustentando-se em um discurso *para* o(a) outro, e por conta disso mesmo, multiplicam-se monólogos.

Reproduzindo-se dentro de uma dinâmica antidialógica e verticalizada, a especificação não desnuda o outro(a), portanto, a diferença e o(a) diferente, antes reforça a cegueira muda que empurra a diferença para as vielas da marginalização. Cegueira que tenho reforçado na produção da invisibilidade (a que se vê e se cala, desdizendo-a), a que se veste, *prêt-à-porter*, com a normalidade (substancialização da realidade) e com a anormalidade; mas que pode ser conduzida, na outridade, ao descortinamento da realidade, vendo *com* o outro, por intermédio dessa relação. Essa expectativa aparta-se da naturalização da vida, antes, revela-a. Ou seja, evidencia a invisibilidade.

Rights exist only in relation to other rights, right-claims involve the acknowledgement of others and their rights and of trans-social networks of mutual recognition and arrangement[415].

Integro um programa de ação afirmativa do Instituto Rio Branco voltado para a formação de um corpo diplomático composto por pessoas negras para que o Ministério das Relações Exteriores, o Itamaraty, seja também um reflexo da diversidade de sentidos brasileira, para que se veja nesse espaço a configuração que circula nas ruas. A inserção do programa nessa discussão permite-me que o vincule, concretamente, aos limites da especificação de direitos que venho analisando. Significa dizer que a presença do outro no Itamaraty se expande para além de estatísticas engajando-se na discussão da visibilidade, da diferença. Um contínuo ato de descolorir para uma pintura na diversidade. Acompanham, as cotas, os seus sentidos para que não se reproduza a lógica que lhe determinou, ou seja, para que não se constitua na dinâmica do *panóptico* à qual me referi precedentemente.

A circulação do negro(a) na diplomacia brasileira pode padecer das firulas da invisibilidade no jogo do visível e do inverificável. Se não se conjugarem autonomia individual e dimensão social dessa autonomia, ou seja, a emancipação, reforça-se a figura do cadafalso: a tênue visibilidade é descartada enfaticamente chutando-se o banco em nós que asfixia. É nesse sentido que falo em *distratar* a igualdade, afinal, a diferença sofre resistência em todos os espaços.

Descobrir-nos negras e negros, em um mundo de existência consciente, constitui um doloroso processo — potencialmente libertário — de recuperação da auto-estima, em um dupla perspectiva, da autonomia e da emancipação, e que exige

---

(415) DOUZINAS, Costas. *The end of human rights: critical legal thought at turn of the century*. Oxford: Hart Publishing, 2000, p. 343.

distorcer qualquer indício de simetria entre a igualdade e a diferença e os aspectos de sujeição, suspeita e inferioridade (a discriminação) nela embutidos, pela perda de sentidos.

Transitar do processo de vitimação, seqüela da cegueira excludente, para o de visibilidade consciente implica não apenas em recolorir a subjetividade destituída, alienada, mas também narrar a responsabilidade que cada um e cada nós transpira diante da nossa presença na vida, abusando daquela perspectiva de duplicidade que a contigüidade com o outro proporciona. Isto porque a naturalização da realidade, a opacidade do olhar, atinge não apenas quem dela padece, mas também quem a produz, sendo que essa produção conjuga-se com a assimilação refletida por *Paulo Freire* e com a dimensão social da autonomia estampada por *Castoriadis*. Em ambas evidencia-se a necessidade de assaltar o outro opressor internalizado afrouxando a identidade com colores, pintando outros quadros de respeitabilidade da diferença[416].

Em outras películas, deslizando a nossa temática, o filme Herói (*Ying Xiong*, título original), um épico chinês dirigido por *Yimou Zhang*, retrata em diferentes cores situações concretas da vida. O embate entre a força e a diplomacia, entre o rigor e o sentimento, entre o *discurso e a cidade*[417]. O que também pode ser enfocado assistindo-se ao filme Guerra de Canudos, dirigido por Sérgio Rezende, em 1997, que mostra a imposição do regime republicano ao sertanejo. Há uma cena em que o estado, representado pela força policial, exige o pagamento de tributos ainda que para obtê-lo tenha que investir, violentamente, contra a sobrevivência do grupo familiar. E tudo em nome da República!

Ainda há pouco uma reportagem mostrava o esvair da infância de crianças que deveriam estar na companhia do lúdico, da subsistência, da criação, mas que, ao contrário, encontram-se espremidas nas cercas de um cenário semi-árido, banhadas pelas fuligens do carvão, que se constituem em pano de fundo para que elas percam a auto-estima *flexionada* na forma do infinitivo.

E poderíamos simplesmente dizer que a Etiópia é aqui, conforme *Gilberto Gil* e *Caetano Veloso* fizeram com o Haiti[418], não fossem as implicações decor-

---

(416) As ponderações acerca da discriminação racial foram compartilhadas com Vilma Maria Santos Francisco, historiadora, advogada e mestre em direito e estado pela faculdade de direito da universidade de Brasília.

(417) CÂNDIDO, Antonio. *O discurso e a cidade*.

(418) Refiro-me à canção *Haiti*, de Caetano Veloso, da qual apresento alguns trechos: *Quando você for convidado pra subir no adro da Fundação Casa de Jorge Amado pra ver do alto a fila de soldados, quase todos pretos, dando porrada na nuca de malandros pretos, de ladrões mulatos, e outros quase brancos, tratados como pretos só pra mostrar aos outros quase pretos (e são quase todos pretos), e aos brancos pobres como pretos, como é que pretos, pobres e mulatos, e quase brancos, quase pretos de tão pobres são tratados e não importa se os olhos do mundo inteiro possam estar por um momento voltados para o largo onde os escravos eram castigados; e hoje um batuque com a pureza de meninos uniformizados, e a grandeza épica de um povo em formação (...) E na TV você vir um deputado em pânico mal dissimulado diante de qualquer plano de educação que pareça fácil e rápido, e vá representar uma ameaça de democratização (...) Ninguém, ninguém é cidadão (...) E se você for ver a festa do Pelô, e se você não for, pense no Haiti, Reze pelo Haiti: o Haiti é aqui, o Haiti não é aqui...*

rentes do fato da subnutrição estar atingindo a população indígena. Um tal impacto a cena de pequenos indiozinhos em pele e osso causa, constatando a crueza da ação do homem desestabilizando ecossistemas e biomas, distorcendo a vida daqueles para quem a inserção na natureza compunha os sentidos da sua própria existência. A descoloração do índio da natureza é uma aberração que nos alça para além da comercialização dos seus gens e da polêmica das patentes dos fitoterápicos, sem desses aspectos se perder a vista. A igualdade e seus multiplicadores se manifestam na saga civilizatória.

Explicita-se, desse modo, aquele limite entre a impactante imposição da abstração — descolamento da realidade —, o cenário da *redução estrutural,* e a possibilidade de superá-la contextualizando. O *sendo ser* e o *ser sendo* evidenciam-se propiciando amadurecimentos.

Maximizo, dessa forma, a importância dos direitos humanos *com* educação para um gotejar qualificado da vida que se perfaz na presença do outro, esse outro que esquecemos em algum canto do largo território que constitui o nosso *lugar* de penetração no mundo, na fuga e desconexão dos nossos sentidos: *não ouço, não falo, não vejo, logo não sinto, não toco, não degusto, não a nada.*

Enfoco, assim, a elaboração do outro em diálogos que enfatizem a diferença da multiplicidade, em detrimento da uma igualdade que homogeneíza e descaracteriza, silencia e perturba, envolve em moldes.

Combinada a essas considerações, também a especificação de direitos precisa ser contextualizada, isto é, exige ser retirada do âmbito do individualismo e da universalidade para que não sirva a concepções antidiferencialistas e, nesse caso, se repita o equívoco da equivalência à qual já fiz referência.

A visibilidade do outro ultrapassa uma expectativa bancária da realidade, o achado da diferença enquanto dado para que se lhe impute o determinismo. A problematização dessa questão reconhece o condicionamento histórico que se direciona para uma atitude narrativa, que se constitui na inserção consciente da pessoa na *rua*, e trabalha as possibilidades de transformação do mundo a partir de uma atuação qualitativamente política.

Autonomia e emancipação são, assim, processos dinâmicos que se viabilizam em transversalidade, pela potencialidade do diálogo com o outro, o outro que nos remete à inconclusão da vida, que nos indica o caráter relacional e mutável da certeza e da verdade, dois ícones da técnica da modernidade[419]. De outra maneira, seria estória de pescador.

---

[419] *Or tu chi se', che vuoi sedere a scranna/ Per giudicar da lungi mille miglia, / Con la veduta corta d'uma spanna?* "Quem você, tão presunçoso, pensa que é para julgar de coisas tão elevadas com a curta visão de que dispõe? *Divina Comédia*, Dante Alighieri. *In* BAGNO, Marcos. *A língua de Eulália.* 13ª São Paulo: Contexto, 2004, p. 14/16.

Quem é ateu
E viu milagres como eu
Sabe que os Deuses sem Deus
Não cessam de brotar
Nem cansam de esperar
E o coração
Que é soberano e que é senhor
Não cabe na escravidão
Não cabe no seu não
Não cabe em si de tanto sim
É pura dança e sexo e glória
E paira para além da história
Ojú Obá ia lá e via, Ojú Obá ia
Xangô manda chamar
Obatalá guia
Mamãe Oxum chora
Lágrima alegria
Pétala de Iemanjá
Lansã Oiá ria
Ojú Obá ia lá e via, Ojú Obá ia, Obá
É no xaréu
Que brilha prata luz do céu
E o povo negro entendeu
Que o grande vencedor
Se ergue além da dor
Tudo chegou
Sobrevivente num navio
Quem descobriu o Brasil
Foi o negro quem viu
A crueldade bem de frente
E ainda produziu milagres
De fé no extremo ocidente[420]

Os direitos humanos constituem, assim, elementos para a problematização da vida posicionando-se, nesse sentido, fora do espectro da homogeneização buscando se desenvolver a partir do *lugar* onde as demandas por efetividade se manifestem.

Reconto o *lugar* da efetividade de direitos pela descaracterização que a universalidade propõe.

> "No lugar — um cotidiano compartido entre as mais diversas pessoas, firmas e instituições —, cooperação e conflito são a base da vida em comum (...) O lugar é o quadro de uma referência pragmática ao mundo, do qual lhe vêm solicitações e ordens precisas de ações condicionadas, mas é também o teatro insubstituível das paixões humanas, responsáveis, por meio da ação comunicativa, pelas mais diversas manifestações da espontaneidade e da criatividade."[421]

---

(420) VELOSO, Caetano. *Milagre do Povo*.
(421) SANTOS, Milton. *A natureza do espaço: técnica e tempo, razão e emoção*. 2ª ed. São Paulo: Hucitec, 1996, p. 258.

Retomando aquele caráter de *localismo globalizado* que a ocidentalização dos direitos humanos representa, questiono a verticalidade da sua penetração, um impacto de cima para baixo, portanto, patrocinador de ausências e silêncios, de cegueiras e invisibilidades; ao mesmo tempo em que deixo transparecer, na horizontalidade, o diálogo da solidariedade, uma regulação que perpassa a participação combinando-se, desse modo, com uma perspectiva de emancipação de alta intensidade, feita de baixo para cima, a partir do foco dos atores que narram a sua trajetória histórica de uma forma consciente.

De poesia não se pode esperar contemplação. Introduzir uma possibilidade pedagógica no contexto de efetivação de direitos requer, também, que se compreenda que esse não é um processo automático, mas qualitativamente paulatino.

Essa perspectiva se materializa, então, na combinação entre direitos humanos e educação, na qual a educação é mais que um mero ato de conhecimento, mas, sobretudo, um ato político de existência em um dado sítio.

Adjetivar a educação de bancária ou problematizadora, por si só, não informa qual o sentido, na verdade, sentidos, de sua tradução *com* os direitos humanos. O fato é que tanto a perspectiva dos direitos humanos quanto da educação vem sendo vinculada à ordem, a uma teia de hierarquizações e manutenção do *status quo* servindo como instrumentos do imobilismo.

Focando a atenção em um típico espaço da educação, a escola, percebemos o quanto essa prática do imobilismo se reproduz em velocidade geométrica. A universalidade da educação serviu como argumento para o sucateamento da escola, os programas desenvolvidos para a crise de repetência preocupam-se com quantidades e não qualidade de ensino. E, talvez, caiba a pergunta: o que é qualidade de ensino?

A escola, nesses termos, tem uma finalidade estatística e não narrativa. Constitui-se em espaço de número e não de consciência de vida. Esse é um ambiente em que autoridade confunde-se com autoritarismo, em que o profissional da educação visa a *passar* o programa e não a discuti-lo. Há uma platéia amorfa e não interativa. Os alunos não são chamados a participar do espetáculo ou, talvez, dele simplesmente participem. O professor, na verdade, é aquele que detém o conhecimento em caixinhas jamais reveladas a Pandora. Esse jogo de cartas marcadas assemelha-se bastante à pantomima patrocinada pelo direito.

Assim como educação não se resume ao mero ato de ensinar, mas, sobretudo, remete-nos aos atos contínuos de refletir, de se posicionar, o direito também não é um mero ato de subsunção da norma, mas é um elemento ativo das demandas sociais, que preenche o vazio dessas lutas. Educação e direito renovam-se, recriam-se se estiverem conectados adiante do comodismo. O protagonismo da aprendizagem se perfaz nos sentidos de ações, reflexões e auto-reflexões e sinalizam os nexos que se estabelecem entre o direito, os direitos humanos e a educação[422].

---

(422) Focalizando a temática da violência e a adolescência, o *rapper* MV Bill destaca a importância da educação nesse processo: *o importante,* diz ele, *seria investir em instrumentos que formam novos cidadãos: educação e informação (...) Com boa educação, criaríamos novas mentalidades, perspectivas, referências (...) O espelho dos jovens que estão nas comunidades é o que está mais próximo, e o que está mais próximo não é o melhor exemplo.* Cf. Revista Isto É, n. 1.852, 13 de abril de 2005, p. 11. "Diálogo de Classes".

Contemporiza-se a produção bancária com a problematizadora no universo em que se manifestam. *Sendo* o universo o analfabetismo ou a discussão acerca da questão do índio; sendo a demanda sobre a questão racial ou a questão de gênero ou a violência; *sendo* o desenvolvimento sustentável dentro do universo da Amazônia ou da Mata Atlântica; *sendo* o litoral ou o interior, *sendo* a organização político-social democrática ou totalitária; *sendo* o Estado capitalista ou socialista.

Essa contextualização me afasta do sonho e me insere na utopia, em uma perspectiva crítica da realidade, porquanto os direitos humanos *com* educação se inserem no contexto da educação problematizadora. Sendo assim, qualifica uma atuação narrativa, uma atuação em que se conjugam ação, reflexão e autoreflexão. Como resultado posiciono-me diante do outro e traduzo, em relações de sentidos, a nossa visibilidade.

O processo de autonomia individual tem a sua dimensão social, conforme bem colocou *Castoriadis*. Significa dizer que ultrapasso uma visão distorcida da realidade, o vazio narrativo, dialogando com o outro nos diversos espaços onde uma visão depositária se manifesta.

Essa combinação entre os direitos humanos *e* a educação, que enfatiza o diálogo, conduz a discussão acerca da efetividade em um espaço que narra uma aprendizagem que se possa entender emancipatória.

Para conversar sobre as linhas e entrelinhas que narram a efetividade de direitos, dos direitos humanos, desenhando um percurso que questiona a verticalidade desse processo, sob o ângulo de uma assimetria entre a regulação e a desordem da emancipação. Desde esse ponto, estendendo-me para as horizontalidades, espaço que é o privilegiado entrelaçar de solidariedades: de produção, alargamento, criação e recriação do diálogo *com* os direitos.

Entre a verticalidade assumida e as horizontalidades resistidas, apeia-se o salto da efetividade enquanto aprendizagem, para que não se entenda que a eficácia social, normativa, restou desconsiderada.

Fazendo uma breve correlação entre a língua e a fala[423], focalizando o diálogo, diria que enquanto forma social, a fala realiza a comunicação, para fotografar o infinitivo na língua, que por si, enquanto signo lingüístico isoladamente considerado, é imotivada. Nesse sentido, permitindo-me tecer considerações acerca do contexto, localizando-o nos diversos sentidos que dada comunidade confere aos seus signos para retomar a questão da *redução estrutural* trabalhada por *Antonio Candido* na obra *O discurso e a cidade*. A língua, como escrita reduzida e estéril realiza uma verticalidade sustentada no infinitivo. No âmbito dessa redução estrutural apresenta-se desconexa com a perspectiva dialógica dos direitos humanos *com* educação.

---

(423) A reflexão surgiu de uma conversa em sala de aula a respeito de Ferdinand Saussure, aqui citado apenas indiretamente.

Língua e fala no infinitivo *enriquecem* palavras de manipulação em detrimento da realização contextual dos sentidos que o gerúndio compreende — narrando *diários de motocicleta*[424] — enquanto instrumentos conceptuais para a compreensão da proposta do pedagógico no âmbito do Direito.

Universalidade e individualismo, combinados, refletem a centralidade do indivíduo em detrimento do outro. A reprodução do outro se dá, nesse sentido, na ótica de quem lhe decreta a invisibilidade. É a essa percepção que *Miroslav*[425] nos conduz quando questiona o *penso, logo existo* cartesiano. A nuclear presença do *eu* inibe ou sequer dá espaço a *alguém*. Descompasso flagrante da historicidade da vida.

O redimensionamento dessa sistemática alienação processa-se no protagonismo do relacional, despolarizando o indivíduo e o outro. E nesse ponto reafirmando *Castoriadis* quando ele enfoca a dimensão social da autonomia.

Com a perspectiva pedagógica compreendida na concretização de direitos, a verticalidade é, também, repensada e posso remeter essa articulação não apenas ao fórum tradicional da formalização de direitos, mas também naquele onde são depositados. Aponta para o reequilíbrio entre a tutela de direitos e a sua efetivação; entre a regulação e a emancipação.

A efetividade é um processo de aprendizagem e enquanto aprendizagem a efetividade se realiza qualificando-se pela presença consciente do outro. Esses são os sentidos que cadenciam o percurso entre uma mentalidade bancária e uma problematizadora em detrimento da primeira; que nos permite compreender que o mundo tem redores e que podemos fazê-lo girar sem sermos super heróis.

Estou aqui
em Arari e Nova York
Estou aqui
vou do Chuí ao Oiapoque
Tenho na mão
um coração maior que o mundo
e o mundo é meu
o mundo é teu
de todo mundo
Estou aqui
em Arari e Nova York
estou aqui
no Cariri e em Bankok
Tenho na mão
um coração maior que tudo

---

(424) *Diários de Motocicleta*. Filme dirigido por Walter Salles Jr. contando viagem de Ernesto Che Guevara na América Latina.
(425) MILOVIC, Miroslav. *Comunidade da diferença*, p. 84. *A crítica da pós-modernidade mostrou que a história não pode ser reduzida a um princípio, a uma estrutura básica. O sentido da história tem de ser procurado na ação criativa, no poético, que perdemos com a ação instrumental e estratégica da modernidade.*

Se tudo é meu mas quem sou eu além de tudo
Tudo que se vê prá que crer
Tudo que se crê pra que ter
Tudo que se tem prá quem?[426]

De forma reiterada venho traçando paralelos entre o outro e a visibilidade, insistindo que a perspectiva pedagógica dos direitos humanos introduz, narrativamente, a pessoa de sentidos no lugar da sua existência. Um dos aspectos que se manifestam no que se refere à tradução do outro diz respeito, justamente, ao diálogo sobre a diferença. Ocorreu-me agora, lembrando minha mãe, que nós nunca conversamos sobre a questão racial. A leitura materna desse tema foi combinada com uma ênfase na educação formal: *o bom aluno na terceira unidade já está aprovado*. As implicações da diferença de sermos negras(os) não estiveram, de fato, na pauta das nossas reuniões familiares, embora o resultado dessa condição — menciono a construção da diferença como invisibilidade, do sentido sem estar sentindo — fosse cotidianamente evidenciado. Dessa forma desviada, a diferença apresenta-se como contraposição, uma afronta à afetividade.[427]

A perspectiva problematizadora nos remete, assim, a uma aprendizagem existencial remetida a uma constante e renovadora consciência do mundo. Saímos de uma posição de infinitivo para nos descobrir, construindo, o *ser sendo* dos sentidos transversais desvinculando-nos do couraçado igualdade.

A igualdade questionada no âmbito da especificação do sujeito, porque corresponde à lógica de uma inclusão excludente, que fragmenta e faz perder a dimensão social da emancipação, que rouba a consciência da diferença. Tratar a diferença sob o espelho da igualdade é refletir um instrumento que lhe determina a exclusão, a invisibilidade ou a *visibilidade* estatística, na qual o diferente é *concebido* como exceção ou tolerância. A igualdade, como categoria da racionalidade moderna homogeneizante, contemporiza, assim, um aspecto que *Paulo Freire* discute na sua obra *Pedagogia do Oprimido*, qual seja, a presença do opressor no oprimido em uma perspectiva libertária distorcida. Entendo dessa forma porque se perdem os sentidos do diferente insensibilizados na antidialogicidade, permanecendo aberta a pauta da diferença. Na inclusão, eu compreendo a visibilidade construída pela existência de sentidos narrativa e relacional do outro(a) com o outro(a) no *Ilu-aiê*[428].

Construindo o *ser sendo* é uma atitude de desconstrução paulatina dos determinismos e condicionamentos que nos cegam para o outro(a), saindo do estanque núcleo de infinitivos, rompendo com a armadilha descrita por *Saramago*, de ficarmos

---

(426) BALEIRO, Zeca. *Musak*.
(427) SOARES, Luiz Eduardo, discutindo a violência e a degradação social, atenta para um aspecto de caráter subjetivo nesse processo. Segundo ele, diz respeito à questão da auto-estima. *Nós não nos damos conta de que, além dos problemas materiais, há algo acontecendo conosco internamente (...) É alguma coisa na formação da subjetividade. (...) A pessoa se sentir invisível para o resto da sociedade é uma experiência devastadora. A partir de um certo momento, você próprio passa a duvidar de sua existência*. Cf. *Revista Isto É*, n. 1.852. 13 de abril/2005, p. 11.
(428) Terra da vida. Cf. *Dicionário Houaiss da Língua Portuguesa*, p. 1.572.

cada vez mais cegos por não termos quem nos veja. É a apropriação inclusiva e a compreensão do mundo por meio do diálogo compartilhado com as pessoas, compartilhando os textos e os seus sentidos.

Trilhando essa perspectiva da efetividade dos direitos humanos, na qual se evidencia o caráter histórico, o narrativo, o político, o poético, o complexo, o pedagógico, a imagem, a ação — uma dimensão inconclusiva do *amor quando acontece, que ninguém tira: nem doutor nem pagé, muda o tempo e a maré, vendaval sobre o mar azul*[429], — mantendo-me musicalidade, desencadernando a vida, abrindo a boca sentindo sentidos nos redores do mundo, construindo respeito à minha coexistência significativa no mundo, porque menos ar não há, retirando-me de dentro do com (o)pressor, vou me deslocando da quartinha para a terra da vida, do espelho d'água para a visibilidade.

---

[429] BOSCO, João. *O amor quando acontece.*

¿Quién dijo que todo está perdido?
yo vengo a ofrecer mi corazón,

Tanta sangre que se llevó el río,
yo vengo a ofrecer mi corazón.
No será tan fácil, ya sé qué pasa,
no será tan simple como pensaba,
como abrir el pecho y sacar el alma,
una cuchillada del amor

Luna de los pobres siempre abierta,
yo vengo a ofrecer mi corazón,
como un documento inalterable
yo vengo a ofrecer mi corazón.
Y uniré las puntas de un mismo lazo,
y me iré tranquilo, me iré despacio,
y te daré todo, y me darás algo,
algo que me alivie un poco más.

Cuando no haya nadie cerca o lejos,
yo vengo a ofrecer mi corazón.
cuando los satélites no alcancen,
yo vengo a ofrecer mi corazón.

Y hablo de países y de esperanzas,
hablo por la vida, hablo por la nada,
hablo de cambiar ésta, nuestra casa,
de cambiarla por cambiar, no más.

¿Quién dijo que todo está perdido?
Yo vengo a ofrecer mi corazón.[430]

---

(430) *Yo vengo a ofrecer mi corazón.* Fito Paéz.

III
ENCONTROS

ASSARÉ, Patativa. *Cordel. Uma voz do Nordeste*. São Paulo: Hedra, 2000.

AZEVEDO, Plauto Faraco de. *Crítica à Dogmática e Hermenêutica Jurídica*. Porto Alegre: Sérgio Fabris, 1999.

BALANDIER, Georges. *A Desordem: elogio do movimento*. Suzana Martins (Trad.). Rio de Janeiro: Bertrand Brasil, 1997.

BALLESTEROS, Jesús. "Razones a favor de una postmodernidad alternativa (respuesta a Javier de Lucas)". *Revista Doxa*. Disponível no *site* http://www.cervantesvirtual.com/portal/doxa. Acesso em 16 de outubro de 2003.

BAUMAN, Zygmunt. *O Mal-estar da Pós-modernidade*. Mauro Gama & Claudia Martinelli Gama (Trad.). Rio de Janeiro: Jorge Zahar, 1998.

_____ . *Modernidade e Ambivalência*. Marcus Penchel (Trad.). Rio de Janeiro: Jorge Zahar, 1999.

_____ . *Modernidade Líquida*. Plínio Dentzien (Trad.). Rio de Janeiro: Jorge Zahar, 2001.

_____ . *Comunidade: a busca por segurança no mundo atual*. Plínio Dentzien (Trad.). Rio de Janeiro: Jorge Zahar, 2003.

BARCELLONA, Pietro. *El Individualismo Propietario*. Jesús Ernesto García Rodríguez (Trad.). Madrid: Editorial Trotta, 1996.

BARROS, Manoel de. *Ensaios Fotográficos*. Rio de Janeiro: Record, 2003.

_____ . *Poemas Rupestres*. Rio de Janeiro: Record, 2004.

BARTOLOMEI, Maria Luisa. "Universalismo y Diversidad Cultural en América Latina." *Serie: Estúdios Básicos de Derechos Humanos*. Instituto Interamericano de Derechos Humanos. Tomo VI, Costa Rica, 2003.

BOBBIO, Norberto. "La razón en el derecho (observaciones preliminares)." Disponível no *site*: www.cervantesvirtual.com/portal/doxa. Acesso em 16 de outubro de 2003.

_____ . *A Era dos Direitos*. São Paulo: Campus, 2004.

BONAVIDES, Paulo. *Curso de Direito Constitucional*. 6ª ed. São Paulo: Malheiros, 1997.

Brasil. Constituição (1988). Brasília: Senado Federal, Subsecretaria de Edições Técnicas, 2004.

BRITO, J. Sousa *et alii*. *Legitimidade e Legitimação da Jurisdição Constitucional, colóquio do 10º aniversário do Tribunal Constitucional*. Coimbra: Coimbra Editora, 1995.

CANOTILHO, J. J. Gomes. *Direito Constitucional e Teoria da Constituição*. 4ª ed. Coimbra: Coimbra Editora, 1991.

_____ ; MOREIRA, Vital. *Fundamentos da Constituição*. Coimbra: Coimbra Editora, 1991.

CASTORIADIS, Cornelius. *A Instituição Imaginária da Sociedade*. 5ª ed. Trad. Rio de Janeiro: Paz e Terra, 2000.

_____ . *O Mundo Fragmentado: as encruzilhadas do labirinto III*. Rio de Janeiro: Paz e Terra, 1992.

CEPAR — Centro de Estudos Paradigmáticos. Brasília/2002.

COIMBRA, José de Ávila Aguiar. "Considerações sobre interdisciplinaridade". *In* PHILIPI Jr., Arlindo. *Interdisciplinaridade em Ciências Ambientais*. São Paulo: Signus Editora, 2000.

COMPARATO, Fábio Konder. *Direitos Humanos e Estado*. São Paulo: Brasiliense, 1989. (*Coleção Primeiros Passos*)

_____ . *A Afirmação Histórica dos Direitos Humanos*. São Paulo: Saraiva, 2003.

DAHRENDORF, Ralf. *Conflito Social Moderno: um ensaio sobre a política do Liberalismo*. Rio de Janeiro: Zahar, 1992.

DEMO, Pedro. *Charme da Exclusão Social*. Campinas: Autores Associados, 1998.

_____ . *Ironias da Educação. Mudança e Contos sobre Mudança*. 2ª ed. Rio de Janeiro: DP & A, 2002.

DENNIGER, Erhard. "Racionalidad Tecnológica, responsabilidad ética y derecho postmoderno." Disponível no *site* www.cervantesvirtual.com/portal/doxa. Acesso em 16 de outubro de 2003.

DIAS, João Fisher (Org.). *Estudos de Direito Público: homenagem aos 25 anos de Mestrado em Direito. UnB*. Brasília: Brasília Jurídica, 2000.

DÍAZ-OTERO, Eduardo & OLIVAS, Enrique. "Los viejos conceptos y las nuevas realidades en la integración de los derechos humanos". *Revista Doxa*. Disponível no site www.cervantesvirtual.com/portal/doxa. Acesso em 16 de outubro de 2003.

DOUZINAS, Costas. *The End of Human Rights: critical legal thougt at turn of the century*. Oxford: Publishing, 2002.

DULCE, Maria José Fariñas. *Los Derechos Humanos: desde la perspectiva sociológico-jurídica a la "actitud postmoderna"*. Dykinson, 1997.

DUMONT, Louis. *O Individualismo. Uma perspectiva antropológica da ideologia moderna*. Álvaro Cabral (Trad.). Rio de Janeiro: Rocco, 1993.

_____ . *Homo Hierarchicus. O sistema das castas e suas implicações*. 2ª ed. Carlos Alberto da Fonseca (Trad.). São Paulo: Edusp, 1999.

ENTELMAN, Remo F. *Teoría de Conflictos. Hacia un nuevo paradigma*. Barcelona: Editorial Gedisa, 2002.

FAGUNDEZ, Paulo Roney Ávila & MONDARDO, Dilsa. (Orgs.). *Ética Holística Aplicada ao Direito*. Florianópolis: Ed. OAB/SC, 2001.

FARIA, José Eduardo de (Org.). *A Crise do Direito numa Sociedade de Transformação*. Brasília: Editora Universidade de Brasília, 1988.

_____ . *Eficácia Jurídica e Violência Simbólica: o direito como instrumento de transformação social*. São Paulo: Editora Universidade de São Paulo, 1988.

FREIRE, Paulo. *Pedagogia da Autonomia. Saberes necessários à pratica educativa*. 29ª ed. São Paulo: Paz e Terra, 1996.

_____ . *Pedagogia dos Sonhos Possíveis*. São Paulo: Unesp, 2001.

_____ . *Educação e Mudança*. Moacir Gadotti e Lillian Lopes Martin (Trad.). 27ª ed. Rio de Janeiro: Paz e Terra, 2003.

_____ . *Pedagogia do Oprimido*. 39ª ed. Rio de Janeiro: Paz e Terra, 2004.

GADOTTI, Moacir, FREIRE, Paulo & GUIMARÃES, Sergio. *Pedagogia: diálogo e conflito*. 5ª ed. São Paulo: Cortez, 2000.

GEERTZ, Cliffor. *O Saber Local. Novos ensaios em antropologia interpretativa*. Vera Melo Joscelyne (Trad.). Petrópolis: Vozes, 1997.

GENTILI, Pablo. *Pedagogia da Exclusão: crítica ao neoliberalismo em educação*. 10ª ed. Vânia Paganini Thurler e Tomaz Tadeu da Silva (Trad.) Pablo Gentili (Org.) Petrópolis: Vozes, 2002.

_____ ; ALENCAR, Chico. *Educar na Esperança em Tempos de Desencanto*. 4ª ed. Petrópolis: Vozes, 2003.

GRUPO DOCE. *Del Fragmento a la Situación. Notas sobre la Subjetividad Contemporânea*. Argentina: Gráfica México, 2001.

GHIRALDELLI, Paulo. *O que é Pedagogia*. São Paulo: Brasiliense, 2004. (*Coleção Primeiros Passos*)

GUILLEBAUD, Jean-Claude. *A Reinvenção do Mundo. Um adeus ao século XXI*. Maria Helena Kuhner (Trad.). Rio de Janeiro: Bertand Brasil, 2003.

HABERLE, Peter. *Hermenêutica Constitucional: a sociedade aberta dos intérpretes da constituição: contribuição para a interpretação pluralista e procedimental da constituição*. Gilmar Ferreira Mendes (Trad.). Porto Alegre: Sérgio Fabris, 1997.

HALL, Stuart. *A Identidade Cultural na Pós-modernidade*. Tomaz Tadeu da Silva e Guacira Lopes Louro (Trad.). 7ª ed. Rio de Janeiro: DP&A, 2003.

HESSE, Konrad. *A Força Normativa da Constituição*. Gilmar Ferreira Mendes (Trad.). Porto Alegre: Sérgio Fabris, 1991.

HILST, Hilda. *Do Desejo*. São Paulo: Globo, 2004.

HOUAISS. *Dicionário da Língua Portuguesa*. Rio de Janeiro: Objetiva, 2004.

IGNATIEFF, Michel. *Los Derechos Humanos con Política e Idolatria*. Francisco Beltrán Adell (Trad.) Barcelona: Paidós Ibérica, 2003.

JARES, Xesús. *Educación y Derechos Humanos. Estratégias didácticas y organizativas*. Madrid: Editorial Popular. S.d.

KUHN, Thomas S. *A Estrutura das Revoluções Científicas*. 8ª ed. São Paulo: Perspectiva, 2003.

LEFORT, Claude. *A Invenção Democrática: os limites da dominação totalitária.* 2ª ed. São Paulo: Brasiliense, 1987.

LARROSA, Jorge & SKLIAR, Carlos (Orgs.). *Habitantes de Babel: políticas e poéticas da diferença.* Semíramis Gorini da Veiga (Trad.). Belo Horizonte: Autêntica, 2001.

LECHTE, John. *Cinqüenta Pensadores Contemporâneos Essenciais: do estruturalismo à pós-modernidade.* Fábio Fernandes (Trad.). 2ª ed. Rio de Janeiro: DIFEL, 2002.

LOCKE, John. *Segundo Tratado sobre o Governo.* Alex Marins (Trad.). São Paulo: Martin Claret, 2003.

LUÑO, Antonio Enrique Pérez. *Derechos Humanos, Estado de Derecho y Constitución.* 6ª ed. Madrid: Editorial Technos, 1993.

LISPECTOR, Clarice. *Aprendendo a Viver.* Rio de Janeiro: Rocco, 2004.

LYRA FILHO, Roberto. *O que é Direito.* 17ª ed. São Paulo: Brasiliense, 2003. (*Coleção Primeiros Passos*)

_____ . *Para um Direito sem Dogmas.* Porto Alegre: Sergio Antonio Fabris, 1980.

_____ . "Desordem e Processo: um posfácio explicativo". *In Desordem e Processo: estudos sobre Direito em homenagem ao prof. Roberto Lyra Filho.* Porto Alegre: Sergio Antonio Fabris, 1986.

LOPES, Ana Frazão de Azevedo. *O Abuso do Poder Econômico no Estado Democrático de Direito: uma análise a partir da livre iniciativa e da função social da empresa.* Brasília, 2003. Dissertação de Mestrado.

MACPHERSON, C. B. *La teoria politica del individualismo posesivo. De Hobbes a Locke.* Barcelona: Editorial Fontanella, 1970.

MARTINEZ, Gregório Peces-Barba. *Derechos Fundamentales. Teoria General.* Madrid-Barcelona: Guadiana de Publicaciones, 1973.

_____ . *Derecho Positivo de los Derechos Humanos.* Madrid: Editorial Debate, 1987.

_____ . *Revista Doxa.* N. 15-16, 1994. Disponível no *site*: www.cervantesvirtual.com/portal/doxa. Acesso em 16 de outubro de 2003.

MENDONÇA, Nadir Domingues. *Uma Questão de Interdisciplinaridade. O Uso dos Conceitos.* 3ª ed. Petrópolis: Vozes, 1988.

MELLO E SOUSA, Antonio Cândido de. *O Discurso e a Cidade.* 3ª ed. São Paulo: Duas cidades; Rio de Janeiro: Ouro sobre Azul, 2004.

MILOVIC, Miroslav. *Comunidade da Diferença.* Rio de Janeiro: Relume Dumará; Ijuí, RS: Unijuí, 2004.

MONREAL, Eduardo Nóvoa. *O Direito como Obstáculo à Transformação Social.* Gérson Pereira dos Santos (Trad.). Porto Alegre: Sérgio Antonio Fabris, 1988.

MAGENDZO, Abraham. "Los derechos humanos. Un objetivo transversal del curriculum." *Serie: Estúdios Básicos de Derechos Humanos. Instituto Interamericano de Derechos Humanos.* Tomo IX. Costa Rica, 2003.

MORIN, Edgar. *Os Setes Saberes Necessários à Educação do Futuro.* Catarina Eleanora F. da Silva e Jeanne Sawaya (Trad.). 4ª ed. São Paulo: Cortez, 2000.

_____ . *A Cabeça Bem-feita. Repensar a Reforma. Reformar o Pensamento*. Eloá Jacobina (Trad.). 3ª ed. Rio de Janeiro: Bertrand Brasil, 2001.

_____ . *Ciência como Consciência*. Maria D. Alexandre e Maria Alice Sampaio Dória (Trad.). 6ª ed. Rio de Janeiro: Bertrand Brasil, 2002.

MORIN, Edgar, PENA-VEJA, Alfredo & PAILLARD, Bernard. *Diálogo sobre o Conhecimento*. Maria Alice Araripe Doria (Trad.). São Paulo: Cortez, 2004.

NEVES, Pensilvania Silva. "A efetividade dos direitos humanos". *Revista da OAB-BA*. Ano 1 — N. 1 — julho de 2002. Salvador-Bahia. TOMO 1.

NGAWANA, Lobsang Yishey Tensing Gyatso (Dalai Lama). *Uma Ética para o novo Milênio*. 4ª ed. Rio de Janeiro: Sextante, 2000.

NOLETO, Mauro Almeida. *Subjetividade Jurídica: a titularidade de direitos em perspectiva emancipatória*. Porto Alegre: Sérgio Fabris, 1998.

OS POETAS DA MÚSICA POPULAR BRASILEIRA.

OTTONE, Ernesto. "Desarrollo y Cultura: una visión crítica de la modernidad en América Latina y el Caribe." *Série: Estúdios Básicos de Derechos Humanos. Instituto Interamericano de Derechos Humanos*. Tomo IV. Costa Rica, 2002.

PEREIRA, Gláucia Falsarelli. *Justiça Comunitária. Por uma Justiça da Emancipação*. Brasília, 2003. Dissertação de Mestrado.

PETERS, Michael. *Pós-Estruturalismo e Filosofia da Diferença. Uma introdução*. Tomaz Tadeu da Silva (Trad.). Belo Horizonte: Autêntica, 2002.

PRIGOGINE, Ilya. *O Fim das Certezas.Tempo, caos e as leis da natureza*. Roberto Leal Ferreira (Trad.). São Paulo: Unesp, 1996.

RAMOS, Roberto Carlos. *A Arte de Construir Cidadãos. As 15 lições da pedagogia do amor*. São Paulo: Celebris, 2004.

REVISTA SINDJUS. Ano XIII, n. 19. Novembro de 2004. Brasília/DF, p. 10 a 13.

ROCHA Jr., José Jardim. *Os direitos Humanos como Problema do Direito Positivo: apontamentos para uma análise deferente às demandas republicanistas do constitucionalismo*. Brasília, 2002. Dissertação de Mestrado.

ROMÃO, José Eduardo Elias. *Direito e Democracia no Brasil: a mediação entre faticidade, validade, tupinambás, gringos e orixás*. Brasília, 2003. Dissertação de mestrado.

ROUSSEAU, Jean Jacques. *O Contrato Social*. Trad. Alex Marins. São Paulo: Martin Claret, 2003.

SANTOS, Boaventura de Sousa. Sociologia na primeira pessoa: fazendo pesquisa nas favelas do Rio de Janeiro. *Revista da Ordem dos Advogados do Brasil*. São Paulo: Brasiliense, n. 49 Primavera/1988.

_____ . "Os Direitos Humanos na Pós-modernidade". *Oficina do CES — Centro de Estudos Sociais*. N. 10. Junho 1989. Coimbra.

_____ . *Introdução a uma Ciência Pós-moderna*. 3ª ed. Rio de Janeiro: Graal, 1989.

_____ . *Pela Mão de Alice: o social e o político na pós-modernidade*. São Paulo: Cortez, 1995.

_____. "Por uma concepção multicultural de direitos humanos". *Revista Crítica de Ciências Sociais*. N. 48, junho de 1997.

_____. *O Discurso e o Poder*. Ensaio sobre a sociologia retórica jurídica. Porto Alegre: Sergio Fabris, 1998.

_____. "A construção multicultural da igualdade e da diferença". *Oficina*. Coimbra, janeiro de 1999.

_____. *A Crítica da Razão Indolente: contra o desperdício da experiência*. 3ª ed. São Paulo: Cortez, 2001.

_____. "Poderá o Direito ser Emancipatório?" *Revista Crítica de Ciências Sociais*. Coimbra. N. 65, maio de 2003.

_____. "O mundo Resiste". *Revista Caros Amigos*. Ano VII. N. 48, setembro de 2003.

_____. *Uma cartografia simbólica das representações sociais: prolegômenos a uma concepção pós-moderna do Direito*. Mimeo.

_____. "La transición postmoderna: Derecho y política". *Revista Doxa*. Disponível no *site* www.cervantesvirtual.com/portal/doxa. Acesso em 16 de outubro de 2003.

_____. (Org.). *A Globalização e as Ciências Sociais*. São Paulo: Cortez, 2002.

_____. *Democratizar a Democracia: os caminhos de democracia participativa*. Rio de Janeiro: Civilização Brasileira, 2002.

_____. *Reconhecer para Libertar: os caminhos do cosmopolitismo multicultural*. Rio de Janeiro: Civilização Brasileira, 2003.

_____. "Introdução: para ampliar o cânone do reconhecimento, da diferença e da igualdade". In *Reconhecer para Libertar: os caminhos do cosmopolitismo multicultural*. Rio de Janeiro: Civilização Brasileira, 2003.

_____. *Semear outras Soluções. Os caminhos da biodiversidade e dos conhecimentos rivais*. Porto: Edições Afrontamento, 2004.

SANTOS, Milton. *Por uma outra Globalização: do pensamento único à consciência universal*. 11ª ed. São Paulo: Record, 2004.

SARAMAGO, José. *Ensaio sobre a cegueira*. São Paulo: Companhia das Letras, 1995.

SEMPRINI, Andréa. *Multiculturalismo*. Laureano Pelegrin (Trad.). São Paulo: Editora Universidade do Sagrado Coração, 1998.

SEN, Amartya Kumar. *Desenvolvimento como Liberdade*. Lauro Teixeira Motta (Trad.). São Paulo: Companhia das Letras, 2000.

_____. *Desigualdade Reexaminada*. Ricardo Doninelli Mendes (Trad.). Rio de Janeiro: Record, 2001.

SILVA, Tomaz Tadeu da. (Org.). *Identidade e Diferença*. Tomaz Tadeu da Silva (Trad.). 3ª ed. Petrópolis: Vozes, 2004.

SOUSA, José Geraldo de (Org.). "Introdução Crítica ao Direito". *Série o Direito Achado na Rua*. 4ª ed. Brasília: Universidade de Brasília, 1993.

_____. *Sociologia Jurídica: condições sociais e possibilidades jurídicas.* Porto Alegre: Sérgio Antonio Fabris, 2002.

_____. *et alii.* (Org.). *Educando para os Direitos Humanos. Pautas pedagógicas para a cidadania na universidade.* Porto Alegre: Síntese, 2004.

TEDESCO, Juan Carlos. "La educación en el marco del nuevo capitalismo." *Revista do Instituto Interamericano de Derechos Humanos.* Vol. 36. Costa Rica, 2002.

TEIXEIRA, Elenaldo. *O Local e o Global. Limites e desafios da participação cidadã.* 3ª ed. São Paulo: Cortez; Recife: EQUIP; Salvador: UFBA, 2002.

WOLKMER, Antonio Carlos. *Pluralismo Jurídico: fundamentos de uma nova cultura no Direito.* 2ª ed. São Paulo: Alfa Ômega, 1997.

_____. *Ideologia, Estado e Direito.* 4ª ed. São Paulo: Revista dos Tribunais, 2004.

E TEXTOS...

Ler Pen é como uma brisa refrescante e limpa. A sensação mais se aproxima das provocações poéticas, cuja reunião de palavras fazem sentido acima de tudo estético e emocional. Gosto da tirada, do bom humor que surpreende o sisudo profissional do direito que conhece — e parece só querer conhecer — a sua própria linguagem e técnica. Temo que o jurista não tenha conseguido domesticar o debate e o argumento como fez o filósofo, nem, do alto do seu artificialismo semiótico, não se tenha aberto o suficiente para as palpitações da vida e para a grandeza da "outridade", como deliciosamente se lê aqui. Existe uma psicologia em que nós ainda nos reconhecemos, e até sentimos saudades sem sequer conhecer na razão de nossos corações renascentistas e industriais, que está no cerne da nossa natureza. É o conhecimento e a preocupação um com o outro, que retroage à ligação primordial e sacrossanta entre mãe e filho, e que se espraia por extensão ou por antonomásia. Compromisso com outridade é o reconhecimento de duas coisas: de que vivemos em um mundo que deveria ser mais plasmado por essa psicologia de direitos humanos; e que o mundo não é assim. Talvez a fórmula seja ser Pen. Como não poderia fazê-lo, vou de ler Pen. Ler Pen faz-me bem.

Ivaldo Lemos
Mestre em direito, estado e constituição/UnB
Promotor Público/DF

SENTIR NA PELE

A partir da convivência com Pensilvânia no curso de Mestrado da Universidade de Brasília, posso dizer que é bem mais fácil entender a alteridade quando é possível sentir na pele. Antes, acredito que compreendia o que é a discriminação, mas não sei se entendia. Nesses anos, sofri uma grande transformação porque vivenciei, ouvi, me emocionei com fatos que não faziam parte do meu cotidiano, ou da minha percepção. Pen, que bom saber que outros poderão, por meio das reflexões que agora vão a público, beneficiar-se dessa imensidão que é você. Beijos.

Fabiana "Fabi" Oliveira
Mestre em direito, estado e constituição/UnB
Promotora Pública/DF

Ler a Pen assim, depois de mais de dois anos dos diálogos construtivos de nossas dissertações de mestrado, me fez ver que, na época, não pude perceber muito bem a dimensão de sua trajetória do espelho d'água à visibilidade, a visibilidade dela por ela mesma e seu descortinamento para o mundo. Não que ela não fosse bem visível para mim desde o primeiro dia em que nos encontramos, mas a intensidade de sua experiência de individuação (no sentido junguiano) — embora ela não fizesse segredo da força transformadora de todo o processo que estava vivendo — estava mais latente do que patente.

Reencontrar a Pen de então, reencontrar nossos diálogos por meio do texto foi como abrir uma janela para um passado recente de intensos questionamentos, profundas descobertas e afetos infinitos, uma delícia. Encontrar o novo do texto — e da

Pen —, o insuspeitado, o poético, as entrelinhas, as revelações foi também como abrir uma janela, só que agora para um horizonte belo e desconhecido. É engraçado como às vezes nos surpreendemos nos surpreendendo com algo que parecia estar óbvio para nós...

As reflexões que a Pen compartilha conosco por meio desse texto lhe revelam como alguém que faz filosofia com autenticidade, sem medo de colocar o seu na reta. Ela constrói o seu pensamento e depois explora cada nuance do seu produto, mas não como quem quer justificar uma verdade, senão como quem se abre para o diálogo com o outro, não escondendo o ouro de sua trajetória. Cada argumento está ali, posto à prova, pronto a ser confrontado, discutido, transformado. Seu pensamento emerge em meio a poesias, músicas e textos literários, que vão compondo a paisagem da sua caminhada.

Para além do texto, é preciso desvendar a mulher que o escreve: Pensilvânia Neves. O tema escolhido para sua dissertação de mestrado que agora vira livro é o tema de sua vida, pelo menos de sua vida até aqui, até quando ela se desloca do espelho d'água à visibilidade.

Desde quando nos conhecemos, nos primeiros dias de aula no mestrado em Direito da UnB, no ano de 2002, tenho dela a impressão de um ser magnífico e indecifrável. Mas ela renunciou ao indecifrável durante nossa convivência, tratando de se expor, tanto quanto sua personalidade de esfinge permitia, driblando-a, talvez com o intuito também de descobrir-se. Também em sua vida — e não só na teoria — optou pela aprendizagem dialógica e relacional. O magnífico de seu ser, por outro lado, está aí revelado para o mundo na sofisticação de seu pensamento, muito embora, para mim, este magnífico se revele muito antes, no seu ser sendo cotidiano.

Luisa "Lupilupita" de Marillac
Mestre em direito, estado e constituição/UnB
Promotora Pública/DF

O PODER DO REFLEXO

Só os que não tem sua face refletida sabem o verdadeiro valor do espelho... De minha parte, assumo que sempre invejei as meninas de vestido cor de rosa que, em frente a sua penteadeira, puderam, desde a primeira infância, admirarem seus contornos e presenciarem com seus próprios olhos a descoberta da passagem do tempo.

E não se trata só do espelho de dentro — esse com o qual nos debatemos para assumir a negada beleza da pele escura, do cabelo crespo e da boca carnuda. Temos sede também do espelho de fora, aquele que é capaz de nos redimir de nossas limitações e desesperanças quando projetamos numa criatura que a nós se assemelha à possibilidade de ocuparmos também aquele espaço, de usar ao menos uma vez o vestido mais bonito, de ser galanteada ainda que de relance pelo menino do momento...

Foi quando eu já havia me aberto para a possibilidade de me enxergar refletida em minha porção mais íntima, salva pela força que o movimento negro demonstra a nos salvar, a cada um, de nosso ostracismo de nós mesmos, que me deparei com a imagem de Pen refletida em mim. Também essa mulher negra, como tantas outras com que tive a oportunidade única de compartilhar em voz alta a sensação do pertencimento, se digladiava com as contradições e as angústias que a tomada de consciência inevitavelmente desperta. É mesmo um soco no estômago sem meio termo encarar o fato de que o racismo também freqüenta nossas mais sinceras relações... E se, como aprendi com minha mãe, na vida há que se aprender pelo amor ou pela dor, foi oscilando entre esses dois extremos que vi o reconhecimento da negritude despertar em Pen, como acontece, por fim, com cada uma de nós...

Mas o encontro e as descobertas dessa mulher não representaram um acalanto e afago somente para meu ego e deleite. Pensilvânia Neves foi a primeira de nós a dizer mais um não ao conjunto dos obstáculos que vem tentando nos minar a existência pela corrosão de nossa convicção em nós mesmas, assinando seu nome como uma mestra em Direito na Universidade de Brasília. É uma linda passagem na vida de Pen...

Hoje, do mestrado, sei que guarda com zelo o título, o conhecimento, a troca e as amizades, tudo amarrado numa caixinha de fitilhos coloridos. Generosa, deixou de presente, a experiência da convivência com o diverso num embrulho cuidadoso para os bem nascidos intelectuais. Mas acima de tudo isso, um dia me revelou em segredo, carrega consigo um objeto pequeno que encontrou no meio do turbilhão dessa caminhada, de que não se separa mais. E se vocês olharem atentamente vão vê-la circulando com ele, sempre discreta, como impõe sua altivez... Pen e seu espelho, refletindo para dentro e para fora toda a força da mulher negra que, finalmente, reconheceu em si mesma.

Ana Luiza "Analuz" Flauzina
Mestre em direito, estado e constituição/UnB
Professora universitária
Colunista do Irohin
Militante do Enegreser
Doutoranda/Washington DC
A Vida

LADRILHOS QUE NOS LEVAM AO INFINITO — PERCURSOS DAS MULHERES LÍQUIDAS

Nos segredos dela se aposta, viu?
Nos cabelos dela não se toca, ouviu?
Eles são de nuvem ou bombril?
Eles são ousados ou só seus?
Essa boneca tem manual
Tem manual

(Vanessa da Matta)

O ano de 2002 foi um ano determinante na vida de um certo grupo de mulheres. Por uma razão que só os astros, os búzios, as cartas podem dizer, estávamos todas na hora e local certos, em busca de nós mesmas, abertas para o desconhecido e com uma imensa vontade de sabermos quem de fato nós éramos.

O mestrado na Faculdade de Direito da Universidade de Brasília, para aquelas mulheres, foi mais que uma experiência acadêmica. Foi Experiência de Vida com letras maiúsculas. Foi um processo de existência, de identificação. Nos tornamos mais mulheres.

Identificar-se com algo é difícil, mas também mágico. Filmes, músicas, objetos... Imaginem identificar-se com pessoas? É sempre sensorial e faz com que construamos nossa identidade. Aquele grupo de mulheres é responsável pelo que eu sou, pelo que eu penso, pelo que eu sinto. Cada uma me fez ser uma pessoa diferente e melhor.

Nos auto-denominávamos "mulheres líquidas". Convivemos intensamente — uma dezena de mulheres maravilhosas, sensíveis, criativas. Eu mudei radicalmente com elas e sei que eu as mudei profundamente também. Como numa simbiose perfeita, nós nos completamos.

As salas de aula não nos eram suficientes. Precisávamos de espaço, de tempo, de convívio mais profundo. Ansiávamos por nós mesmas e isso foi o início dos encontros mensais que promovemos até hoje. São os saraus de mulheres que todo mês invadem a casa de uma de nós com temas dos mais prosaicos aos mais profundos, mas todos extremamente intensos. Começamos a nos chamar também de "sarauetes" e ficávamos até de manhã discutindo o indiscutível, confidenciando o inconfessável, analisando os aspectos instigantes da realidade em que vivíamos. Quando as discussões descambavam para a Academia, ironicamente convocávamos o "Centro de Estudos Paradigmáticos — CEPAR", e de maneira apaixonada (e muitas vezes enlouquecida) defendíamos os nossos marcos teóricos, nossos orientadores e, principalmente, as construções teóricas que coletivamente acabávamos consolidando.

Desse grupo heterogêneo fazia parte uma menina de pernas longas, cabelos trançados, de nome engraçado. Pensilvânia Neves entrou em nossas vidas assim, tomando um espaço que condiz com seu o tamanho físico e afetivo. Pen estava lá no primeiro dia de aula e esteve em todos os momentos importantes do grupo de mulheres líquidas. Ela fez parte de tudo aquilo e sem ela não teríamos uma história para contar agora.

E vivemos muitas coisas juntas. Muitas coisas felizes, algumas bem tristes. Festas, mudanças inesperadas de orientadores, bancas examinadoras, ironias, carinhos...

Éramos espelhos para nós mesmas. Nos tornamos visíveis a partir das outras. Reflexos n'água, no mar de Floripa naquele encontro de 2004, onde fomos nós, fomos mulheres líquidas e percebemos o quanto havíamos mudado.

Mariana Siqueira de Carvalho
Oliveira "Mari Mari Magal"
Mestre em direito, estado e constituição/Unb
Gestora pública

SEUS ESPELHOS D'ÁGUA...

Meu escritório repleto de vida, meus livros perfumados, minha casa abençoada, minha vida ensolarada. Ali estava a bela menina, olhos negros, pele perfumada, mente criativa, suor determinado. A dedicação de sua amizade engrandeceu minha existência. Seu esforço e sua doce complexidade me contagiaram.

Acompanhar sua trajetória foi emocionante... Participar da sua vida durante a elaboração dos seus espelhos foi encantador... Ouvi-la defendendo o mais belo dos pensamentos foi fantástico... Saber que fiz parte da sua história é maravilhoso...

Que admiráveis suas palavras, que admiráveis seus pensamentos, que admiráveis seus ideais, que admiráveis seus gestos, que admiráveis...

Daniela "DaniBella" de Macedo B.R.T. de Sousa, amiga e admiradora
Mestre em direito, estado e constituição

O "MENINO" FÁBIO QUINTAS

"Querida Pen,

Fantástica é a notícia da publicação de sua dissertação.

Lembrei-me das minhas primeiras impressões acerca de sua obra, obtidas quando folheie, lá na Faculdade de Direito (na sala da Lia), cópia de sua dissertação, na véspera da Defesa. *(Passei na FD e olhei sua dissertação. Li uma parte do trabalho, que é algo mais do que Agradecimentos, pois tem um quê de Diário e Confissões. Fiquei emocionado com as palavras ali postas, cheias de sentimento, angústia, alívio ...)*

Naquela oportunidade, pude registrar que fiquei impressionado com sua obra, *"que se utilizava de uma metalinguagem para tratar dos direitos humanos."* Após a banca e tendo tido a honra de receber um exemplar de sua dissertação, pude lê-la com mais atenção. Constatei que você, com coragem, se pôs como verdadeiro sujeito na construção do conhecimento. "Eu sou eu e minhas circunstâncias", dizia José Ortega y Gasset, em observação que bem poderia ter sido elaborada em homenagem a sua dissertação. O auto-retrato que a dissertação espelha é, enfim, um projeto pedagógico de ensino e emancipação.

Parabéns, novamente."

Fábio Quintas
Advogado.
Mestre em direito, estado e constituição/UnB."

PEDRA E PÉROLA

"Ao ler e ver a dissertação de Pensilvânia fiquei muito emocionada; cheia de suavidade e poetismo combinando em sua fala família, academia e amigos com uma sutileza de conhecimento de um trabalho que desenvolveu nos três anos de mestrado navegando com alma e coração. Achei magnífico!"

Eva Neves

"É aquela história de que saco vazio não fica em pé
Vida sem vida, sem plenitude, é meia vida ou nem se quer..." (PN)

Lá fora está chovendo (chove chuva, chove sem parar) e assim mesmo eu vou correndo... E a gente no meio da rua, do mundo, no meio da chuva... a girar, que maravilha, a girar, que maravilha, a girar...[431]

Toda menina baiana tem um santo, que Deus dá
Toda menina baiana tem encanto, que Deus dá
Toda menina baiana tem um jeito, que Deus dá
Toda menina baiana tem defeito também, que Deus dá
Que Deus deu
Que Deus dá
(Menina bonita não chora)
Que Deus entendeu de dar a primazia
Pro bem, primeira mão na Bahia
Primeira missa, primeiro índio abatido, também
Que Deus deu
Que Deus entendeu de dar toda magia
Pro bem, primeiro chão na Bahia
Primeiro carnaval, primeiro pelourinho também
Que Deus deu
Que Deus dá
Bahia...[432]

A minha alegria atravessou o mar
E ancorou nessa passarela
Acredito ser a mais valente
Nessa luta do rochedo contra o mar
É hoje o dia
Da alegria
E a tristeza nem pode pensar em chegar
Diga espelho meu
Se há na avenida alguém mais feliz que eu![433]

---

(431) BENJOR, Jorge. *Que maravilha.*
(432) GIL, Gilberto. *Toda menina baiana.*
(433) Didi e Mestrinho. *É Hoje.* Com adaptações.